台灣電視風雲錄

這是一份台灣電視40年的
歷史、見證、故事、履歷表

何貽謀 著

臺灣商務印書館發行

《台灣電視風雲錄》序

謝然之

台灣光復以後，在民主自由制度之下，大衆傳播事業積極發展，尤以報業在解除了節約用紙、廢止了限張法令以後，各大報競爭激烈，達於高潮。但傳播事業中最新穎的綜合藝術體系的電視事業卻乏人注意，更無膽量去試辦。記得一九六〇年秋，我自南伊大客座講學歸國，晉謁先總統蔣公，報告美國新興電視新聞與文藝節目的宣傳功效，老先生聽了頗為動容，命立即籌劃興辦。但由於中央缺乏經費，翌年總統乃手令省府周主席籌辦，並指定周天翔先生為籌備主任。那時他擔任省檢驗局長，他的專長是測量業務，對於電視業的經營管理尚無研究，必須從頭學起，並聘請新進科技人才協同合作，方能勝任。因此，他急切求助介紹電視專才來協助籌建，尤其亟需早日聘定節目主管，才能正式開播。

當時我已就中央文宣主管業務，對台視的創立，期望更為殷切，且亦有悉力輔助的責任。天翔先生在國內無法物色節目主管，乃決定從國外聘請專才。我深知作者是當時留美學生中，唯一獲得電視學的碩士。我們常通魚雁，知道他有志返國開創電視業，為國家民族的新興大業而獻身奮鬥。於是我要天翔兄直接專函敦聘主持節目，同時我也函作者力促應邀返國。如此三方面匯合，作者自美飛回台北，於一九六一年正月就任台視節目部主任。從此作者獻身電視世界，日以繼夜，努力不懈，為我國開創了輝煌的電視業，雄視東亞，受國際間共同的矚目。

作者為台視創業，而心存報國，志在服務社會。他製作的節目，要使電視能促進資訊交流，普及教育，以維護公眾利益，而非單純為台視謀利益，更非為助廣告客户鑽營。因此在節目安排中，他著重觀衆的需求，社會的反應；他恪守新聞道德，善盡記者的職責。他在台視默默耕耘，盡忠職守，數十年如一日，由節目部主任而升任副總經理，先後服務近二十五年之久，在國內電視界，可謂最資深的優秀專業長才。

作者主持台視節目，在最初的七年期間，由於獨家天下，本著自己的理念，得以自由發展抱負。但中視於一九六九年十月繼起創立，兩台對峙競爭激烈。中視以彩色電視與連續劇上台，使台視驟感壓力。當時我尚在中央黨部，力促二台攜手合作，和諧相處，共存共榮。詎料二年之後，又有華視脫穎而出，形成三台鼎足，各出奇招，鬥爭不已。直到先總統逝世，服喪期間，一片黑白，共誌哀思。喪滿還俗，仍然回歸到戰國時代。但作者協力保持學者風格，以同業道德相周旋，是值得電視界欽佩的。

在台視經過二十五年艱苦卓絕的奮鬥，作者終於在一九八六年夏退休。對台視而言，自籌備創立，以至發展擴大，可謂功成身退，應該安心休閒自娛，但作者酷愛電視事業，對節目製作與人才培養，仍是念茲在茲，鍥而不捨。因而從螢幕轉上講台，翌年就參加了文大新聞系，專任電視教授，每日駕車往返於台北市區與陽明山華岡之間。其間應新聞局之邀，曾參加有線電視法的草擬工作。在文大執教七年半決定退休時，又接受了「民間全民」電視的聘請，擔任了顧問，協助籌建事宜。然因旨趣不同，未久即告辭。於是作者乃專心從事著述，蒐集各方資料、綜合整理，分為十篇敘述，完成了二十多萬字的鉅著，題曰《台灣電視風雲錄》。這不僅是他個人獻身我國電視事業的經歷，實際上是我國創立電視的艱辛史實，與今後輝煌發展的前瞻。我們對作者宏偉的抱負與志願，確有深切的讚佩與祝賀，是為之序。

千禧年雙十國慶節於美國南加

《台灣電視風雲錄》序

——在理想與現實中搏鬥四十年的電視人

王洪鈞

人類文化進步，國家社會發展，其所以然，不能僅從一個角度或單就某一種體系探尋究竟。必須積年累月，從相關各層面作總體之觀察探討；這就不是個人能力所及，而需要以國家的力量持續推動。祇以新聞傳播活動而言，自口述、手寫、印刷、廣播，及網站時代，在在顯示每一階段皆係文化、科技，及總體社會交互影響之綜合產物，非深入研究，不能道其底蘊。

中國新聞傳播活動，源自邸報，約兩千餘年矣，或謂為世界最早之報紙。台灣報業及無線電廣播事業之發展，自光復迄民國七十七年，雖受戒嚴法令之限制，仍多建樹。最是電視事業，自民國五十一年教育電視電台試播及台視開播，至今不足四十年時間，規模擴充、法令齊備、技術進步、節目精良、受播普及，對國家社會之影響，難以衡量，足稱中國新聞傳播事業發展之奇葩。似此國家文化演進之重要過程，竟無一部完整、深入、宏觀之傳播歷史以為紀錄，究其基本原因，缺少嚴正可信之史料，其一也。

歷史就是歷史，不是流水帳，也不是資料彙編。唐代史學家劉知幾嘗言史家三長，曰才、曰學、曰識。筆者淺見，史家難見，今日尤甚於古代。史料今或容易取得，但用作史實，仍須考證增刪。

台北市新聞記者公會及中國新聞學會每十年出版之中華民國新聞年鑑，內容豐富，不失為台灣新聞傳播之重要史料，彌足珍貴，但究竟不能逕稱為歷史。僅以台灣電視之歷史為例，本書作者何貽謀先生為民國八十年新聞年鑑電視篇執筆人；其文舖陳事實，排比有序，堪稱年鑑體之佳作。或由於貽謀先生自民國五十一年開始參與台視之籌建，迄民國八十五年辭卸民視總經理職務，深入斯業近四十年，對各台經營作風固已瞭若指掌，惟在年鑑體規範下，期作者以史筆「別嫌疑、明是非、定猶疑、善善惡惡、賢賢賤不肖」，恐是強人所難。

因此，早於民國八十年閱讀中華民國八十年新聞年鑑何撰電視篇之際，便奢想作者何貽謀先生若能就其近四十年電視人之經驗，寫下傳記體之回憶，或更具中國新聞事業台灣電視史篇之史料價值。

貽謀先生早年赴美名校專攻電視學位歸國，即參與台灣首座官有商營電視台之籌建工作。其時，有關法令、技術、設備、節目、經營制度，乃至發展方向，一切皆在摸索之中。貽謀先生負責實務，可謂篳路藍縷，以啟山林。稍後，又有黨有商營之中視及軍有商營之華視創辦，商業競爭結果，使電視經營日增困難。及政府開放頻道，首座民營電視台成立，貽謀先生乃出任總經理職務，終因與民進黨人理念不合而辭職。四十年之長期奮鬥經驗，其中甘苦及祕辛，定多不為外人知者，果以傳傳，其史料價值當超過一般。

更值得注意者，貽謀先生今以二十七年從事電視經營實務，十三年從事教學、研究，及參與政府傳播政策，雖然為台灣電視事業，灌注了心血，創建了宏規，卻仍不足說明其獻身電視事業理想實現。貽謀先生的理念，並非將美國的電視理論及技術移植於台灣，使台灣的電視事業成為美國的複製品。他的理想毋寧是基於中國文化的涵泳，而希望在邁出第一步之際便走上公共電視為取向的道路。他曾明白表示：「我個人對於運用電視的理念，原是偏重公視化的。我期待電視能促進資訊的流通、教育的普及，和公共利益的維護。」不幸，台灣電視卻出現了黨政軍有，和商業競爭的奇怪模式，使人扼腕！貽謀先生曾沉痛指出：「對三台來說，廣告客户或為衣食父母，而觀衆卻淪為廣告公司和三台逐利的犧牲者。」他甚至將一些電視界人，喻為無情、不義、虛偽、欺騙。凡此種種足以說明像何貽謀先生這樣一位富有理想和正義感的電視人，與冷酷的現實長期搏鬥，其良心已經深受煎熬。遂後，他應民視之邀出任開台總經理，其原因祇是為了民視所標榜之專業經營和新聞自立的理念，但最後仍不免黯然求去。

在不斷拂逆中獨能支撐貽謀先生為理想而與現實搏鬥的力量，仍然是他對教育和學術的熱愛！可能由於這個原因，貽謀先生終於接受中國文化大學前新聞系主任鄭貞銘教授之建議，在退出民視之後及旅美期間撰成《台灣電視風雲錄》巨構。此一紀傳，正為洪鈞多年所仰待，今竟見成真，欣喜自有難言者。

洪鈞夙以篤信新聞教育自矢，深信此書不僅為貽謀先生個人平生貢獻中國電視事業，雪泥鴻爪，留下紀錄；更可將一個電視人在理想與現實中搏鬥四十年的經驗，現身說法，留傳後人。更有進者，這是一份珍貴信實的史料，用足儆世！

民國八十九年十月十九日

《台灣電視風雲錄》序

——作歷史見證、為專業楷模

鄭貞銘

任何一位在專業上有成就、有貢獻、有見解的先進或好友，我有機會總建議他們把親身的經驗與心得記錄下來，既可以為自己的生命歷程作一番回顧，也可以為專業提供省思。

愛默生曾說：「人世百態，有非圖畫雕刻所能狀其什一者，則不得不求之於文字。」傳記給予人的教益，是在示人以真誠為人之道，示人以專注奉獻之道，讀者不僅可獲得希望的鼓舞，亦可獲得無限的啟發。

胡適之先生、劉季洪先生倡導傳記文學，劉紹唐、王成聖先生更具體實踐，他們的貢獻彪炳史冊，是世人所感謝與肯定的。

在台灣電視史上有卓越成就與貢獻的何貽謀先生，是台灣電視開天闢地的先驅者之一。他是真正在國外學電視的第一人，然後回國從事電視實務工作，出任台灣電視公司的節目部主任。那時的節目涵蓋節目與新聞，可以說是電視事業的靈魂所在。

「創業維艱」，在何貽謀先生《台灣電視風雲錄》一書中，我們可以看到當年電視的創辦是多麼艱辛。雖然一無成規，但是創下許多高品質的節目，影響社會深遠。其中如膾炙人口的「群星會」、首播奧斯卡巨型影片的轟動、蔣桂琴事件的感人肺腑、成立交響樂團的雄心壯志，都在每一位觀衆的心田中留下不可磨滅的印象。

《台灣電視風雲錄》其實是台視電視史的完整紀錄。從台視的「一枝獨秀」，發展到成立中視的「兩雄對峙」及創辦華視的「三台鼎立」，雖然也曾因少數節目的脱軌而形成輿論壓力，但電視台的「自律」卻也是有目共睹的。

當時電視業務的競爭，對經營者而言既形成莫大的負荷，但白色恐怖更構成經營者無限的壓力。貽謀先生經歷了當年電視界白色恐怖的每一個事件，娓娓道來，令人既感慨又欽佩。「創業維艱，守成不易」，確是後來者要引為惕勵的。

貽謀先生自電視界退休後，到文化大學新聞系專任教職，把他一生寶貴的經驗，傳授給莘莘學子。當時華岡新聞系有堅強的師資陣容：在專業教育上，何貽謀先生主掌「電視教育」，歐陽醇先生主掌「報業教育」，在這兩位名師指點下，華岡新聞系在電視與報業這兩大媒體中培養出許多傑出、優秀的人才，我要向他們致以誠摯的感謝。

哈巴德說：「善良的生涯，是不會被時間湮沒的，歷久愈新。」二〇〇〇年八月間，我在美加作一個多月的旅遊考察，貽謀先生予我以熱忱的歡迎；而他那一份從容、圓融與成熟的風範，更令我衷心感佩。我在貽謀先生的書房中，見他坐擁書城，振筆疾書，他為台灣電視發展史作了一份最懇摯的見證。

二〇〇〇年十月八日

自序

一九八六年六月，當我初自台視退休時，民生報顧問、同窗張力耕兄就告我，民生報總編輯陳啟家兄有意要我追憶在台視經歷種種，為文供民生報連載。我認為個人閱歷淺薄，不足以浪費珍貴篇幅，未嘗應命。

比及次年承文化大學新聞系主任鄭貞銘兄延攬至該系任教，貞銘兄又重提此議，我仍然不敢提筆。但在文大任教八年時間內，貞銘兄鍥而不捨，每每一見面就以此事相催促，構成我內心沉重負擔。

一九九五年我再度在文大退休，但每逢三月一日文大校慶，都會在新聞系師生的提醒之下前往參加晚會餐敘。在這個場合我無法避免見到貞銘兄，也無法在見到他時避免感到愧歉。由是一九九九年三月一日面對貞銘兄又交白卷時，我下決心不再辜負他的期勉。

我所以遲遲不敢下筆，一方面是自認個人平凡，無可傳世，一方面也是由於我在台視任職期間，有一長段時間，沒有個人的記事存留。要去找過去十幾年甚至三十幾年的瑣碎資料，實在是件相當麻煩的事。

是年五月，有一次台視舊日同仁的聚會，談話中不免提及在台視時的往事。我無意中透露了擬以個人電視生涯為題寫書的想法，當場激起回響，認為值得付諸行動。台視文化公司總經理梁光明兄更答允借我「電視周刊」合訂本，供我檢索節目資料，給我極大的鼓舞。

幾天後，我去台視節目部看經理盛竹如兄，擬借閱我本人在台視節目部時所寫節目部日記、管理組所有台視早年節目日誌，以及影片組所有台視早期電視片採購資料。其結果是台視大樓數度改建，節目部各部門幾番搬遷，所索資料全無存留，令我惋惜。

我個人所有的資料也是由於多次搬家，丟的丟，散失的散失。所幸留美時期所寫的日記、進台視那年所寫的日記尚保存完好，而自一九八一年至今日記未嘗中斷，給我寫這本書時以相當大的便利。

自然主要的資料及照片，尤其是有關三台的節目資料，來自「電視周刊」。我為了寫這本書，借來二十年間的「電視周刊」各期，自創刊號以迄一九八一年的最後一期。翻遍了每一頁，影印下要留為資料的部分，然後編號、分類、做索引。其間要補充或查證某一部分，還得特別電告「電視周刊」主管人士為我代勞。因此對於台視文化公司、總經理梁光明兄以及電視周刊給我的助力，要特別致以謝忱。

本書的寫作，是以時間為經、個別的事件為緯。全書共分十篇，每篇又分節，每篇第一節為篇首，旨在說明該篇的概要。其餘各節則冠以標題，以利讀者查索。

序言方面除自序外，共有三篇。謝序是我在政大新聞系求學時的老師謝然之先生所作。謝先生曾任新生報社長、董事長、國民黨中央四組主任、副祕書長、駐薩爾瓦多大使等職。並先後開辦政大在台復校以後的新聞系、新聞研究所、文化大學新聞系、政戰學校新聞系。我在一九五八年留美學電視是受他的鼓勵，一九六二年進台視任節目部主任是受他的薦引，否則就不會有我的電視生涯，即使有也將全然改觀。二〇〇〇年，適逢他的米壽，他的故舊與門生曾撰文成集為他祝嘏，我寫的短文「謝老師然之影響我半生」，即在崇揚謝老師對我的影響之深。

王序是學長王洪鈞教授所作。他不僅是我在政大的學長，在中央日報供職時的同事，同時也是一九六七年至一九七三年任教育部文化局局長時主管全國廣電事業的首長。我在文大任教，他又是文大新聞暨傳播學院院長。我所至之處，他都駕凌於我之上。有他寫序，倍增光寵。

鄭序是鄭貞銘教授所作。我已不用再介紹，沒有他的督促，這本東西根本上就不會存在。他不僅是這本書的催生者，甚至為這本書的出版，走訪出版界的友好，接洽種切，他的熱心，正如他誨人不倦的教育精神，使我如沐春風。我衷心感謝他們三位為這本書作序的盛情。

如果要問這本長逾二十萬字的東西有什麼社會價值的話，我想最重要的是為我國的電視歷史作了補遺。它不是我國的整部電視歷史，衹是我個人作為一個台視人或半個民視人的所見所聞與所感。在這本書中，讀者會看到在新聞年鑑中、廣播年鑑中、電視年鑑中，甚至在中華民國年鑑中所看不到的東西，但它確實是我們電視歷史中活生生的一部分。譬如說其中的「白色恐怖篇」，想必是許多人聞所未聞，原因是在那個年代，這類的訊息根本上不了媒體。再如「進出民視篇」，今天在民視服務的知道的想也不多。

其次，我期望的是：政治如果不能杜絕介入媒體，至少是不要干預或操縱媒體。這不是專業不專業的問題，而是民主政治的正常運作問題。玩政治的人，遲早應該看透此點。

國外人士每有著作，流行將著作獻與作者最親近的或最敬愛的人。如果這樣做可以被容許的話，請容許我把這本東西獻給我的家人，尤其是我的三女莉娜。她出生於一九六二年，是台視開播後的六天；因胃癌以三十二歲的年華逝於一九九四年，是我進入民視之前八個月。她在生的歲月，幾乎涵蓋我電視生涯的全部。

三、四十年時光，聽起來似乎十分漫長；回頭去看，卻又恍惚是在一瞬之間。但書中所述，無論發生在何時何地，俱無半點虛假。有興趣一閱的讀者，不妨就把它當做一幕寫實的電視劇場看。

二〇〇一年三月六日於洛杉磯羅蘭崗綠港小築

目　次

兩雄對峙篇……099

有線立法篇

1. 1962年台視初建大樓外觀。（出自《台視三十年》）
2. 台視現有大樓外觀。（出自《台視三十年》）

3. 1962年10月5日台視同仁在台北賓館舉行試播酒會後留影。《出自《台視三十年》)

4. 蔣夫人宋美齡於1962年雙十節為台視開播按鈕，旁立者由左至右為中國小姐林靜宜、台視首任董事長林柏壽、中國小姐江樂舜。（出自《台視三十年》)

5. 台視歌唱節目「群星會」製作人關華石、邱慎芝夫婦（前排右起第四、二）及歌星。（出自《台視三十年》)

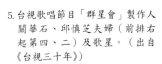

6.台視歷史最久的節目之一「五燈獎」。（出自《台視三十年》）

7.黃俊雄在台視製作的布袋戲。（出自《台視三十年》）

8.台視歌仔戲團團長楊麗花與司馬玉嬌劇照。（出自《台視三十年》）

9.台視歌唱比賽首屆冠軍夏台鳳，其左為藝人鄒森。

10. 台視改良國劇「人面桃花」劇照，圖中為飾女主角之徐渝蘭。

11. 台視長達九十分鐘的單元劇「台視劇場」中之一，演員自右起為江明、曹健、華真真。

12. 台視台語劇集「里長伯」中一景。

13.「蔣桂琴的故事」連續劇中蔣桂琴本人（中坐者）與張小燕、張安平等合影。

13

台視創業篇

一、篇首

一九六一年的最後一天，我搭乘華航班機，自紐約直飛台北。次年元月三日，即向其時設在南京東路一段接近中山北路口的一棟四層樓房的台視籌備處報到，應其時擔任處長、後為台視首任總經理的周天翔先生之聘，任台視的節目部主任，也就從此開始了我此後長達三十五年的電視生涯。

在此以前，我與周天翔互不相識，甚至互不聞名。他之所以邀聘我，可以說是出於機遇。據他後來告訴我，他在一九六一年內接奉台灣省政府的任命，調其時擔任省檢驗局局長的他籌設台視的時候，對於如何物色未來台視節目部主任的人選，頗費周章。在當時還沒有電視事業的台灣，要找任何一個對電視工作有實務經驗的人，可以說是前無古人，何況是肩負台視產品素質重責的節目部負責人。於是出身於電機工程的他，衹有到廣播界中去尋找。

在廣播界他看中的人選，是其時任中廣節目部主任、後來曾任行政院新聞局副局長的邱楠。據周天翔說，邱楠原則上接受，但提出要以副總經理兼任為條件。周對邱並非舊交，未能貿然答應，轉以此事就商於其時任國民黨中央黨部第四組主任的謝然之先生。謝先生是我在政大新聞系就學時的老師，且我在一九五八年赴美留學之前向他辭過行。留美期間我也曾偶爾給謝老師寫過信，報告我在美研習電視的過程、在一九六一年秋取得紐約州雪城大學廣播電視碩士學位，以及正擬返國服務等事。於是謝老師當下很熱切地向周天翔推薦了我，周也樂意有此意外收穫，終於在三方互相溝通之後，促成了我以台視節目部主任的職位，返國參與了襄助周天翔籌設台視的工作。

設電視台，內在的條件，是要有足夠的財力和人力，外在的條件，是要有完備的法令規章作依據。不幸的是，作為我國電視事業先驅的台灣電視公司，在財力上既薄弱，人力上前此也並無市場來源。至於有關的法令規章，除了由交通部頒訂有三種對硬體的規章之外，其餘的等於零。再加上台視籌備處在一九六一年十二月一日設立，就將開播日期訂於次年的國慶日，換言之，從無到有祇有十個月的時間，未免過於匆迫。

台視初創時的資金，祇有新台幣三千萬元。其中百分之四十亦即一千二百萬元，係由日本的日立、東芝、日本電氣，及富士電視等四家公司平均投資。前三家以他們生產有關電視的產品抵資金，富士則以提供每日兩小時的節目和廣告作合作條件。也就是說台視實際上能以用於建屋、用人、買必要的設備，和製作節目等等的資金，不足兩千萬元。

在這種情況下，我所體驗到的是三個字：「省！省！省！」舉個簡單的例子，一台手搖的油印機，到開播前夕才買。我寄與外商的信件，是用我留美時所購的手提打字機打的。試聽唱片用的唱機是以我的自用品奉獻的，公家祇花了檢修費一百元。

談到人力，以我主管的節目部為例，一九六二年元月我到台視報到時連我自己在內祇有四個人。到四月份才開始招聘工作人員，每次招考都是報名者多，而能合格錄取者百不及一。我在二月間即擬訂節目部的編制計劃，整個部門用四十六人，到八月份才奉核定為六十三人。所以較我所擬的編制人手有增加，是富士公司所派顧問力爭的結果，也是原定每日播出日方節目及廣告兩小時，後為朝野人士反對，迫使己身製作節目的負擔相對增加所致。

總之，從台視設立籌備處到正式開播，在這十個月的創業期間，內在外在的條件均不足卻要與時間賽跑的情況下，我有幸參與，卻也不幸面臨極大的挫折與壓力。這些，不僅不為外界人士所瞭解，而且也不為後來設立的中視和華視的同業所面對。由於台視在開播三年後即轉虧為盈，接收機的數量也逐年遞增，使中視和華視在資金的籌措上，不如台視初創的困難。法令規章其時雖尚不算完備，但台視在這方面披荊斬棘，至少給他們開闢一條有轍可循的道路。報章雜誌的競爭，各自為政，誰家的訂户，不一定即是他家的訂户。廣播電視則不然，前行者建立的天下，也就是後起者可以擁有的天下。但在前此沒有電視事業的環境裡，如何為台視的節目開天闢地，便成為了我肩上沉重的負擔。

本篇即在叙述台視從籌備到開播之間的歷程，以及我個人參與其事的梗概。

二、草擬自律規範，對內對外作戰

一九六二年元月我初掌台視節目部，百事待舉，而其中重要工作之一，是要擬訂一份節目政策，以作為台視製作本身節目、審查外來節目，以及篩選國外進口節目的準繩。就商業性的電視台來說，廣告是依附節目而來，無論是提供節目的廣告或是插置節目前後或兩個節目之間的插播，都與其所依附的或鄰接的節目的型態、內容、播出的時段及時間的長短有關，是以節目政策與業務政策也密不可分。

當我在美國留學的時候，美國的廣播人協會 National Association of Broadcasters（簡稱 NAB），就訂有廣播公約（Radio Code）和電視公約（TV Code），以供會員電台遵守。當時凡自願參加電視公約的電視台，在開播時都先亮出一張靜態而無聲的卡片，在繪有電視機螢幕的圖形上標示 Good Practice 兩字，以表示該台係遵守電視公約者。後來這兩項公約雖都經 NAB 自行廢除，卻給我印象深刻；當時我就想到，如果我國有一天有電視台，也應該有類似的自律內容和精神。

因此，輪到我有機會來實現這個理想時，我有高度的熱情和腹案來草擬台視的節目政策。

事實上，在我沒進入台視籌備處之前，時為顧問的前中廣台灣分台主任姚善輝先生就曾參考美國的電視公約和日本的民營電台聯盟的自律條文，草稿了一份台視節目政策的初稿。等我到任以後，如何接續下去就成了我的分內事。閱讀完後，覺得在內容上，還要補充適合國情需要以及具有前瞻性的條文，在文字上也需要略加修飾。由此我花費了不少時間，草擬了一份較為完整的台視節目政策，於二月二十日呈周處長核示。三月一日他批示下來，覺得內容涉及的範圍還要擴大，凡與電視節目有關的規定都要納入，目的是避免政府主管官署將來頒布有關電視節目管理的法令時，無從對電視台的節目，作主動的控制。

在這裡必須說明的，是當時究竟由那個政府機構來作為電視節目的主管官署尚無決定。報章雜誌等出版品、電影，以及無線電廣播的節目管理的主管官署是行政院新聞局，但首先頒布有關電視的法令的是交通部。交通部在一九五九年三月底，頒布了「電視廣播電台設置暫行規則」、「電視廣播接收機登記規則」，和「黑白電視廣播技術標準規範」。這三種法令實際上是屬於硬體的規定，有先進國家對電視台等硬體設施的規定可循，但內容均不涉及節目的製作及業務的營運等。是以台視在籌設期中，包括是年四月二十八日公司成立以後，有相當長的一段時間，節目方面找不到有法可據的主管官署，更不用說有已頒布的法規可循。既然如此，台視自訂的節目政策既是自律的準則，也同時為官方的他律，訂立了一個範本。不管以後是由那個政府機構來管理電視的軟體，幾乎就難以推翻或超越行之在先的台視節目政策。

這就是周天翔當時的想法，而我所要擬訂的台視節目政策，也不僅是台視的自律規範，同時也為官方在草擬對電視軟體的管理規定。

三月十日，我依周處長的指示修改了節目政策呈核，三月三十一日在台視籌備委員會中通過。此項政策共分「前言」、「節目目標」、「節目分類」、「從業人員應有之認識」、「處理節目的一般性準則」、「對新聞類節目的處理」、「對教育類節目的處理」、「對娛樂類節目的處理」、「對公益類節目的處理」、「對外來節目的處理」、「對語言使用的規定」、「廣告準則」、「節目的紀錄及宣傳」，及「本政策的訂定及修正」等十四章。

在籌委會通過這項文件後，等於是通過了台視的憲法，為有助外界瞭解台視在節目方面所揭櫫的方針，我建議周處長對外公布，結果卻被他拒絕，他反譏說：「台視籌備處不是衙門，不宜官場化！」

没隔多久，四月十七日自立晚報上登載監察委員曹德宣以專文一篇，指責台視不應將每日兩小時的節目時間，交日方自由運用。第二天立法院又有不少立委，以此事質詢教育部長黃季陸。黃部長答覆時表示他也堅決反對台視要每天播兩小時的日本節目和廣告。他寧願採補助的方式，促台視改播兩小時的教育節目。

為何有此一段插曲，容我在下一專節說明。這裡我要追述的是，四月十七日，周處長告訴我，他打算將節目政策公布。

也許，他領悟了，不是官場才可以有公關。

節目政策雖在籌委會通過，衹能算是通過「一讀」，因為四月二十八日台視正式成立公司後，籌委會即告結束，代之而起的是董事會。節目政策尚須由籌備處處長改任總經理的周總，向董事會提出「二讀」。而董事們接到草案，遲至七月沒有一人提出任何意見，也沒在董事會中提出討論。「憲法」沒有正式通過，節目部什麼準備都沒法大刀闊斧著手，何況還有編制和預算的問題懸而未決。

記得在七月四日，我從周總的辦公室討論節目部的預算出來，碰到業務部經理（台視公司成立後，各部主任都改稱經理）關慕愚。他說：「貽謀兄，現在距開播日衹剩下三個月了，節目方面準備得如何？」我答覆他說：「到現在為止，衹準備好一個現場節目，節目名稱是——節目部集體上吊！」他聽說捧腹而去。

七月二十三日，董事會終於討論到節目政策草案，結論是先行徵詢行政院新聞局、教育部、警備總部等方面的意見，再提常務董事會討論。

第二天，七月二十四日，我就此事走訪主管傳播媒體的行政院新聞局的第一處，即國內處（其時新聞局尚無廣電處）處長周天固和科長郝亦塵。周處長是我在政大新聞系的學長，同時我服務中央日報時他任該報主任祕書，他當然樂於接見我，但他與郝科長的意見綜合如下：

㈠新聞局並未奉命為電視事業的主管機關，祇能站在輔導立場加以協助。

㈡交通部曾擬有電視節目規範草案送交新聞局，有意請新聞局接管電視事業。但新聞局祇將規範提出補充意見覆交通部，仍請交通部主管，而交通部此後無下文。

㈢如我需要知道前項補充意見的抄本，該處可以準備一份備取。

經過這次訪問，我才知道中央政府尚未決定主管電視事業的官署。我原以為順理成章的在輔導管理方面應是行政院新聞局，卻不知道行政院猶在任由新聞局和交通部彼此互推。

接著警總方面也有反應來，表示並非主管官署，未能正式表示意見。倘有私人意見，稍後再提出供參考。顯然這個私底下強勢控管媒體的情治機關，對外作低調的反應。

教育部的意見，是由社教司司長劉先雲表達。他的答覆最直接：教育部非台視的主管官署，歉無意見可覆知。

這下可好，老總統堅決要辦電視，責成台灣省主席籌辦。如今台視在經濟部核定之下已成立公司近三個月，距開播之日也只剩兩個多月，不僅無政府管理營運法令，甚且還找不到主管官署。對我這個入世未深、從沒做過官、也幾乎不曾與官員正面交過手的青年人而言，我真是傻了眼。

情急之下，我不得已祇有在七月二十五日，去國民黨中央黨部的第四組（今文化傳播委員會）找我的老師謝主任然之，請示他該怎麼辦。

謝主任告訴我，中常會早有決議送行政院，建請指定行政院新聞局為電視事業營運主管官署，但不知何以至今未見行政院採取行動。因此他指示我可以由台視備函致行政院，請求指定營運主管官署，俾能「統一事權，以免管頭太多」。

接著我向謝主任報告，我承他推介入主台視節目部，籌備工作重點之一就是草擬一份台視的節目政策，以為台視播出的準繩。這一草案在台視內部好不容易定稿，現在則需要政府有關機構的指正，以便作周全的釐訂，再提向台視的董事會通過實施。相信這份草案，早已送陳中四組。我希望黨政有關機關，對台視的自律措施，能予以信任與支持。但就已聯繫過的政府機構來說，好像都是事不干己，彼此反應冷淡。事實上台視的節目政策，也就是黨國的傳播政策，應該予以正視才對。

謝主任回答我說，他並沒見到過這一份草案，因此他領我到中四組各室，介紹我認識祕書唐棣，總幹事沈旭步與戚醒波，最後囑我與沈總幹事商洽。

沈首先表示他也沒見過此一草案。我答可能是台視未送，我為此抱歉，當即補送。接著他說台視公司無事時不與中四組聯繫，到發生問題時才來找中四組，這種作風，值得省思。

這位黨官，出言很重。我不知道他所謂的台視公司，究竟係指何人而言。若是直接指責我，我真該值得他教訓。因為我的想法，正好與他的想法相反。如果我沒有事，我來中四組幹嗎？中四組不是茶館，沒事該去喝茶找總幹事談天嗎？有事自然才會去中四組，因為中四組原是為黨或黨員甚至為民衆服務的，有事上中四組要求協助有什麼錯？其實他不知道，我這次到中四組來謁謝主任，並非奉台視任何人之命而來，而是我自動的半公半私的來向當主任的老師請予公務上的指點和協助。我還不清楚回去報告周總，會不會責我多此一舉，自討没趣？

當下，我没法與沈談我心中想說的話，我祇是告訴他沒有目中無中四組的意思，否則我就不會來了。節目政策草案補送過來，還是要請他不吝匡正。過幾天後，我再來拜訪他請益。

第二天上午，我就將去新聞局及中四組洽談重點，報告周總。他認為應否去函行政院請求指定主管官署事，將與近日召開的常董會討論。

七月三十日，林董事長柏壽召開台視臨時常董會，我奉命列席對節目政策草案內容，及主管官署迄今未定等提出口頭報告。常董會決議將草案中「對公益類節目的處理」一章作若干修正後予以通過，然後送請中四組召集有關單位研商。另備函致行政院，請指定主管官署，以利事功。

次日，我擬就致行政院函稿。八月一日，我將節目政策草案重加修正，與行政部經理李蔚榮、公關顧問齊振一會御簽奉核定後，備函報請中四組邀有關單位會商研討。

終於，行政院在八月三十日舉行的院會中，決定新聞局為電視事業營運的主管官署。中四組則在八月三十一日下午，召開了討論有關台視的各項問題的會議，其中對台視節目政策的內容均表滿意，僅建議將「政策」兩字改為「規範」，「播放」、「播送」等字樣均一律改用「播出」。由是這一份從元月我接手草擬到七月三十日台視臨時常務董事會通過的台視節目規範，不僅成為了台視節目的自律準則，且也為其時黨政有關機關所認知。一九六三年十月，行政院新聞局參照有關法令擬訂了一個「廣播及電視無線電台輔導準則」報院備查，並於次年元月一日起實施，毫無問題，是受台視自訂了「節目規範」所催生的結果。而台視節目規範的產生，卻又是我在台視內部以及台視外部奮戰而獲致的成果。

不過話說回來，即使這份節目規範直到今天還在台視存在，但在業務掛帥的情況下，台視本身一開始就不曾嚴格遵守。台視業務部有它自己的一套業務策略，周總自己也有他自己的一套管理哲學，所謂節目規範，實際上衹規範了節目部，也等於衹規範了我自己。我離開了台視節目部以後，可以說連節目部本身也沒有規範到。

時移境遷，連憲法都可以一改再改，何況台視一份節目規範。這使我聯想到美國 NAB 的廣播公約和電視公約之所以最後被廢除，那是由於業者良心上的自覺——賣狗肉就乾脆賣狗肉，何必一直掛羊頭？

從三十八年後的今天來回想當年的這一幕，我衹覺得自己像一個老兵，在憑弔一座業已傾圮的勝利紀念碑。目前還在台視的後起之秀，甚至可能不知道有它的存在。

台視這份「節目規範」全文，見台視紀念刊物「台視二十年」。

三、兩小時日本節目和廣告的困惑

一九九七年六月初，我忽然接到前立委趙文藝女士的電話，問我台視開播當年，曾因要每天播出兩小時日本節目和廣告，在立法院引起軒然大波的來龍去脈。我因事先毫無心理準備，而且事隔三十多年，我對這件事的記憶已模糊，乃答覆趙女士，記憶中似乎有這麼一回事，不過詳細情形已不清楚，當事人周天翔又已過世，我建議她試問當時為台視顧問，又與台視首任董事長林柏壽、總經理周天翔過從較為密切的時任世新大學董事長的葉明勳先生，或許可以有較多的瞭解。

六月十日，趙女士又來話，說她已與葉先生通過話，依然是謎，問我能否幫她找到一些可供參考的資料，我答應一試。由是就我書櫃中能方便取得的廣播年鑑、電視年鑑，以及温世光先生所著《中國廣播電視事業發展史》一書中所能查到的資料，加以複印後寄與趙女士參考。

現在，既然自己要寫這本回憶錄，就不能不翻箱倒篋，將所有可能與這本書有關的資料找出來，其中最重要的資料之一，就是我進入台視第一年、亦即一九六二年從元月二十日起到十月二十六日止的日記。在這本斬頭去尾的日記中，對台視要播出兩小時日本節目和廣告的事有所記載。

前面曾經提到過，台視初期籌資三千萬元新台幣不易，後來經由中日合作策進會的協助，才與日本的東芝、日立、日本電氣及富士電視四家公司達成協議，各投資百分之十，亦即新台幣三百萬元，湊足所需資金。東芝、日立、日本電氣三家都可以他們生產有關電視的產品折抵，祇有富士是一家電視公司，它的產品祇有電視節目。由是我方代表吳紹璲和周天翔等在與日方簽訂的協議書中，加入了一份備忘錄A，其中規定富士公司可派工程、節目、業務等方面的顧問來協助我方建台，我方可派各類人員去富士受訓、富士並應供應每日可播出兩小時的電視節目由我方選用。這些節目中所播出的廣告由富士負責招攬並提取代理佣金，當然還有彼此間的權利和義務等細節性的規定。

當時我國與日本尚有邦交，但電影院禁映日語影片、廣播電台禁播日語歌曲則是人所共知的事實，吳、周等人並非不知。所以仍要接受日方電視節目的理由，依我推測是：第一、預估台視開播後每天至少應播出五個小時，但台視本身的設備、人力，和財力，決不可能每天五小時節目全部自製，必須要部分仰賴進口節目。既然如此，原則上採用少量的日本節目並無不當。第二、日語可以改配國語或閩南語發音，不致觸犯語言上的禁忌。第三、節目內容我方有篩選權，不合國情的可以事先剔除，何況依例要送請官方審查許可後才能播出。第四、也是最重要的一點，台視至少每日有兩小時節目的廣告的收入，除去富士的代理佣金後，可以存入日本銀行，成為自備外匯，便利台視自國外購進物料，不受其時國內管制外匯的影響。

不過，這件事經報章披露後，民意代表的反對頗為激烈。前面曾提到過監委曹德宣有譴責的表示，立法院教育、交通、內政、經濟等委員會的委員也紛紛提出質詢，包括教育委員會委員趙文藝在內，詳情有當年上半年內報紙的報導可查。

台視的反應，當然是對外詳加解釋，消除誤會，其時我已擬就的台視節目政策草案的要點，就在此時披露；對內則是就備忘錄A中可以進行的部分繼續進行，如富士公司在當年四月派遣工程方面的顧問新谷武四郎、節目及業務顧問野地二見進駐台視，也分批接受台視招考的各類人員前往受訓等。

依照我日記上的記載，當年五月一日，即台視公司成立後的第三天，周總曾就日本節目問題，與我交換意見，我提出兩點：第一、在技術上言，由於無錄放影設備，攝影場又祇有一座，現場節目不可能相繼製作播出，其間必須有影片節目插置緩衝。富士供應的節目，必然是用影片直接拍攝，或將現場節目或錄影帶轉錄為影片供應，因此有利用的價值。第二、如果是 Kinescope，亦即轉錄而成的影片，畫質必然較差，但重要的是內容，民意代表反對的重點也在此。我從未去過日本，也從不曾看過日本電視節目，是好是壞，能用與不能用，我無從置評。如果總經理有機會去日本，建議與富士公司再就節目型態、內容，以及台灣朝野對這件事的反應，作進一步的研商。他答覆說他有必要就此事去日本走一趟。

就在第二天，五月二日，富士首批樣片寄到，我先選出幾部來看，就覺得憂心。五月八日第二次看片，由公司同仁共同觀看，看過之後，莫不搖頭。

富士電視公司，屬親華的鹿內信隆的產經集團，台視邀富士電視為股東，自有政治上的考量。但節目樣本不為其時台視同仁看好，想確與國情或文化上的差異有關。

六月六日，周總率同業務部經理關慕愚及節目部播映組組長張午赴日，於六月二十六日返台。就在這段期間，外間傳出政府決定由國營事業提供每日兩小時節目取代日本節目，經濟部華僑及外人投資審議委員會也決議將有關日本節目的協議取消。七月九日周總在台視主管會議上正式宣布放棄日方節目，但尋求政府能對台視所生損失酌予補償。此後政府是否補償及如何補償，在台視內部係由業務部主管。對我而言，雖多了每天兩個小時節目來源的負擔，但丟掉了這個準挨觀衆指責的包袱，卻也覺得別有輕鬆之感。

四、爲影片的使用費盡口舌

電視要使用影片，卻想不到為此又與行政院新聞局費盡許多口舌。

行政院新聞局在一九六二年時為電影事業的主管官署，在該局之下設有電影檢查處。處長屠義方，依據一九五五年元月頒布的「電影檢查法」，以及是年六月公布的施行細則以及相關的檢查標準規則、國外電影片輸入管理辦法等，執行對影片內容的檢查、發照、進口與退運等項工作。

電檢法及其配套法令，是針對一般在電影院內放映的影片而訂立。電視用影片的長短、收看的對象、播出的方式和次數，全與電影院或公共場所所放映的影片不同。行政院在台視設立時既未事先指定主管官署，自然也就沒有機關特別為電視用影片另訂法令，一切都得適用原有電檢各法，是硬將黃牛當馬騎。

平心而論，電視節目直接進入家庭，觀眾不分男女老幼，理當依照自律或他律規定，比一般電影片更有嚴格的標準去作播前的審查。台視認為不合理的規定是：電檢法第一條規定電影片經審查後領有准演執照始得映演，第六條規定准演執照有效期間為三年，期滿再映演應重行申請檢查，第十三條規定檢查費以每五百公尺為單位付費六十元，不滿五百公尺者以五百公尺計。就電視用影片而論，沒有任何電視用影片，需要三年有效期的准演執照，除非取得片主同意可在三年內重播。在一般的情況下，連三個小時都用不上。至於檢查費以五百公尺為單位計，如為三十五厘米即電影院用影片，每五百公尺約可放映十八分鐘；如為十六厘米即電視用影片，每五百公尺約可放映四十六分鐘。後者驟看較為合算，但電視短片及廣告片，長度多在五百公尺以下，以放映時間一分鐘約十六厘米的廣告片來說，其長度僅十公尺，卻要交五百公尺長度的檢查費六十元，拿一本可播三年但不能變更內容的准演執照，能算合理嗎？另外，每天每段播出的新聞影片，是接在一起來計算長度單位交費呢？或是一則新聞影片就要算一個單位呢？這些都需要澄清。

那年的五月三十日，我為這件事去拜訪屠處長。他說在檢查的方式上，他已擬好兩個方案送新聞局核示。一是派員駐台視審查，一是台視派員依一般規定送審。無論採用那種方式，都得依法繳交審查費及發給准演執照。同時他又提到外片的配額問題，台視要從國外進口影片，就必須提出配額申請，跟電影片商一樣。其中如有日片，配額祇能比來自歐美國家的少，不能多。

屠處長是標準的公務員，一切依法辦理。在他心目中，影片就是影片，電影檢查法中並沒有分出什麼電視用影片來，他就將電視台與電影院等量齊觀。但最後我還是告訴他，電視事業在國內是創舉，它使用的影片及方式確與電影院不同。電影檢查法遲早得加修改，以符合電視事業發展的需要。在沒修改以前，我們還是會依法送檢、付費、領三年有效執照。不過，以後每天要送檢的件數繁多，包括先播後檢的新聞用影片，還請盡量給予方便。另外提到外片配額，台視因為除了影片外，還有非影片的節目，因此與其對外片計算配額，不如規定每周節目時間在影片上所佔的比例來得實際。例如說，為了處理上的方便和適應觀衆的需要，非英語發音的影片，即使有配額也不一定會去訂購。

屠處長之所以提及日片配額，是因當時朝野都還在紛紛議論台視每天要播兩小時日本節目和廣告所致。如果最後台視被允許依與富士所訂協議執行，則必然涉及日片配額，而且為數不少。在這種情形下，播前審查就有必要。我其時已看過富士寄來的樣片，即使不涉及配額或送檢，也通不過台視自審的這一關，何況還有繁複而費時的配音問題。是以我預知日方節目和廣告必將取消，日片的配額我根本就沒顧慮過。

另一個跟影片有關的問題是進口稅則，當時稅則對十六厘米的影片科與三十五厘米的影片相同的進口稅。電視用的十六厘米的影片通常祇播映一次，且不向觀衆收費，豈能與電影院中用的三十五厘米影片相提並論？為此我曾與台視財務部經理張家驊於是年五月先後拜訪財政部及關務署，就兩者為用之不同先作口頭解說，繼之以公文申請，要求對進口之電視用影片免稅。意外的是，六月間接關務署覆文，稅則照舊。

七月初，經濟部僑外投資審議委員會也來了公文，除取消日方節目外，並規定所有節目均須播前審查，影片則依電影檢查法檢查及領照，外語片須改以國語發音，並不得作電視以外的營業性或非營業性的放映。對此，周總決定放棄日方節目及廣告收入，其餘則命我擬文申覆：影片的送檢照辦，但盼手續予以簡化；非影片節目，盼政府主管官署（其時主管官署尚未決定）准台視依自訂的規範自行審查；外語片如為英語發音，請准得以字幕替代國語配音，非英語片則以國語配音為主，字幕為輔。

七月中，得悉電檢處已擬定台視進口影片配額為四百二十部，亦即一般電影院一年中所用歐美電影片配額的總和。以後如果配額有調整，也以不超過電影院用的配額為原則。為此，我又去拜訪行政院新聞局主管電影的第一處處長周天固，詢配額以部數計，是否指電影院所放映的祇有一個片名和一個完整的情節的電影片而言？電視用的影片如卡通片一部祇有幾分鐘的長度，怎能與平均長九十分鐘的一部電影片相比？因此電視用的影片祇能以放映時間的長度計算，而不能以部數計；如必要算部數，也要規定一部的時間單位才行。

繼之，我又說明，台視初步計劃，每天播出節目五小時，或三百分鐘。不過初期因受設備和人力的限制，利用影片的時間較多。往後播出時間增長，自製節目的數量會逐漸增加，播用影片的時間就會相對減少。因此，算放映時間也好，算以時間為單位的配額也好，總盼能以適應台視實際上的需要作考量。在國產影片來源不足的現況下，進口片配額少了會迫使台視縮短播出時間，配額多了也會用不上。

周處長聽我說明，坦白地答覆他不瞭解電視用影片有這許多考量，他願意研究如何配合的問題。

由是八月三十一日中四組召集的會議中，除討論台視提出的節目政策草案以外，也討論到節目的管理問題，因其時新聞局已被指定為電視事業的主管官署，必須為電視訂定管理規則，包括對影片節目的各種規定在內。擔任會議主席的中四組主任謝然之，特別對代表新聞局出席的甘祕書毓龍交代，管理規則應求適應電視台的需要。率我列席會議的周總，在會中又附帶提出請減免電視影片的進口稅並說明理由。經討論後決定由台視函請台灣省政府新聞處，轉呈行政院交財政部核辦。謝主任在散會前作結論時，又對交通部代表張次長壽賢、新聞局代表甘祕書毓龍關照，應盡量予台視以便利與合作，且當衆對我語多勉勵。

次日，我即擬函致台灣省政府新聞處，請轉呈行政院減免電視用影片進口稅。九月十三日接中四組寄來協調會議紀錄，又將致省新聞處之函以副本補送中四組一份。

九月十四日，甘祕書毓龍約我談管理規則內容。他與我原有私交，談話可以直來直往。他首先即告知我新聞局認為對電視事業管理有執行上的困難，已向行政院申覆，請求另加考慮。關於電視用影片的檢查費，為減輕電視公司的負擔，已改為以放映五分鐘為一單位，每單位收費二十元。對進口外片的配額制度仍須維持，但配額如何訂定，進口和退運的手續等如何，將送請中四組會同有關單位協商。

對此，我提出兩點答覆：一、如果新聞局仍是主管官署，在管理規則尚未定案以前，希望能聽取業者意見以供參酌，期能順利運行。二、台視已定十月十日開播，餘時不足一個月，外片亟待進口，希望新聞局能早作準備，以免臨時措手不及。

九月二十七日，電影檢查處召集會議，我率同電影組組長劉國柱參加。屠處長主持會議，提出十項意見如下：

㈠台視所用影片，仍請送該處檢查，隨到隨檢。新聞用影片可先將要目告知，播後再補發准演執照。但該處無十六厘米影片放映機可供檢查之用，希望台視能撥借一台。

㈡台視本身在試看影片之時，該處不派員參加。

㈢電視片檢查標準，適用電影片檢查標準。

㈣電視片下周起可受理檢查，但時間以下午較佳。

㈤通過檢查後之准演執照仍照發，每本收工本費十元，時效仍為三年。

㈥電視片檢查程序及出口手續，暫用一般影片規定。

㈦電視片的檢查，仍須檢同本事說明及譯本。

㈧電視片的進口，應依法向該處辦理進口手續。

㈨電視片的檢查費繳付，有兩種方式可以擇一而行；一是以每五分鐘放映長度為一單位，每單位收費二十元，二是依一般電影片檢查費的規定，每五百公尺收費一百八十元。但特許電視短片湊足五百公尺計算，不受部數的限制。

㈩電視劇情片仍課以配額，配額數量另定。

我對前述十點規定的答覆是：

㈠對第一點因本身無多餘的放映機可借，請該處自備或另向他處借用，餘可遵辦。
㈡對第二點參觀試片僅是徵詢意見，並非就便檢查。參不參加，可由該處自行決定。
㈢對第三點至第八點台視均可遵辦。能予方便處仍盼給予方便。
㈣對第九點請准暫依每五分鐘為一單位付費二十元的方式辦理。
㈤對第十點請准台視再以書面意見情述。

最後屠處長又提出盼台視撥借電視接收機一架以利影片播出時的檢查，我同意轉達公司決定。

此後在十月二十日周總偕同我至新聞局，面對沈局長劍虹、龔副局長偉岩（弘）、邱主任祕書南生（楠）等討論對電視的輔導管理意見時，我又重行提出他律不如鼓勵業者自律、請函財政部對電視進口片減免稅率、請函外貿會對台視申請進口器材及電視外片結匯給予便利、請鼓勵國內影片製作單位製作十六厘米短片藉供電視放映，及與友邦主管宣傳機構洽商交換新聞片或紀錄片以充實電視外片來源等意見。

其結果是行政院新聞局於一九六四年元旦頒布施行了「廣播及電視無線電台節目輔導準則」，在此之前及之後，電視用影片仍按電影檢查法及有關規定辦理，進口片仍按原定稅率課稅及予以配額限制。直至一九七四年三月新聞局始取消外片配額的規定。一九八三年十一月總統公布廢止電影檢查法。由於科技的進步，電視影片早已由錄影帶所取代，而檢查制度則仍依廣播電視法規定在執行。現行的檢查費，是以每半小時為一單位付費五百元計算，准演執照的工本費是每份三百元，有效期限係依該片的播映權期限為準。

後台視而起的同業，如中視與華視，就不會面臨我當年在台視初創時所面臨的問題。而以電視接收機的數量而論，依據我國電視學會於民國五十年至六十四年所合編的年鑑所載，一九六二年台視初創時祇有接收機四千四百台，到中視於一九六九年十月底開播時，全國已有接收機六十萬台以上，可以說是由台視單獨打下的天下。到華視於一九七一年十月底開播時，全國已有黑白接收機一百三十萬台，彩色接收機近四萬，可以說是台視、中視兩台打下的天下。但當三台競爭，台視所培養的演藝人員，紛紛成為友台挖角的對象時，我不禁想問，我當年單槍匹馬、為電視節目開疆闢土，難道不曾為他們效過犬馬之勞？

五、總經理、日本顧問與我之間

我在前面曾經提到過，我與其時的台視籌備處處長、後為台視首任的總經理周天翔先生原不相識。但他所以聘我為台視首任節目部主任（台視成立後改稱經理），是因為我在政大新聞系肄業時的老師、時任國民黨中央委員會第四組主任謝然之先生的介紹。除此以外，我想我在留美時學的是電視也有很大的關係。我不僅有前人所無的電視碩士學位，而且還有過紐約電視研習所的 Studio Operation 的實務訓練。兼之我是中央日報的中層幹部，主掌新聞部門不是生手，更無安全上的顧慮。就年齡而言，我時年三十八歲，正合作為一個單位主管的年齡，並且又比他年輕七歲，他可以駕御，他原所屬意的中廣節目部主任邱楠，卻比他年長一歲，且有文名，這可能也是他寧捨邱而就我的主因。不過，他畢竟對我個人陌生，雖學歷適當，但總缺實務經驗。因此，他用我等於是押寶，談不上信任。

相對的，我也未必就能對素未謀面的周先生毫無條件的順從。我期待在一邊工作，一邊去瞭解他。如果可以相處，我會盡心盡力的去奉獻，否則我可以回中央日報或另謀生計。

記得就在我向台視籌備處報到以後的幾天內，他找我談話，突然問我電視的定義是甚麼。這是一個很簡單的問題，但同時也是最難答覆得完整的問題。譬如我們要問「什麼是人」的這個問題，你該如何答覆？又譬如我們學新聞的，在新聞學的理論的書籍中，也都會看到「什麼是新聞」的定義的詮釋。大概都會提到東南西北四個英文字母的開頭，剛好湊成 NEWS 這個英文字，表示新聞無所不在。也會提到美國名記者查爾斯・丹那（Charles A. Dana）的名言：「狗咬人不是新聞，人咬狗才是新聞。」結果是人人言殊，又大都似是而非，難作斬釘截鐵、無疵可議的結論。憑良心說，我多少上過電視理論的課，也看過不少有關電視的書，就從沒碰到有關電視的定義的討論。他提出這個問題顯然是在考我。我當面答覆了他，他聽了沉吟了片刻，是接受或是不接受我不得而知，因為這畢竟不是筆試，甚至也沒有標準的答案。

過不了多久，他又叫小妹送來一張紙條，問我電視節目究竟是 Photographic Product 或是 Cinematographic Product，亦即是圖型攝影的產品，或是電影攝影的產品？你說呢？

大概算是及格了吧，因為他並沒有把我刷下來。

逐漸，我知道他的父親追隨　國父及陳英士先生而為國殉職。他因總統蔣公的照顧而得養育，又是蔣公的親信俞濟時將軍的女婿。因此他是烈士的遺屬，也是在官邸出入的人。在他身上，可以看得到有英國紳士般的儀表，也有股傲人的氣派。他出身湖南大學電機系，也留學過英美，又曾為台糖駐日代表，日語也有根基。以他來籌辦台視，自然是具有足夠的條件與背景。原則上我敬佩他，但並不表示我唯命是從。我往往會有意見或看法不與他盡同的時候，不傷感情的衝突在所難免。但在一九六二年四月富士派來顧問野地二見以後，周總、野地，和我之間的三角關係，就變得更為複雜。

野地年約四十五歲左右，美姿儀，笑臉常開。他顧問的範圍是節目與業務，用企管來比喻，是生產與行銷。他不懂華語與英語，與擅長日語的業務部經理關慕愚溝通毫無困難，與我溝通則需要通過翻譯。在台視公司於一九六二年四月二十八日成立公司後，他又代表富士具有常務董事的身分。

野地顧問與我的接觸，最早是因節目部的組織架構和人員編制而起。早在是年元月，我就將節目部分為四個組，全部編制為四十六人。周總口頭交代所需人員分批招考，但對編制人手多寡未加批示。野地認為四十六人太少，他建議修改。四月三十日舉行第一次董事會時，野地即以董事身分發言，要求從新擬訂節目部組織及人手，但或因受時間限制，決議移下次董事會中討論。

如是到七月份，節目部編制仍懸而未決，雖已有部分人員考入並予訓練，但距實際需要尚遠，因此我要求周總授權與我斟酌決定，以爭取時效。周總的裁決是節目部可擬一較大的編制，但實際用人必須緊縮在三十六人以內，必要時再增加。這樣的裁決，使我憂心如焚。他為了節省人事費用，卻完全不顧節目部的實際需要，而到時候卻要節目部交出節目來，我能找誰負責？這時候，我很想找野地訴苦，但打聽後始知野地早已暫離台灣返日，幾時歸來猶不得而知。

七月八日，林董事長為討論節目政策草案召集臨時常務董事會，但大部分時間卻用於討論人事法規，如編制外人員的任用辦法、編制內員工的年終獎金、請假與不休假獎金的規定等等。其時任台灣省政府新聞處處長的常董吳紹璲提出，對技術人員的待遇，應較一般行政管理人員為高，對輪休和加班也應有所規定。他以節目部的人員為例，認為工作時間、責任、能力都與一般行政人員不同，不能等例辦理。他的這一番話，觸及我內心之痛，於是我以列席的身分要求發言。我說以目前限定的節目部編制而言，應付起碼程度的工作猶嫌不足，何能奢望輪休及加班。另在節目播出時間的安排上，經核定每日播出五小時，其中四個小時排在晚上七時至十一時，一個小時孤懸在中午至下午一時。中午這一小時容或有適應觀衆的需要的考量，但就設備的使用與人力的調配而言，則形成浪費。在財力和人力都有限的現況下，似以集中在晚間播出為宜。

我這番話，可能引起周總的不快，但為了解決問題，我有在常董會留下紀錄和期待奧援的必要，即使周總不以為然，我也顧不了那麼許多。

果然，新谷顧問以常董身分接著發言，表示對我的意見，他有同感。

周總的反應，出我意外的冷靜。他說野地顧問對節目部的編制也有意見，且等他自日本返回後再作研商，同時也囑我重修編制預作準備。

八月初，野地返台，我將節目部在他離台期間所作的籌備工作，向他擇要說明，並特別就重修的編制計劃和十月份要播出的節目表，以日文註釋，以便利他參閱。

一周後，野地有了回應。在編制方面，他建議為六十三人，其中導播和助理導播即多達二十五人，他的理由是每日兩小時由富士所供應的節目既被取消，則由台視自製的節目即現場節目就會增加，導播和助理導播的人手也必須相對增加。在十月份的節目表方面，他認為較為零碎，不如縮短播出時間，特別著重於一些特殊事件的現場直播，諸如國慶日的國慶大典、閱兵、國慶晚會、光復節的特別節目、省運會的活動等等。他認為這樣較靈活，較有可看性，也較易於找到提供的廣告客户。他說他也會去見周總，作上述的建議。

很明顯的，他是站在一個日本電視業者的立場看問題。他們既有公營和民營同業的競爭，節目往往就會追求出奇制勝，祇要有較高的收視率，即可暫時停掉正常性的節目。他沒想到台視其時既無同業的競爭，又是開天闢地的第一家電視台，要滿足的不是有特殊興趣的觀衆，而是男女老幼各種不同興趣的觀衆。換句話說，一般性的、多元化的節目內容，才是當時台灣觀衆所期待的。

在另一方面，現場直播也不像在日本可以說做就做，我們能用的設備祇有一套，缺什麼修什麼；我們要申請外匯，到國外去採購，不像他們拿錢就馬上可以到市場去買回來。其次，卻是最重要的，我們有安全上的問題，這點他們難以想像。

當著野地的面，我謙虛地謝謝他的指點和協助；在內心，我感佩他的認真，也竊笑他的天真。

果然，過不了多久，周總召我去他辦公室，直截了當的告訴我，日本人多有優越感，要我以後對待日本人不必太客氣。我知道他意何所指，我回答他說我的地位與他不同，對日籍顧問，又是公司的常董，我不能不表示尊重，不過在職責上，我自然是聽命於總經理。

另一件周總對野地感到不愉快並牽涉到我的事，是與業務部有關。緣由是我在八月間，曾草擬了「節目托播處理規則」、「節目製作標準規格」，及「節目製作服務及取費標準」三種草案，簽請召集有關單位主管會商。周總批示：「分送業務部、行政部、鈕顧問（先銘）、姚顧問（善輝）、野地顧問，並洽定時間會商」。

我奉批遵照辦理，並洽定時間於八月二十四日上午十時開會，由周總主持。

開會前兩天，野地前來告訴我，托播規則對外衹能有一個，由業務部主辦。我告訴野地我並無意干預業務，但節目由廣告客户提供托播涉及節目，節目部原擬就此與業務部研商並提供資料，但業務部卻置之不理，因此不得已才請周總召集會議協調。野地聽我如此解說，才表示有所瞭解而去。

八月二十四日上午十時之會，周總臨時通知，因有他事待辦改期。其後周總在電話中問我，為什麼要將前述三個草案送野地並通知他參加開會。我答係遵照他的批示辦理。他不相信，我說有他的親筆批示為證。至此他沒再質問下去，祇關照改期之會，可以不再通知野地。

原來周總藉故將會議改期，係不欲野地與會之故。但為什麼這樣，我不明白。難道是不想看到日人的優越感嗎？或是另有原因？但他這樣與野地冷戰，令我覺得為難。

這三個草案，終於在月底會商完畢，「節目托播規則」併入「廣告托播規則」中，連同其餘兩案由我負責依會商結果修正後交業務部印送廣告客户參考。

不過，「野地效應」並沒就此結束。

八月底，周總也召集會議，專案商討十月份節目表，尤其是國慶日開播當天節目如何處理的問題。會前我與野地見面，告訴他前述三案已會商解決，因聽說他身體略有不適，因此未便邀請他參加。至於專案討論十月份及開播當天節目的事，我會將他的建議在會中提出。也順便告訴他，節目部六十三人的編制，周總已批示同意。

在專案會議中，我首先提出三個重點待決：第一、國慶日如有閱兵，是現場轉播或是拍影片？第二、總統文告如何處理？第三、十月份的節目，是否仍維持每日中午一小時晚間四小時，或是從野地顧問的建議，擇重點編排每日播出時間長短不一致的節目？

周總對這三個問題的答覆是：國慶日是否閱兵，尚不得而知；但即使閱兵，也不能現場播出，祇能委託外間攝製影片，在播映後即空運富士電視公司。總統文告如何處理，由他本人請示。十月份節目表仍按原定計劃進行，時間不變動。

會後，野地即來問我開會結果，我告原定節目及時間均不變動。他不以為然，堅持十月份節目應由每日五小時改為三小時，他要我先準備每日三小時的節目表，改動的事由他自己去與周總磋商。此後野地未見回音，周總對此事也沒新的指示。

如是到了九月中旬，野地竟又來找我舊調重彈，不僅十月分每日節目時間建議我縮短為三小時或不予固定，甚至十一月份也應如此，他提出三個理由：第一、在工程進度方面，攝影場不到國慶日前後不能完工，無法使用。第二、節目方面籌備太晚，又無排演場所。即使外界有康樂團隊或戲劇團體可提供現成節目，但缺乏電視表演經驗，其結果必不精彩。至於國外進口影片，尚無一片到達，即使到達，還有送檢配音一連串的工作要做，時間上也來不及逐日源源播映。第三、業務方面至今尚未洽定任何一家廣告客户，平白播送每天五小時沒有廣告提供的節目，成本何勝負擔？依他看，不到十二月份，没有廣告客户會上門。

他没有明白說出口的話，是國慶日根本不能開播。

平心而論，不能說他的理由不能成立。他已習慣於日本電視台的作業程序，同時也有求好的心理，不願有損他作為節目及業務兩方面的顧問的顏面。但他也瞭解周總是個自信心很強、不輕易賣他的賬的人，於是他退而求其次，以我為緩衝的對象，釘子由我去碰，總比由他自己去碰好些。我猜想上次他說他自己去與周總商量，事實上他根本就沒去。

由是我告訴他，我對他的看法有同感，但上級交下來的任務，我祇有勉力去達成，做一步算一步，節目部不能單獨表示無能為力。假如工程上及業務上都有困難，要變更開播日期或播出時間，應是大家的願望，應該聯合提出。野地聽我這樣說，便建議我去與工程部業務部等主管會商。我說我不能主動聯絡，他是業務節目兩部的顧問，又是公司的常董，他比我有更好的地位去聯絡。他說他也不便這樣做。因之我建議他何妨去與行政部李經理蔚榮一提，李經理負行政協調之責，對周總應該知無不言、言無不盡，也較為中立客觀。野地覺得這個建議可採，願與李經理一談。我最後向他以一個比喻說明我的處境，那就是節目部目前的狀況，如同一個尚未成熟的女孩子，父母要她出嫁，她就祇好出嫁，要想免於厄難，祇有靠親友說項，自己是無能為力的。

野地後來有沒有去跟李經理研商，我不知道，我所知道的是一切都沒改變。野地任滿時返國，台視同仁歡送他，我也感念他對台視的一片忠誠，雖然他對我並沒有過什麼具體的協助，反而在我與周總之間，造成了一些困擾。或許，他最不瞭解的是中國人的韌性和克難的精神。這些，他應該在中日兩國的歷史中和他在台灣停留的時日中，可以體驗得到。

六、節目的具體規劃

在台視籌設期中，對電視節目管理的法規，祇見之於交通部於民國四十八年三月三十一日公布的「電視廣播電台設置暫行規則」的第二十條、第二十一條、第二十二條及第二十六條。

第二十條的文字是：「電視廣播電台不得播送違反政府法令、危害治安、有傷風化之一切聲音見像信號。」

第二十一條的文字是：「電視廣播電台之節目分類及每日播送時間成分比率，文化教育類及新聞類各不得少於百分之二十。」

第二十二條的文字是：「電視廣播電台未經領有執照，或已領有執照而已被取銷，或逾期作廢，或已遺失未經請准補發者，均不得播送節目。」

第二十六條的文字是：「電視廣播電台每日播送節目時間，不得少於三小時。如因故欲停止廣播若干時日，應先聲請交通部查核。如停止廣播逾兩個月，而無正當理由者，交通部得吊銷其執照。」

前面這四條條文，第二十條顯然是針對電視節目的內容而設定，看似寬鬆，其實是可自由心證，並沒具體的規範可循。第二十二條無照不能播節目，及第二十六條後半段的規定都是設定在假設的情況下，作預防性的措施，事實上這些情況幾乎不會發生。比較具體的是第二十一條及第二十六條的前半段。但交通部擬定公布的這個暫行規則中有了這四條，要涉足管理電視台的軟體的意圖非常明顯，不管是真的有意或無意，都給行政院新聞局有了樂得不管電視的藉口，不僅沒有訂任何管理電視台或電視節目的規定，連一個電影檢查法也原封不動，不想為電視影片的需要勞動立委去修改。但其時無線電廣播除硬體部分是由交通部主管之外，其餘部分是由行政院新聞局管理的，電視能不管嗎？

前面曾提到過，行政院新聞局成為電視事業主管官署，是台視函請行政院加以指定促成的。但那已是一九六二年九月間發生的事，是在台視籌備處成立九個月以後，台視開播一個月之前。在中間的這段期間，就電視台的營運而言，是無政府的狀況。也就是在這種狀態下，周天翔與富士成立了由富士每日供應兩小時日方節目和廣告的協定，引起了朝野群起譴責的大波；更是我有擬訂自律規範、要求放寬電影檢查法對電視影片檢查的措施、要求減免電視進口外片的稅率、在周總和野地之間折衝尊俎，及擬函由台視要求行政院指定主管官署的背景。實際上具體的為節目作規劃，係開始於台視公司在一九六二年四月二十八日成立之後。

其時電視節目在生產的型態上來說祇有兩種：一種是現做的，即現場節目（Live Show）；一種是現成的，即影片。用錄影的方式錄存的磁帶既寬又重，通常祇是電視台本身錄存備用，鮮有外銷。台視當時買不起錄影機，既不能自錄，也無從放映。在製作現場節目的設備沒有購置以及自備的攝影場沒有蓋好以前，祇有影片可以預先規劃。

電視用影片在生產的型態上又可以分為兩種：一種是用電影攝影機拍攝的，使用十六厘米的膠片。這種影片不適合在電影院的大銀幕上放映，卻適合在電視上使用；一種是以使用十六厘米的膠片的電影攝影機對準電視螢幕拍攝的，稱為錄影片，這在前面曾經提到過，畫面素質很差。在錄影帶發明以後，已被取代。不過，如果富士每日提供的兩小時日本節目後來沒取消，則很有可能大部分是以這種錄影片空運台視播出，因為台視沒有錄放影機。

當然，台視要準備自用的影片不會是錄影片。

就影片的來源說，也可以概分為兩種，即國片與進口片。國片可以是電影院用的三十五厘米的影片，也可以是小銀幕用的十六厘米影片。進口片則全是十六厘米影片。

台視為了準備利用國產電影片，設備中也列有三十五厘米影片的放映機。但電視的播出，一定會減少看電影片的觀衆，而受到生產國片及放映國片業者的抵制。是以台視在影片方面的規劃，先以能借用的國內外十六厘米影片為主，然後才是租用的進口片，國產電影片暫時不予考慮。

天下沒有白吃的午餐，能借用的影片畢竟是不多的，即使有也大都不能作營業性的播出，即不能以之招攬廣告。但在台視開播初期，接收機寥寥可數，影片能不能有廣告並不重要，不花什麼成本而能填滿播出時間則是優先思考的重點。在這種情況下，才有自美國新聞處借來的 Let's Learn English、Let's Speak English 之類的影片的播出。在試播期中，有借自台灣電影製片廠的「襄陽演習」、中影的「開國五十年」等紀錄片的播出。

進口的電視影片，以美國和英國的產品為主，尤其是美國，產量最多，市場也最大。電影院用的影片翻印為十六厘米的拷貝供應電視台租映，以部為單位，通常以一套若干部出租。專門為電視台製作的影片以集為單位，每周播一集，可播出十三集、二十六集、三十九集，或五十二集不等，主要視在產地受歡迎的程度而定。播映時間通常為每集半小時或一小時，並預留可插置廣告的時間和位置。

美國影城的各大電影公司，都製作及銷售電視影片，由各地區的銷售單位，向該地或責任區內各國的電視台銷售。方式上是先寄以宣傳品，再視反應寄以樣片（Pilot Film），對樣片表示有興趣者再行議價。價格原則上是以各地接收機的多寡而定，在有多台競爭的地區，則視各台出價的高低而定。這裡所稱的價格，是指每部或每集播映一次的價格，如要多次重播，則要另行議價。為適應各地區在語言上的需要，對市場較大的地區可預先改配當地的語言，如西班牙語、法語、德語、俄語、日語。不需要配音或自行配音的地區，則供應對白腳本或無語音的拷貝，以利配製疊印字幕或當地語言。

台視成立以後，美國影城各大影片公司的台灣地區經理或遠東地區經理、美國三大電視網的電視片銷售部門，以及美國生產電視片的獨立製片公司，都先後來向台視推銷他們的產品，也都由周總自行接見、看片、議價，我和節目部電影組的同仁，都祇做些接待和聯絡的工作。

依我當年的日記記載，外商來台視接洽訂片最早的卻是美國兩大新聞通訊社。合眾國際社的記者亞瑟班克（Albert Axelbank）早在二月份就來看我，推銷該社的電傳新聞、新聞影片和新聞照片，三月份又有美聯社遠東區負責人愛德華來洽。由於為時尚早，新聞組連一個人也沒有，我祇與他們交換意見、索取資料，並沒有具體的商談。

最早來洽娛樂性影片的外商是聯藝公司（United Artists Co.）的副總裁曼尼・雷勒（Manny Reiner），時在五月中。周總自行選定該公司的「大力水手」（Popeye）、「公路巡警」（Highway Patrol）、「西點軍校」（West Point）、「海軍官校的故事」（Story of Annapolis）等片，每半小時三十至三十五美元，但須以能通過檢查為條件。

六月間，我以台視節目部名義發函給美國各製片公司，徵詢電視影片產品、最低價格及交易條件等項資料。七月間，將各片商覆函所提資料列表送周總核閱。他估算每日租映外片平均要耗一百美元至一百五十美元，決定申請一年用量之外片外匯四萬美元。要我先函覆各外片商，等外匯申請核准後，再作進一步的研商。

美國八大影片公司台灣經理中，以華納公司的經理陳岳祥最為積極。七月二十五日晚周總宴請陳岳祥介見的華納公司遠東區代表德戈（Daigocl），一併邀請八大公司台灣經理。席中就便研商試片的進口、各公司的舊片能否利用在電視上放映等問題。陳岳祥表示過去沒發生過試片的問題，試片進口祇是試看並非營業，他可以去與海關接洽，由海關派員在場陪看，看畢即帶回海關辦理退運。

八月九日，陳岳祥來告，他與其他公司聯名向海關交涉的結果，已決定每周以半天的時間，試看一家公司寄來的電視片，由海關代表在場監看，看畢即由海關代表取回。周總認為可以照辦，但看片的地點宜在台視，以便台視同仁共同觀看。

九月初，影片所需外匯核定，分函各片商將試片進口。中影此時亦告知，有卡通片三十多本，可以每本五元放映一次。

就是在這樣的情況下，台視開啟了進口電視片的門。當一切的進程都上了軌道以後，周總把選片、議價、簽約都交付與我，他不再過問。僅僅一些熟識的外片商遠道前來要禮貌地拜會他一下時，才會接見寒暄片刻。

九月間，節目部新聞組開始運作，也先後在合眾國際社駐台記者蕭樹倫、美聯社駐台記者徐福寶二位的聯繫下，訂了兩家的電傳新聞、新聞影片和新聞照片。美聯社的新聞照片且與聯合報共用，平均分擔訂費。新聞影片是不播前檢查的，取捨全由台視自身衡量。但台視為了慎重，國際新聞影片在開播近一年後才開始進口利用。

現場節目在攝製設備未能使用前雖不能實際製作，但紙上作業及製作準備工作可以進行。

最初的節目企劃，是每天播出五小時，一小時在中午，四小時在晚間七時至十一時。一周的播出時間是三十五小時，依法文化教育類及新聞類各不得少於一周總播出時間的百分之二十，亦即娛樂類不得多於百分之六十。台視本身基於對社會的責任，在節目政策草案內又自動加上公益服務一類，比率自訂為百分之十以內，亦即約束娛樂類的比率，在百分之六十上下。

至於節目的內容，受政府的法令和本身的自律所規範。

當時，法令對電視節目的自製率並無規定。節目自製，可以是現場製作，也可以是影片製作。後者作業較繁複，電視台在沒有使用手提電子攝影設備即 ENG 以前，多用來拍新聞片。因此影片節目等於是非自製節目，亦即絕大部分是進口節目，受當時外片配額的限制。台視訂現場節目的比率為百分之六十，影片節目為百分之四十。也就是說台視每周播三十五小時的節目，現場節目佔二十一小時，影片節目佔十四小時，自製率即百分之六十。

周總有一次在台視內部的會議中，當衆表示他對節目部最沒有信心。我聽了並不在意，因為他說的是實在話。他有企管經驗，行政、財務、人事難不倒他。他學的是電機工程，工程方面的基本理論和常識他具有基礎。獨對節目的製作及節目的內容，他幾乎無法參與或掌控。而節目卻是台視的產品，收入的來源。如果做不到或做不好品管，不僅直接影響到收入，甚至要面對觀衆的責難，和己身前程的暗淡，後果之嚴重，可想而知。

就我本身來說，即使我有三頭六臂，十八般武器，件件精通，面對當時的情況，也難以為力。第一、需要人才。現成的各類人才，那裡去找？第二、需要時間，去招訓人才，去儲備節目。短短的幾個月時間，如何去做好這些準備？第三、需要充分的設備。但其時攝影場衹有一個，能不能在開播前使用，連工程部也沒把握。更重要的是買不起錄影機，節目得現做現播，萬一臨時發生差錯，連說聲「不」都來不及，更不必談修正或儲備。而祇要一開播，每天三個小時的現場節目，片刻也不能少。誰敢保證節目來源不輟，個個叫好叫座？第四、我還得聽命於人，不是要什麼就有什麼，要怎麼做就怎麼做，束手束腳，再有本事，又如何施展得開？

我唯一的憑藉，祇靠意志力，就是野地顧問想不到也看不見的那件東西。在咬牙要做到的決心下，維持並提高節目部的士氣。

自七月份起，現場節目的準備工作，密鑼緊鼓的展開。以婦女和兒童為對象的節目先行規劃。軍中的國劇隊與康樂團隊如何借重，透過總政治作戰部洽商。新聞影片用的器材、沖洗、剪接、配音等項，委託與中製與中影承擔。氣象報告資料，由中央氣象局提供。各類節目製作人，除節目部編審組自行物色外，並歡迎台視各部門同仁推薦。凡有同樂晚會等的公開活動，也派員前往觀賞，以為能否邀約在電視上表演的參考。

十月份慶典甚多，雙十節又逢公司開播，如何安排，則由公司組專案小組研議。試播、開播，及開播後的節目面貌，在以後的有關篇章中再詳為述及。

七、倡辦電視周刊

在我留美期間，定居紐約以後，買了一架黑白電視機，每天都抽出一部分空閒時間，收看電視節目。

我收看的目的，並不全然是為了看新聞或娛樂，因為學的是電視，看電視也等於是在上課，可以自收看中吸取各種有關電視的經驗和知識。

為了方便查閱可以接收的十二個頻道的節目和時間，同時也訂閱了一份「電視導覽」（TV Guide）。這是一份周刊，三十二開本，在美國各地銷行。由於各地能接收的電視頻道不一，節目表也不一，因此有各地區的分版，但除節目表以外的專題文章或圖片則相同。當然各地的報紙也會登載當地電視台的節目表，但要進一步知道節目的內容，則需要訂閱這份周刊。

當時我就想到，如果台灣一旦開辦電視，就需要有這種周刊，以方便觀眾查閱節目表和內容，同時也有利於電視台對節目的宣傳，何況周刊本身也可以自發行和廣告上獲利。

於是我在台視公司成立後，便向周總提出創辦電視周刊的構想，他要我擬具計劃送核。

我在六月間擬妥計劃具報，周總在七月初批示交行政部主辦。後來得知由公關顧問齊振一負責籌備。

八月中，齊顧問告訴我，上月即已向內政部申請登記，但登記證還沒發下。我建議他不妨催促一下，以免延誤國慶日配合台視當天開播的創刊日期。同時我向他推薦中央日報同事張力耕兄為主編。節目部方面，我會指派編審組一位編審，專負責供應周刊有關節目的稿件。

九月十六日，張力耕兄來訪，研商周刊內容的設計。我將主要的內容告訴他，節目內容、節目表、演藝人員的介紹等都由節目部專人逐期供稿，我個人也會視需要提供稿件。在周刊最初幾期，也將請工程部供稿，告訴觀眾如何對照檢驗圖調整接收機的畫面，如何自行架設天線等。周刊社也可指派訪員主動來公司採訪一些花絮和拍照，以增加內容的趣味性。同時，也要有觀眾表示意見及台視的答覆的園地，以作為觀衆或讀者與台視溝通的管道。我並拿出幾期美國的「電視導覽」，以供他參照。

雙十節，台視開播，電視周刊也同日創刊，發行人周天翔，社址即在台北市中正路九九〇號（台視早期門牌）台視新建的大樓內。印刷是三十二開本，封面以三色套印，文字與圖片均是黑白。零售價是每本四元，訂費是半年二十六期八十元，全年五十二期一百五十元。此後隨接收機的增加，與台視播出時間的延長以及收視區域的擴大，四年中電視周刊的銷數已成為全國最暢銷的雜誌之一。一九六六年五月，電視周刊增加篇幅，封面改用七彩天然色及重磅銅版紙印刷，零售價僅增一元，而訂費照舊。一九六八年，該刊銷售量逾七萬冊。到中視於一九六九年十月底開播並發行「中視周刊」時，「電視周刊」的銷售量已逼近十萬大關，蔚為國內銷數最大的刊物。

繼之，一九七一年十月底華視開播，也發行「華視周刊」。三台各擁周刊，各自宣傳，反增加觀衆或讀者的不便，由是有三合一的刊物如「電視綜合周刊」、「你我他」等刊物的發行，與三台自擁而排他的周刊競爭。在這種情形下，後者的劣勢立見。台視的「電視周刊」改以三合一方式應戰，中視周刊受刊名所限，乾脆退出改名「掃瞄線」半月刊，性質已與前此的「中視周刊」大異其趣，最後終於停止發行。「華視周刊」在苦撐一段時間後，也因不勝虧損而休刊。

「電視周刊」受刊名中性之賜，又有深厚經濟基礎，成為台視文化公司出版品的骨幹，以迄二〇〇〇年始停刊。一種周刊能維持近四十年而從未脫期，也可以說締造了國內期刊的歷史紀錄。

我個人雖是「電視周刊」的催生者，但對它的成長卻談不上有什麼貢獻。在我於一九八六年自台視退休之前，曾是不定期的供稿人。值得一提的是，在該刊早期，我曾先後節譯過兩本有關電視寫作的書，供該刊連載。一本是《電視腳本的寫作》（*Television Writing*），原作者勞勃・格倫（Robert S. Greene），是我在哥倫比亞大學選修此課時的老師。由於讀者中對電視寫作有研究興趣的人的要求，我接著又節譯了另一本同類的書，原文的書名與前者相同，譯名就叫做《電視寫作》，作者是 Gilbert Seldes 教授，曾任哥倫比亞電視網節目部主任，及「電視導覽」的專欄作者等職。後面這本譯作在「電視周刊」連載完畢以後，該刊特別保留紙版，發行單行本，賣了一、二千册，剩下的都成了我送給台視文化公司所辦的編劇班的同學的贈品。

此外，我斷斷續續的，將自國外有關電視的刊物上所看到的訊息，以一牟的筆名，在「電視周刊」上闢「世界電視動態」專欄予以報導，俾讀者對世界上各國電視的發展有所瞭解。

八、試播與試播酒會

通常，一家新設的電視台，在沒正式開播以前，會有段試播的過程，在設定的時間內，播出一些節目，藉以測定實際涵蓋的地區、訊號不能到達的死角、各特殊地點的訊號強度是否受到外來電波的干擾，或干擾到他台的電波等等，以便作成紀錄，或採取修正的措施。

試播，可以對外界公開或不公開，如果公開，則必須先將試播的日期、時間、播出的節目內容，對外宣布。

台視規劃試播，有段曲折的過程。在試播期中，又舉行了酒會。酒會由何而來？酒會中發生了什麼狀況？這些鮮為外界所知。

早在台視開播前的三個月，即一九六二年的七月，台視即就試播作規劃。周總原則上決定試播分兩段進行，從是年九月二十六日至十月二日的一周間，為對內試播階段，時間在白天。十月三日至九日的一周間，為對外試播階段，時間為晚間七時至九時。對外試播的節目由節目部慎加籌劃，現場節目比例為百分之四十，影片為百分之六十，不插廣告。

八月二十日，周總在會議中突然宣布對外試播提前於九月二十八日進行，當天上午並舉行酒會，招待各界。酒會進行情況拍成新聞影片，在晚間播出。關於試播酒會及開播儀式等細節，由行政部李經理蔚榮召集會議研商。

八月二十四日下午，李經理召集會議，先說明試播酒會，定在九月二十八日下午五時至七時，地點在台北賓館，節目在晚六時至八時播出。邀請參加酒會來賓有政要、民意代表、外交使節、新聞界、學術界、廣播界、影劇界等負責人及記者，並分接待、總務、收視、布置、交通、節目、宣傳等七個工作組，節目組由我負責。

我在會中發言，說周總早在七月中就作了原則性的決定，試播分對內與對外兩階段進行。現在定九月二十八日試播，是指對內試播而言？或是指對外試播而言？如屬對內，則何以公開舉行酒會，且招待外賓？如屬對外，則對內試播是否已取消，有待向周總請求明示。又開播時招待外賓猶可，如為試播而邀請外賓似可不必。

李經理聽我這樣說，認為我根本有意否定試播酒會的舉行，不是會中所應討論的。我說我既無意也無權否定試播酒會的舉行，但周總的決定前後矛盾，不加澄清，使我有難以安排節目之苦。李經理答覆是會後即向周總請示，如周總收回成命，則試播酒會取消，否則不再另行通知，即依本次會議的計劃進行。開播儀式下次會議再行議商。

會後我即往見周總，請求釋疑。他的答覆耐人尋味。他說：九月二十八日的酒會，說是慶祝對內試播也可，說是慶祝對外試播也可。又說他說話不一定算數，有時他可能說假話，過去說過的話，並非不變。我答既然如此，我祇有在節目上，全部作對外試播的因應。到時候對內也好，對外也好，由他抉擇。

回到節目部，主管安全的顧問施覺民和安全室主任安宇文來訪，問周總如何答覆我，我將與周總的對話重述一遍。他倆認為我的意見很有道理，並且開播儀式也有酒會，兩次酒會時間相距太近，應取消試播酒會，祇舉行開播酒會即可。而今試播酒會看來要比開播酒會隆重，還要邀請外賓，值得商榷。這時在旁的播映組組長張午也插話表示外交使節不能隨便邀請，試播酒會邀請他們更不適宜。既然他們都有同感，我納悶他們為什麼不在會中發言？

此後有關試播酒會及開播儀式的會議續開，我不再表示任何意見。到九月十日再開會時，工程部經理黃履中表示，日方顧問認為九月二十八日祇能試播一個小時，正式試播要等到十月三日，由是原定播出酒會等兩個小時的節目，勢必縮短為一個小時。九月十七日周總終於確定試播自十月三日開始，試播酒會改於十月五日下午五時至六時作現場播出。

對於這次試播酒會的現場直播，我決定自己掌控，腳本由我自己編寫，自己導播。

在腳本的撰寫方面，我決定當天的兩小時試播節目，即以酒會為主軸，現場節目及影片節目都穿插在酒會中進行。酒會以樂隊演奏國歌為開始，然後從一個服務生托著酒杯酒盤進入大廳而將鏡頭移轉到大廳中，由主持人作開場白，再介紹新聞組的記者對來賓的訪問，受訪來賓以政要、外交使節及各界的聞人為主。然後在影星的魔指向電視機一碰觸之下，插進卡通幾部的放映。然後再有樂隊的演奏、國語和英語歌曲的演唱。在每一單元交替之間，都以大廳中賓主的活動作穿插。結尾是以來賓離去、主人送客的畫面作背景，疊印工作人員的名單，以及給予協助的單位。樂隊的演奏，即作為襯底的配樂。

在工作的分配上，以副經理鄭炳森為現場監督；新聞組組長潘啟元為主持人；記者李文中作現場對來賓的訪問及新聞的播報；攝影記者張敦志拍攝新聞影片；節目部現場指導林登義即任現場指導；王小涵擔任副導播為我計時；夏鶴、朱疇滄、呂曉達擔任場務管理，分別與各現場節目演出單位聯繫及作演播準備；電視攝影機兩架，由攝影師楊篤輝及翁健美掌控；音效李祥龍負責與樂隊聯繫及配背景音樂。工程部的工作人員，則由工程部指派。

由於酒會是在台北賓館進行，必須出動轉播車到現場作業。九月七日，我與各單位主管赴台北賓館，就轉播車放置位置、表演場所等加以勘查，並帶回台北賓館的平面圖，進行紙上規劃。

十月三日，終於排除萬難，在晚間六時正式開始試播節目，至八時止。所有現場節目，都由我自己導播。現場節目與現場節目之間以影片隔開，以利布景、道具、燈光等的變換，和下一場現場節目播出的準備。所播的現場節目，不外新聞氣象的報導、兒童節目、婦女節目、歌舞綜藝等。限於設備及場地，尤其是排演時間的不足，節目內容盡量簡化。所幸至十月八日（九日的試播後來取消）為止，播出堪稱順利，而其間重大的考驗，就是十月五日試播酒會的播出。因為這不僅是台視首次以轉播車作業，且是朝野人士甚至外交使節注目的焦點。

為試播，當時唯一在國內生產電視機的台視製配廠，要在台北市內的公共場所裝設電視機以供大衆觀看。為試播酒會的轉播，除了要在台北賓館內外裝設電視機以外，工程部還得事先設立自台北賓館到台視大樓的微波中繼通路。這些前置作業相當繁複，我祇能在這裡略為提及。

十月四日，我召集參與試播酒會作業所有的同仁，作了一次播前的簡報，口頭說明酒會進行的程序、時間以及各項工作要加以準備和注意的事項，也以書面資料分發參閱。十月五日當天上午，我又與幾位主管同仁到台北賓館再作勘查，主要是場地的布置、燈光的裝設，並以粉筆在地面標明各項重點位置。我對場地預先的分配是將轉播車和配屬的發電機安置在賓館後花園的最後面接近台大醫院的位置，以盡量減低發電所生的噪音。國防部的四十五人的示範樂隊，安置在後花園水池對面的露天平台上。大廳是酒會的中心，隔鄰的小廳則是「群星會」衆星獻唱的地方。

當天下午一時，會場開始布置。我於其時到達台北賓館，指揮接收機的裝設和測試燈光。工程部的轉播車也開來，工程人員開始為電視攝影機和麥克風裝機布線。接著各有關部門的人員進駐，負責安全和指揮交通的憲警也到達。四時，發電機發動，轉播車上的設備及室內的兩架電視攝影機開始預熱，微波通路進行校準。

就在這時，老天卻下起雨來。我擔心在露天下吹奏的示範樂隊會淋雨，吩咐必要時移入室內的表演區。大約在四時半，林董事長及周總到達準備迎賓，雨也忽然止了。隨著示範樂隊到達，報社和廣播電台的記者接著前來。五時後，貴賓們也陸續蒞止。

我於五時四十分進入轉播車，經由對內通話系統囑咐作業人員各就各位，沉著應付。六時正，我下達開播的片頭影片（Sign On Film）放映指令，但在台視的主控室卻不見將影片的放映機啟動。在兩秒鐘之內，我決定放棄，命現場指導以手勢示知樂隊指揮演奏國歌。樂聲響起，大廳內外人員肅立，鏡頭來往於樂隊及大廳之中。以迄國歌奏畢，似乎沒有人知道啟播時間略有延誤這回事。

接著樂隊演奏輕快的音樂，我將音量壓低，祇使用為背景音樂，畫面則從一個服務生舉起一盤鷄尾酒杯，從走廊走進大廳。當他經過主持人潘啟元身邊後，鏡頭轉到潘的身上，他手持麥克風，開始説明他現在是在台北市的台北賓館，置身台視試播的酒會中。到會者冠蓋雲集，並有若干位中國小姐及影星歌星亮相。節目中將有新聞的播報，影片和歌曲的穿插，歡迎觀衆從頭到尾收看。接著他介紹記者李文中，正在訪問一位來賓，請聽他們在説些什麼。於是鏡頭又轉到李文中和來賓的對話上。

在介紹過這對賓主的訪問後，鏡頭回到主持人身上。在他的身後有一台放在高架上的電視機，身旁站著當紅的影星穆虹。他對穆虹説現在她正在電視機的螢幕上，祇消她以手指向螢幕一點，就會有卡通出現。穆虹聽説，舉手一指。我在轉播車中應時下達影片放映的指令，卡通片立即出現，穆虹與大廳中來賓集體鼓掌。就在這時，示範樂隊悄悄撤離，兩架電視攝影機自大廳進入隔鄰的表演區。影片播畢，主持人在台側介紹獻唱的歌星霜華、雪華和金石。小型樂隊樂聲響起，歌星一一盛妝出場，兩台攝影機的畫面在歌星、觀衆及主持人之間遊走，歌詞的字幕在台視主控室操作及疊印配合。名媛雋玉琴，也在場表演舞蹈「天女散花」。

當曲終人散，主人在門口送客途中，一台攝影機攝送客畫面，一台攝影機對準字幕鼓轉動工作人員名單及協助團體，兩個畫面重疊在一起。但忽然間拍送客的攝影機畫面突然消失，一片空白。這時我祇有取消疊印，單獨將字幕名單播出，以迄節目於八時準時告終。兩次機件瑕疵，雖出意外，但無傷大雅。

我走出轉播車回到大廳，同仁為我鼓掌，慶幸播出順利。此後全體同仁集中大廳，拍照留念。

九、蔣夫人按鈕，開啓電視新紀元

試播的節目，是非正式的節目，包括試播酒會在內，台視已無資料保存可查。但開播當月的節目，可具體表現台視的節目的風格，尤其是開播當天的節目，既有對國慶日的慶祝，又有開播的儀式，規劃頗費周章。

林董事長對節目的要求很簡單，祇要求多排兒童節目、卡通，和體育類的節目；周總則在會議中對節目作多次的提示，節目部草擬的十月份節目表一改再改。

綜合周總對節目的提示是：兒童和婦女收看的節目一定要做好。進口影片要慎選、軍中的康樂團隊要仰仗並予平等對待。歡迎軍方製作軍教節目但要酌收費用。富士公司擬派百人交響樂團前來獻演予以婉謝。中影、中製、台製，以及美國新聞處等處能用的影片盡量運用。新聞及氣象報告每天三次，一次在中午，一次在晚間八時，一次在收播前，收播前的新聞由播音員作幕後報導。十月份的慶典活動，原則上不作現場實況播出。圍棋、象棋的著法每次可作五分鐘的現場示範。有觀眾參加的節目如猜來賓的職業 (What's My Line) 可以倣效。音樂節目宜提倡反共抗俄歌曲的創作，以挽靡靡之音的頹風等。

對於國慶日當天的節目，他的指示是：當天中午舉行開播儀式後，即對外播出去年國慶在總統府前所進行的閱兵大典影片。今年的國慶慶祝典禮，及下午的民間慶祝活動則也拍成影片，在晚八時的新聞中報導。這些影片及總統文告均委由台製拍攝，並洽請中二組、中四組、中六組供給照片在文告中配合。但拍文告仍須先備文呈請總統核准，長度約為十分鐘。

國慶日前一天，試播決定停止，以利國慶日的開播作充分的準備。

國慶日當天，自上午十時起，即有賓客陸續來賀，花籃擺滿台視門廳內外。十一時四十分，蔣夫人宋美齡女士抵達，林董事長柏壽、周總夫婦、影星游娟、童星張小燕等在門口迎接。蔣夫人向主人致祝賀之意，並在賓客簿上簽名後隨即進入台視攝影場，進行開播儀式。其時節目不對外播出，也無錄影機可錄，依然啟動攝影機等待。蔣夫人進場後，我在副控室仍充當導播，指示播音員傅筱燕開始司儀。傅小姐以她清脆的聲音喊出「台灣電視事業股份有限公司開播儀式開始，恭請蔣總統夫人剪綵！」接著中國小姐林靜宜遞上剪刀，由蔣夫人將綁在兩架電視攝影機之間的紅綵帶剪斷，再將剪刀交給另一中國小姐江樂舜接住。繼之司儀又喊出「恭請蔣夫人按鈕開播！」由是蔣夫人又跨前一步，按下安放在台子上的電鈕。此時場內的電視機上立即顯現台視的開播影片片頭，攝影機的觀景器上也展現所攝取的畫面，在場觀禮的人響起一陣掌聲。台視大門外的鞭炮聲也同時大作，開啟了自由中國電視事業的新紀元。

蔣夫人於完成開播儀式後，又在林董事長等人陪同之下，參觀了台視副控室及主控室等處的設備，然後離去。

當天下午在賀客散盡後，台視大樓各處開放，供大家自由參觀。下午七時，晚間節目首次播出。七時至七時十五分，播出開播儀式前後進行的實況影片。七時十五分至八時，播出總統文告及中樞慶祝國慶典禮特輯影片。八時至八時十五分播出新聞及氣象。八時十五分至八時半播出卡通片。八時半至九時播出國語歌曲。九時至九時二十分播出影片。九時二十分至九時五十五分播出憲光康樂隊表演。九時五十五分至十時五十五分播出中影所攝「開國五十年」影片。十時五十五分至十一時播出新聞氣象。十一時後預告次日節目表然後收播。

前述表中僅八時後的十五分鐘新聞氣象、國語歌曲及憲光康樂隊的表演是現場節目，十一時前的五分鐘新聞氣象是由播音員在幕後以聲音配合圖片播出，餘均是影片或圖片。在影片節目中，最緊張的部分是總統文告。前此的總統文告是當天在報紙上發表，或以錄音帶於當天在中廣播送，他台聯播。而這天卻是首次在當天下午進行影片拍攝，負責拍片的台灣電影製片廠既要忙著拍總統文告，又要忙著代台視拍開播儀式的影片和新聞片，拍了以後還要沖洗、剪接。因此有聲的總統文告影片在時間上來不及過帶，而是由台視以兩部放映機作同步放映，即以一部放映畫面，一部發送聲音，兩部分再在時間上作不失真的彌合。跟在總統文告後播出的國慶典禮專輯和新聞片，則是一部分已在播出，一部分還在運送的路上。所幸由文告至新聞都順利的播出，沒有出現差錯。

第二天，周總問我，為什麼交代文告中要插配照片而未用，原來他對當時的緊張狀況毫不知情。我告訴他照片事先有準備，要在適當的位置插入在技術上也沒有困難，問題是時間上太匆忙。台製連過帶都來不及，我們能將文告順利的平穩的播出已經算是萬幸了，那裡還來得及插照片打字幕等等。藉著這個機會，我反將他一軍。新聞天天都要拍影片，我們卻連一台影片攝影機也沒有；天天要跑新聞，卻連一輛車也沒有。這些起碼的配備都闕如，以後同樣的困境難免不會一再發生。他聽我這樣說，決定由器材部立即採購吉普車一輛，及十六厘米無聲影片攝影機一台應用。

十、台視節目部早期的伙伴群

這裡所指台視節目部早期的伙伴，是指從台視籌備處成立的一九六一年十二月一日起，到一九六二年年底為止，進入台視節目部工作的同仁。其中極少數是延聘或接受推薦而來，絕大多數是通過公開的招考入選。

前面已提到過，台視節目部最初核定的編制是六十三人。這六十三人除經理及副經理各一人外，其餘都配屬於節目部初期的新聞組、編審組、播映組與電影組。

我個人因受中央日報的補助留職停薪赴美留學，有回國重返中央日報至少服務兩年的義務，因此回國後不僅要向台視籌備處報到，也得同時向中央日報報到。其時中央日報社長為曹聖芬，總編輯為邵德潤，都是政大新聞系最早期的學長。我雖回社報到，但被指派的工作祇是一個權宜性的安排。終於在一九六二年四月底，邵老總准我離職。兩年的義務期，縮短為四個月。

我不僅自己離開了中央日報，還從中央日報拉走了一個人做台視節目部的副經理，那便是中央日報編輯部編輯組的主任鄭炳森。他另一個響亮的名字，就是中央日報影評專欄「老沙顧影」的作者老沙。

炳森兄年齡較我稍長，中央日報在南京時期就已入社工作。我在遷台復刊後的中央日報擔任通訊課課長時，他還是我的上司。在我的觀察中，他是又快又好的報紙編輯能手。他主編的本市版既靈活又美觀。何況他對國片和好萊塢出產的影片和影星的熟悉，如數家珍。基於此，我將他拉到台視，於五月到職。他也樂於嘗試一種新的媒體，而且這個媒體直接用得到影片。他祇有一點要求：容許他維持中央日報上的「老沙顧影」專欄。

前面我曾提到過，在我向台視籌備處報到時，已有三人先我任職於節目部。一位是四川籍的羅朝樑，結業於俞祖禎所辦的電視訓練班，台視成立後任編審組組長。一位是安徽籍的張午，結業於師大，曾任職於美國新聞處，台視成立後任播映組組長。另一位是四川籍的劉國柱，曾任台灣電影製片廠的技術部主任，台視成立後任電影組組長。這三位我前此都不認識，他們三位後來都先後離開台視，但為台視節目部都立下過汗馬功勞。

是年四月，節目部開始招考工作。因為報考者前此幾乎都沒有實務經驗，祇能作性向或常識性的測驗，並在口試中瞭解應試者的體能與智能，吸收力的強弱，以及對工作興趣的高低。因此口試都由周總自己主持，錄取後還要經過兩個月的試用期和安全調查，才能決定聘用與否。就在這種情況下，先後聘用了林登義、王小涵、夏鶴與朱疇滄四人為現場指導，楊篤輝與翁健美為攝影師，沈銘山與宋里昂為節目編輯，杜發忠與熊湘泉為英文編譯，謝鵬雄為日文編譯，劉大德與李祥龍為音效，黃克為美術設計，馬晉封與彭致萬為文書，陳宗華為庶務，胡其遠為影片攝影師，呂曉達為場務管理，朱友龍為記者，張敦志與劉厚德為攝影記者，劉謨琦為資料管理，陳振中、傅筱燕及陳正美為播音員，李聖文為新聞編導，朱白水、惠群（伊涵）與王士弘為節目編導，葉超與陳萬里為導播，路長華、黃海星與廖雯英（煥之）為助理導播，黃華成、周春江、羅亞洲與龍思良為美術員，范德湖為核計，沈静為影片管理員，姜龍昭與饒曉明為編審，巢劍珊為燈光師，于永文為錄音師，史國文為洗印師，程德全為剪輯師。

此外，經由推介延聘者有新聞組組長潘啟元、記者李文中、化妝師林柿。

以上五十多位台視節目部早期的工作伙伴，都為台灣的電視事業，在節目方面作了拓荒者。他們，包括後來進入台視節目部的工作人員，我都會在適當的篇章中提及。

時隔四十年的今天，這五十多位或已離職，或已退休。其中李聖文由基層逐級攀升，成為台視有史以來由副總經理升至總經理的紀錄締造者，祗惜任期至為短暫。熊湘泉自副總的職位上退休。楊篤輝自總工程師的職位上退休。李文中、呂曉達、陳正美、傅筱燕、陳萬里、劉謨琦、路長華現居美國。林登義現服務於佛光有線電視中心。已辭世者有鄭炳森、張午、沈銘山、劉大德、馬晉封、潘啟元、李祥龍、胡其遠等。

一枝獨秀篇

一、篇首

我在前面曾經提到過，報章雜誌等印刷傳播媒體是各自為政，先辦後辦，談不上誰撿了誰的便宜。而廣電媒體則不然，先開路的要披荊斬棘，吃盡苦頭，後起的卻有現成的坦途可走。但天下事往往是相對的，利弊得失，形影相隨。中視在一九六九年十月三十一日開播以前，台視獨佔電視市場長達七年，不能不算是豐碩的收穫。

收穫之一是業務上的利益。根據「台視二十年」的紀念册所載，台視最初兩年是入不敷出，其後則由收支平衡而步入佳境。至一九六九年，已創造出和資本金等值的盈餘，為世界各國商業電視台所罕見的紀錄。

另一收穫是我個人引以為榮的，即我能以我所草擬的「台視節目規範」為基礎，在沒有友台的競爭和業務的壓力下，實現我對電視節目安排的理想。

已故的前中視新聞部經理、後為民生報的總主筆、筆名為「吳心柳」的張繼高兄，於一九九二年四月十四日，在聯合報副刊版上，曾以「為什麼需要公共電視」為題，發表了一篇文章。其中有這樣的一段：「一九六二年台視之開播，一開始也是賠錢。政治、商業的色彩均不濃厚。如果找出來三十年前的台視節目表來看看，今天的純公共電視節目，也沒那麼清純和高服務性。」這一段文字，對我當年執掌台視節目部的理念和實踐，作了忠實而公正的評價。

周總初期對完全陌生的我是缺乏信心的，他衹是在押寶，終日提心吊膽，有時甚至自我防禦過當。直至開播以後，他才大放寬心，任我施展。有一次，他竟然對我說：「你是一張白紙。」

平心而論，如果沒有他後來的信任和支持，我也交不出張繼高所說的那樣「清純和高服務性」的成績單。

在這長達七年、跨越八年、平均每周播出五十二小時半、每年近三千小時的節目中，要一一列舉，勢必罄竹難書，我祇能就中舉犖犖大者，以及節目行政等加以追憶敘述。

一、新聞組茁壯，振翅高飛

在台視節目部初期建制的四個組中，新聞組是最後成軍的一隊。組長潘啟元、記者李文中二位是延聘而來。在台視開播前考入的有記者朱友龍，攝影記者張敦志，英文編譯熊湘泉、杜發忠，資料管理劉謨琦。開播後考入而在一九六二年年底以前到職的有編導李聖文，和攝影記者劉厚德。

開播初期，新聞及氣象每天是分三次播報。中午及晚十一時收播之前各播五分鐘，晚間八時播十五分鐘。畫面衹有靜態的照片、圖表、字幕卡及影片，聲音部分則由播報員在幕後播報，配以背景音樂。直至次年元旦，晚八時的新聞氣象，才改在攝影場由記者面對攝影機播報。台視開播滿一周年時，又改為男性記者與女性播音員交錯播報。這樣的播出方式，是由周總自己決定，我祇是審核新聞稿的內容、決定新聞稿播出的先後順序，和配合的資料等。最後繪一張單獨的播出運行表，標明各則新聞和氣象形部和聲部的來源及時間，作為導播、放映室，及主控室操作的根據。

那時候，各節新聞沒有什麼特別的名稱，午間和收播的兩節新聞就叫「新聞氣象報告」，以卡片打出。晚八時的新聞氣象，有一個影片片頭，由我自己設計，在台灣的近海圖上，疊印竹子山發射台的天線鐵塔，然後在鐵塔的中段，畫面的中央，跳出「電視新聞」四個大字。聲音部分，以打字發報機的急促音響為背景。這一段大約十秒鐘的動畫影片，以七千五百多元，交桂氏卡通社承製。

在氣象方面，我於開播前一個多月，曾與潘啟元專誠往中央氣象所拜訪所長鄭子政。據稱該所每日發布氣象報告八次，台視晚八時的氣象報告，即可用該所在下午五時提供的資訊，收視前的氣象，即可利用該所晚九時提供的資訊，由台視派員至時往取。至於播報人員，該所無適當人選可推薦，如台視有人選，該所可給予半個月至一個月的訓練。結果人選還是由台視自己解決。

台視新聞的編採，初期是以台視自訂的「節目規範」中有關新聞節目的規定作準繩。在語言的使用上，以使用國語為主。事實上台視有一段很長的時間，新聞氣象的報導不曾用過地方性的語言。

由於受到人手、設備、經費，和播出時間上的限制，台視新聞就質量而論，不能與報紙相比，就快速而論，遠落於廣播新聞之後，唯一能顯示特色者，是實況轉播，這也是日方顧問野地一再強調要機動的多做十月慶典各項活動的實況轉播的原因。周總的顧慮，主要是著眼於安全。非政治性的活動，安全的問題就少了許多。

於是繼試播酒會之後，台視於開播後的第二天晚上八時半，在台北兒童樂園體育館，現場轉播了中華隊與紐西蘭隊的籃球賽。十月二十一日晚上八時四十五分，又在中山體育館的籃球場，現場轉播了美國的固特異隊（Good Year）和中華隊的籃球友誼賽。因為球賽預計精彩，又有首次的電視轉播亮相，觀衆滿座。

第二天同一時間，又現場轉播了兩隊的再度交鋒，兩次比賽中華隊都敗北。

一九六三年的首次現場轉播即在元旦，地點是在總統府前，轉播元旦的各項慶祝活動。從上午十時起，到中午結束。

繼元旦以後，這一年現場轉播頗多。六月五日，泰皇蒲美蓬和皇后思麗吉的訪華是最重要的一次，地點是在台北松山機場，播出的時間是在當天下午二時五十分至三時二十分。泰皇伉儷因座機故障，較預定時間晚了三個小時。

七月一日晚七時四十分至八時五十分，轉播了在台北兒童樂園體育館舉行的中、日、韓、菲四國拳擊賽。

十月七日上午十一時，又在松山機場轉播了達荷美總統及夫人訪華。

這年的國慶日，有了閱兵大典。從上午十時起，作了兩個小時的實況播出。

十一月二十八日及十二月二、三兩日，又在台北市體育文化活動中心，就亞洲盃籃球賽，作了三次實況播出。

一九六四年三月十九日晚上八時二十分，在台北市體育文化活動中心，現場轉播哈林隊對紐約隊的籃球賽。六月十六日及十七日晚間相繼作了兩次現場轉播，均與亞洲影展有關。七月七日晚轉播了第四屆中國小姐的決賽。國慶日上午又轉播了國慶和閱兵大典，我再度自行導播。十二月十三日上午在台北市棒球場，轉播了合作金庫對早稻田大學的棒球友誼賽。

一九六五年中，祇作了三次實況轉播。八月二十六日轉播了中華隊對美國華盛頓大學隊的籃球賽，國慶日在台北市立體育場舉行的國軍運動大會，以及十一月十二日在總統府前所舉行的　國父百年誕辰紀念大會。

新聞組除了報導新聞氣象及作新聞性的實況轉播以外，也製播新聞性的節目，來分析、討論，和批評所發生過的新聞，以增進對新聞或與新聞有關的人物的瞭解。

台視在開播當年，即由新聞組製作播出「政令宣導」和「時事分析」兩個新聞性的節目。「政令宣導」是開始於是年十月十三日星期六，時間為晚十時十分至十時二十五分，由各級政府官員，受邀說明對政令的措施和執行。「時事分析」開始於十月十四日星期日，時間與「政令宣導」相同，由李文中主持。次年，又開闢了「時人訪問」、「時事座談」及「時事評論」等三個節目。「時人訪問」由李文中主持，「時事座談」由朱友龍主持，「時事評論」則由邀聘的評論委員作評論，委員有當時的立法院院長張道藩、立委程天放、仲肇湘、孫桂籍、張希哲，政論家陶希聖、曾虛白、李廉、丁中江等。

在一九六三年至一九六五年中，新聞組又陸續考入了記者盛竹如、梁興國、羅大任、莊靈。一九六五年雙十節，又啟用了新完成的中南部的中繼站和轉播站，使台視的節目，能為中南部的觀眾所接收，地方性新聞的採訪和報導也因而大增。由是在一九六五年的十二月一日，原隸屬於節目部的新聞組，升格為新聞部，由時為副總經理的李蔚榮兼任新聞部經理。新聞部下轄編導、採訪、資料三個組。編導組組長為潘啟元，採訪組組長為李文中，資料組組長為李聖文。

原來在節目部最後成軍的新聞組，三年以後時移勢轉，最先振翅而去。我樂見台視開播三周年以後，新聞部門有這樣的發展，且在以後的二、三十年中，擁有新聞報導方面卓越的成就。祇是此後我的電視生涯，不再與台視的新聞部，發生直接的關聯。

三、文教節目的形形色色

我用形形色色這四個字來形容台視初期的文教節目，不是指這些節目的呈現五彩繽紛，而是指這些節目涵蓋廣泛，名目繁多，幾乎是除了新聞節目和娛樂節目以外，無所不包。這類節目通常不是電視觀眾津津樂道的話題，更不是商業性電視台促銷的主體。在每天的電視節目表上，它們不是播得很早，就是播得很晚，要稱它們是「邊陲節目」也不為過。它們共通的特色是要有教育意義，直截了當的充實觀眾的常識和智慧，或潛移默化的影響觀眾的思想和行為。

強調電視的教育意義，事實上也是我在草擬台視節目規範時的中心思想，也明白的表達在規範的前言中。即使對廣告準則的規定，也不例外。台視在一枝獨秀的時期內，沒有業務上競爭的壓力，正好提供了實現這個理想的環境，而精打細算的周總在這方面的理念與我一致，也令我感佩至今。所憾者是當年因人力、物力和財力的不足，文教節目在呈現上不免簡樸。

台視在這段時間內所播出的文教節目中，屬於兒童類的有「兒童智力測驗」、「兒童音樂歌舞」、「兒童電視劇」、「兒童智苑」、「兒童木偶戲」、「兒童圖畫故事」、「兒童世界」、「大家畫」等。這些節目大都是在每天下午六時後播出半小時（自一九六二年十二月起，中午一小時節目取消，移至下午六時至七時）。其中較為突出的是「兒童智力測驗」，由朱洪愷製作，朱妻陸和珍主持。這個節目在台視開播時即存在，原每周一次，後增為每周兩次。到台視進入七周年時改名為「兒童學藝競賽」，使比賽項目，包括才藝的表演在內。「兒童音樂歌舞」，是由裘愛葆製作，從台視開播時起播出，六年後才改以其他文教節目取代。據說時為行政院副院長的王雲五先生童心未泯，曾對記者表示他最愛看的電視節目就是「兒童音樂歌舞」，裘製作人引以為榮。「大家畫」是由台視節目部製作，由時任台視美術指導的郭博修主持，在現場教小朋友如何繪畫，在家中看電視的小朋友可以一邊看一邊學習。「兒童世界」是時任節目部導播的趙耀製作，由另一導播陳萬里以「亮叔叔」的小丑扮相主持，輔之以台視兩位播音小姐黃麗珍及夏琍琍主持說故事等單元，大受小朋友的歡迎。這個兒童節目自一九六八年推出，播了九年。

台視文教節目中，屬於婦女類的有「家庭生活藝術」、「家庭食譜」、「服裝製作」、「星期家政」、「化妝與美容」、「幸福家庭」、「悄悄話」等。其中「家庭生活藝術」是台視最早期的婦女節目，在每周三至周五下午六時五十分至七時十分播出，內容包括烹飪、家政、插花等等。製作人孫步菲小姐，如果我記得不錯的話，是謝然之老師所推介。孫小姐係台大畢業，曾任金甌商職教員，婦女家政函授學校班主任。由於她樸素大方、活潑誠懇，對婦女家政不僅她個人有專長，又有相當好的人緣，因此在婦女節目方面我借重她，她也表現勤快而稱職。在接下這個重擔以後，祇一個多月，據說體重就減輕了六磅，使原來看來就小巧的她更見消瘦。但在次年的二月，因她在行政院新聞局任職的先生葉天行外放泰國，她祇得在依依不捨之下辭去製作人隨夫赴泰。她留下的擔子，由馬均權女士挑起。

說也湊巧，馬均權女士是我老師馬星野先生的胞妹，也是吳俊才學長的夫人。馬均權本人其時開設實用家庭烹飪班班主任，常應孫步菲之邀上節目製作餐點。後來不久這個節目蛻變為「每周一菜」和「星期餐點」兩個節目。前者由潘佩芝與傅培梅相繼製作主持，後者仍由馬均權負責。直至一九六五年十月，馬均權因健康關係辭製作人，兩個節目合併為「家庭食譜」，由傅培梅一人製作主持，成為在台視具悠久歷史節目之一。

「服裝製作」這個節目的歷史不算長，製作兼主持人前有中國小姐鄭慶寧，後有享譽當時服裝界的王榕生。這兩位小姐都能言善道，祇可惜當時電視無彩色，先天上就不適合展示以色彩見稱的服裝，美容化妝和插花等類要突顯顏色的都是如此。

屬於一般社教類的節目，有「藝文夜談」、「歡樂家園」、「電視法庭」、「電視醫院」、「自己做」、「黃金時代」、「錦繡河山」、「三國史話」、「國民革命史話」、「認識友邦」，及「大同世界」等。

捨此以外，教育部也曾於一九六三年十一月十六日起，委託台視播出教育節目一年，每日一小時。既以推廣社教，也是對台視取消日方節目和廣告的補償。

四、「人面桃花」震撼傳統國劇

台視開播之始即有國劇，時間排在周六晚間八時四十五分至九時五十分，由田士林先生製作，邀請軍中各大國劇隊參與演出。因每次在演出前均有劇情説明和電視周刊的預告，在播出中又有字幕顯示唱辭，引起觀衆收看興趣，在開播後的一個多月，即從一九六二年十二月份起，每周增播國劇一場，時間排在周日和周三晚上九時至十時。

當時正值名馳一時的顧正秋劇團息演，軍中劇團對外公演的次數有限，台視一周播出兩次國劇，既不需買門票，又可坐在家中觀賞，自然受到愛好國劇的人士歡迎。聽説老總統蔣公，就是樂於收看者之一。

傳統國劇係在舞台上演出，觀衆坐於舞台前方及左右方觀看，在電影發明以後，觀衆觀看的位置没有什麼改變，但視野卻為之改觀；觀衆係通過電影攝影機的鏡頭作選擇性的收看，而不是自我將眼光隨劇情的重點而移轉。捨此以外，國劇既搬上電影，燈光和布景道具也就隨之而來，動作和布景極具象徵性的國劇，進入電影型態的演出，就無法不趨向寫實，由是也一度引發國劇能否寫實的論戰，其結果是國劇電影化失敗。依我個人粗淺的觀察，國劇並非不能寫實化，否則如黃梅調的「梁山伯與祝英台」這本電影片如何能轟動一時？如果將黃梅調改為西皮二簧，我們就很難想像國劇的梁祝，就不能像黃梅調的梁祝那樣賣座。當年國劇電影化之所以不能流行，主要是國語還未普及，地方觀衆聽不懂戲詞的緣故，即使電影片上印有字幕，也有不少不識字的文盲觀衆存在。如果地方觀衆不能接受，即使是梅蘭芳親自登台義演也是没用，何況電影還需要購票入場？製片人賺不到錢，自然國劇也就電影化不起來。

當國劇有史以來進入電視媒體演出，重新作電影化的呈現時，立即引起我嚴肅的思考國劇電視化的問題。前提之一是電視不能不播國劇。前提之二是既要播出國劇，就不能避免電影化，讓觀衆通過電視攝影機的鏡頭去看國劇。前提之三是國劇既要電影化，就無法避免抽象和寫實的論戰，解決之道祇有各行其是，即國劇可以作舞台化、電影化、廣播化，甚至電視化的呈現，由觀衆或聽衆的愛好各取所需，而不能抱頑固的態度，要二十世紀的新科技媒體，去將就二十世紀以前的思維。

就國劇的電視化來說，電視講求的是「極視聽之娛」，聲音部分要真，要適當的平衡；畫面部分要美，要強調戲劇效果。如果硬要新科技去將就人的聽覺和視覺的自然極限，何異於走在火車頂上去強調步行？此外，電視裡的國劇免費送進觀衆家庭，已不似國劇電影要觀衆遠途跋涉去買票，發生供應者虧損、消費者花錢的問題。何況六十年代的台灣，國語已相當普及，文盲也極為有限，如果有人認為國劇是我國國粹之一，就不應該反對國劇電視化，讓國劇有所發揚，有所流行。

基於前述的考量，大約是在一九六二年年底，亦即台視開播之後不久，我找來其時擔任國劇節目的導播惠群，希望他能承擔創造電視國劇的工作。

惠群是在台視籌設期中考入台視節目部的編導，但在廣播界卻相當資深，曾歷任警察廣播電台與軍中廣播電台的節目主任，民防廣播電台的台務主任等職。因為從小生長於北平，耳濡目染的結果使他對國劇有相當精深的造詣，不僅懂戲，而且能唱能編又能操琴。再加上他為人隨和，淡泊名利，在伶票兩方面，他都十分熟悉，也十分令人尊敬。因此，我將國劇的編導工作交付於他，進而與他提及國劇電視化的構想，絲毫不出我意外地得到他的認同，並且達成以「人面桃花」這齣戲來進行國劇電視化的首次試演的結論。

「人面桃花」原劇，是後人根據唐人孟棨所寫「本事詩」所編，在國劇中戲名「崔護謁漿」。

崔護確有其人，因曾題情詩而名傳千古。

在國劇中，女名杜宜春，父名杜知微，村名杜曲村。戲中有「春遊」、「鍾情」、「夢景」等折，人物不多，但皮簧崑曲一應俱全，是典型的古代才子佳人戀曲。我祇知道崔護這首膾炙人口的人面桃花詩，卻不了然這齣戲，但相信是寫實的後來所謂的「電視國劇」的上好題材，其餘的則全聽憑惠導播的意思去辦。

一九六三年三月二十四日晚九時十五分，我跟所有的觀眾一樣，在電視上初次看到真有桃花繞宅的杜曲村、有燈光變換如真如幻的「夢景」、有男主角親筆的題詩。一般觀眾看到的是一齣突破傳統表現的國劇，我所看到的則是一項理想的滿意的實現。

結果不出所料，不僅台視以內，自周總以下的同仁都額手稱慶，演出後即有觀眾紛紛來話表示激賞，次日各報也都給以好評。演出後第三天，息影多年的青衣祭酒顧正秋女士還特地光臨台視，對該劇的演出表示讚許和鼓勵之意。

我個人是十分欣賞角色安排的允當。女主角杜宜春是徐煥昇將軍的女公子、有「古典美人」之稱的徐渝蘭所飾演。男主角崔護是台大外文系、有「袖珍小生」之稱的劉瑛小姐飾演。杜知微是由劇評家簡志信先生飾演。

「人」劇演出後的次月，我邀請了國劇劇評家在台視舉行了一次座談會，討論「人」劇演出的得失。這些望重菊壇的劇評家，也多在「人」劇演出當天，受邀在場觀賞。會中交換意見結果，決定再演一場，改進一些缺失，使該劇的演出，做到盡善盡美。最重要的一點，是該劇不以傳統的喜劇收場，而改以杜家遷居，「人面不知何處去」結束，以增強耐人尋味的戲劇性。

終於，在次月十八日，原班人馬作了第二次的演出，劇本方面依名家提供的意見，由胡波平先生執筆改寫，除以杜家遷居不知所終作結束外，也刪除了一些不太近情理的情節和較為現代化的詞句，原來崔護題在紙上的詩，也改為題在「左扉」上以較符合「實情」。另在音樂方面，由於梁訓益、秦德海、中廣國樂團陳孝毅等位名家及中廣國樂團的合作，更增加了悅耳動聽的質感，自然這次演出的結果，幾至無懈可擊的地步。這月三十日，周總特別主持了一次授獎儀式，頒贈徐渝蘭和劉瑛兩位小姐各五百元禮券一張，以及團隊獎金四千元，以表激勵。

自此以後，代表國劇電視化的台視電視國劇的名稱不脛而走。同年十月，台視順勢成立了一個獨立的電視國劇研究社，初期的社員多是菊壇菁英，有古愛蓮、嚴莉華、徐渝蘭、周韻華、劉瑛、周大同、梁再勝、金胡喬等。電視國劇研究社不僅負責電視國劇的編寫和製作，也接洽各軍中劇團傳統國劇的演出，除歌仔戲以外各地方古典戲劇的演出。為配合電視演出時間上的限制，無論演出的戲碼為何，也都得在內容上，由電視國劇社略加增刪，並與電視周刊配合宣傳。

一九六六年元旦，台視又應觀衆的熱情要求，將「人」劇作第三次的演出。女主角杜宜春仍由徐渝蘭飾演，男主角崔護則改由出身大鵬劇校的小生文麗雲飾演。杜父由張鴻福飾演。「人」劇在四年之內，三度推出，每次都有不同的表現和收穫，尤其是第三次的演出，適逢台視啟用中南部轉播之後，收視區自台灣北部延伸到中南部及金門，使得台澎金馬地區、除了花東兩縣以外的觀衆，都可以欣賞到不同於傳統國劇的「電視國劇」的代表作——人面桃花。

截至一九六五年底為止，對北部地區的觀衆而言，台視所播的電視國劇，事實上已有許多次，其中包括「洛神」、「生死恨」、「奇雙會」、「醉酒」、「斷橋亭」、「洪羊洞」、「梁祝情史」等劇目。每一個劇目都在劇本的編寫、角色的安排、布景的設計、道具的選擇、燈光的變換、運鏡的技巧上，作了不少鑽研功夫。對台視而言，「人面桃花」是一個代名詞，代表台視自力創造所播的一部分國劇。對我個人而言，「人面桃花」也祇是一個代名詞，代表「國劇的電視化」的理想的實踐，也代表了凡是通過電視所呈現出來的視聽訊息，必須讓電視科技發揮到它能以發揮的極致。

根據電視周刊在一九六八年對五千個訂户就電視國劇所作的調查：在沒有電視國劇以前，對國劇發生興趣的人祇有一千五百人；有了電視國劇以後，對國劇開始發生興趣的達三千五百人，表示喜歡字幕的四千三百人，喜歡有布景的四千八百人。這些數字代表的意義是：電視演播國劇，可使國劇觀眾由百分之三十增加到百分之七十，電視化以後的國劇觀眾，更可由百分之三十增加到百分之九十六。要復興文化，發揚國粹，推廣國劇，使國劇在電視上播出而加以電視化，應該是一個正確的方向。

但可惜的是，頑固的傳統思維影響了政治人物，政治人物扼殺了電視國劇，恍惚馬路祇能走馬，不能走自行車。荒唐的事，容後再表。

五、歌仔戲與楊麗花的崛起

歌仔戲是台灣的傳統古典地方戲劇，台視在開播之初即由王明山先生所主持的雷虎歌劇團，在每周二的晚上九時十五分起，演出約半小時的歌仔戲。首次演出的戲碼為「雷峰塔」，由廖瓊枝飾演白素貞，何鳳珠飾演小青。

次年，一九六三年七月，台視在周五晚九時又開闢了一檔歌仔戲時間，由正聲廣播公司的天馬歌劇團擔任演出，第一個戲碼是「路遙知馬力」，由魏麗卿飾演施馬力，羅富美飾演梁玉英。一九六五年六月，友聯廣播劇團接正聲天馬，在這一時段負責演出，由該團台柱小明明、徐正芬輪流擔綱，演出的第一個戲碼是「貂蟬」，由小明明飾演。

歌仔戲跟所有的地方傳統戲劇一樣，原是在舞台上演出。當公民營廣播電台在台灣先後成立後，乃各擁歌仔戲團，互較高下，爭取聽衆。這個時期的歌仔戲為適應廣播媒體特性，較重唱工及配樂。等到台視成立，對劇本和做表、服裝和道具，要求都比較完整嚴格，歌仔戲的演出水準，為之提高。最難能可貴的是：當台視嘗試國劇電視化的同時，也要求歌仔戲的電視化。前者在推行時，經常受到衛道之士的阻力，而終於功虧一簣；歌仔戲卻能隨時代俱進，推陳出新，即使重登舞台演出，也遠非當年的野台戲可比。

在地方觀衆的熱烈反應下，台視在一九六六年五月，又在周四的下午一時，開闢了第三檔歌仔戲，由聯通歌劇團負責製作。該團首演的是「精忠報國」，由楊麗花飾演岳飛，小鳳仙飾演王佐，陳清海飾演宗澤，翠娥飾演王貴，石文户、陳清海編劇。次年元月，正聲天馬又與台視簽約，進駐這一時段。楊麗花、小麗雲、賴麗麗、小幸子、柯翠霞、許麗燕、曾寶雲、廖秋、楊梅子、董秀枝等都羅致在正聲天馬旗下，導演陳清海，音樂指導張國周，團主為正聲廣播公司業務主管張振翔，陣容空前盛大。在台視首演的戲碼是「鎖麟囊」。

在台視各檔歌仔戲中擔任主角的，可以說都是一時之選，各擁相當死忠的觀衆，而其中又以楊麗花的號召力最為浩大。楊麗花是宜蘭人，出生於一個典型的歌仔戲家庭。她的母親筱長守，當年也是一個紅遍寶島的小生。楊麗花從十四歲起，就跟著母親學戲並到處演出，首演的角色是「安安養鷄」中的安安。一九六三年，她隨同「賽金寶」歌劇團遠征菲律賓，又以「陸文龍」、「薛丁山」等戲，使她芳名遠播，名利雙收。回台後她加入了正聲天馬，開始在廣播中綻放光芒。此後隨團在台視周四中午的電視歌仔戲中出現，扮相、身段和唱做的優異，更受到全省各縣市鄉鎮歌仔戲迷的熱烈歡迎。

就我個人來說，我對楊麗花的認識，是除了她扮相倜儻、技藝精湛以外，感覺她性格豪邁，真有男人氣概，同時又講求義氣，不輕易背信違約。據說她從小就有一個「王阿老」的外號，緣由是她在兩歲時，當她母親在恆春演出的時候，她卻獨自走失，為一個姓王的里長收留，當作自己的女兒，並給她取名「王阿老」，具王家掌珠的意義。二十天後，王里長帶她去看歌仔戲，偶然下母女竟得重逢。從此王里長被楊麗花認為義父，經常致意問候。或許，楊麗花的義氣就從此培養出來。

一九六九年，正當中視開播前夕，台視支持楊麗花自行組團。十月四日，我在台視舉行記者會，宣布台視歌仔戲團的成立，由楊麗花擔任團長。並與正聲廣播公司發表聯合聲明，表示雙方同意由台視聘請正聲天馬歌仔戲劇團台柱並為台視基本演員的楊麗花小姐，為台視歌仔戲劇團團長，領導該團在台視另闢歌仔戲時段。自後正聲天馬除保持原有播出時間外，並與台視的歌仔戲劇團不定期聯合對外公演。

當天正值芙勞西颱風過境，風雨交加，但記者們到會踴躍，祝賀花籃擺滿台視大門內外。楊麗花在會中感謝台視的愛護、正聲公司的推薦，和觀衆的鼓勵。歌仔戲劇團的顧問國醫張國周先生也致詞要減少新歌仔戲中的哭調，使歌仔戲開創移風易俗、有益人心的風格。

記者會後的第三天，台視歌仔戲劇團首次在周一下午一時半至三時登場，獻演「西廂記」。由楊麗花飾張生，張雪珠飾崔鶯鶯，吳梅芳飾紅娘。導播是擅長傳統戲劇、原本導播正聲天馬團的台視資深導播巢劍珊，企劃是留日專習電影導演的陳純真，陳並兼為台視歌仔戲劇團的總幹事。到任不久的節目部副理聶寅，負責這個戲團的輔導工作。聶寅兄原是正聲廣播公司的協理，也是我在美國雪城大學的同學。

從台視歌仔戲劇團初次亮相的同時起，原在周二晚間播出的「金鳳凰」團調到周二下午二時半播出，「正聲天馬」仍維持在周四下午一時播出，「小明明團」則與「鳳鳴團」在周五晚十時輪流播出。四檔五團歌仔戲一視同仁，一律將播出時間延長為九十分鐘。歌仔戲陣容的浩大，可謂空前。在這個時期，「金鳳凰」擁有台柱碧天鳳、何鳳珠、司馬玉嬌、林碧華、李好味。「正聲天馬」擁有台柱陳桂鴻、賴麗麗、小麗雲、廖雙擔。「小明明」擁有台柱小明明、郭美珠、吳明雪。「鳳鳴」擁有台柱王金櫻、柯玉枝、小鳳仙。這些優秀的歌仔戲精英雖各有歸屬，在演出坊所爭妍鬥勝，私底下則多是好朋友，圈外人很難看出他們有什麼流派之分、師宗之別，勝過政壇人物許多。雖然大多學歷不高，但古典戲劇表揚忠孝節義的精神，多少薰陶了他們的氣質和格調。

就拿楊麗花來說，不如意時曾經不止一次的表示要跳槽他去，但最終總是留下來，守在台視。再多的錢也買不走她。因為她飲水思源，不為勢劫，這是藝人崇高的風格的展現，十分少見。

在熠熠的歌仔戲群星中，跟我個人較有私誼的要算郭美珠。美珠是嘉義人，從小父親早逝，她與母親和小她兩歲的妹妹美紅、少她三歲的妹妹美麗，及小她五歲的弟弟相依為命。美珠六歲時就跟著媽媽走進劇團，八歲就開始登台唱歌仔戲及拍台語片。後來考進天王廣播公司成為基本演員，得到公司負責人王明山的賞識，並破例收她為義女。王明山率雷虎劇團最早進入台視攝影棚，該團後改名金鳳凰時，郭美珠已成該團的台柱之一。等小明明取得台視周五檔的歌仔戲演出機會時，也經常向金鳳凰借將，使郭美珠每每出現在台視周二和周五兩天的歌仔戲中。同時，妹妹美紅也是歌仔戲及閩南語歌唱節目中的常客。

郭美珠長得嬌小可愛，雖然祇有初中畢業程度，但是天資聰穎，又富有上進心。小小的年紀，就挑起上養阿公阿婆，下照顧兩妹一弟的重擔。更重要的是她通情達理，純樸而直率。我注意她演的戲，覺得她才華橫溢，是一個值得琢磨的藝人。

一九七四年元月三日，美珠跟台視「五燈獎」節目中主持人邱碧治同一天結婚，我都收到請柬。邱小姐的婚禮是在台北市中山堂的光復廳舉行，我是禮到人不到，而去了中泰賓館美珠婚禮的禮堂，不是中泰賓館距離台視較近，也不是美珠對我較親，而是她給了我一份任務，做她婚禮的介紹人。

幸好這次擔任介紹人有名無實，因為美珠並沒有在這次婚姻中得到幸福，相反的卻招來一些凌辱，我不知道這怎麼會發生在她身上。祇是四年後，一九七八年春，有一天美珠忽然來我辦公室找我，說是她已離婚，為自立計，希望能重返螢光幕。我沒有理由不歡迎她回來，我安慰她鼓勵她，當下又跟她簽下台視的基本演藝人員合約。自此以後，她又在台視的陣營裡重新振作，打下一片江山。

此後我跟她相遇，已是一九九二年八月一日，是我自台視退休六年後，地點是在美國加州以玫瑰花車遊行著名的巴沙迪那的文化中心。我從洛杉磯的世界日報上得知台視組織漢光演藝團，由副總經理劉文龍率領，來美宣慰僑胞，主持人就是郭美珠，因此我刻意全家前往捧場，就便與台視同仁見見面。郭美珠著白帽白衣，雍容華麗，主持節目，風趣有禮。一個年輕的歌仔戲演員，能與時俱進，在國外主持大型的晚會，談吐舉止，落落大方，連我也感到既是驚奇，又是高興。

我所以舉這段故事來回溯以往，不盡然祇是回憶個人電視生涯的片斷，也有意以郭美珠小姐為代表，來敘述大多數藝人背後不為人知的故事。「人生如戲」，對以演戲為人生的人來說，在感受上當更為深刻。

六、電視劇在艱困中成長

在所有各類型的電視節目中，以電視劇製作最為繁複。它不像傳統的古典劇如國劇或歌仔戲有古本可循，每劇劇本必須新編。新編的劇本不單要適合電視上演出，還要求主題意識，不違背法令或電視台本身的規範。換言之劇本要通過電視台的審查，如果是台語劇，當年還要電視台轉送半官方的組織「台灣省廣播節目協進會」審查通過，不能通過的劇本要改寫甚至放棄。劇本中置景不能多過三景以上，否則攝影場空間可能無法容納，而搭景與道具的陳設，既費時間又增製作成本。此外，演員的物色、報酬的多寡、排戲的要求、服裝的更換、化妝的瑣碎、燈光的設計、錄音與配音的安排等等，在在都需要顧及。台視開播之初，能搭景的攝影場祇有一個，錄影設備全無，任何節目都要在同一個攝影場中現場播出，沒有一堂布景可以保留不在播後拆除。因此，台視早期的電視劇，是在極為艱困的條件下誕生與成長，而最早播出的一檔電視劇是台語劇，劇名「重回懷抱」，時間是在台視開播後的第九天，即一九六二年十月十九日星期五，中午十二時半至一時十分。該劇由王明山主持的「台語電視節目中心」製作，唐冀導演、台視導播林登義執導，影星蘇麗華主演。

蘇麗華是台北市人，畢業於静修女中。從影後拍過「虎姑婆」、「王哥柳哥好過年」、「龍山寺之戀」、「九美奪夫」等二十多部片。蘇女在「重」劇中飾演女主角秀美，首次作電視現場演出，即獲好評，接著又主演該檔第二部戲，由名編劇家張永祥所編的「拾金記」。在「拾」劇中，後來鼎鼎大名的電視連續劇女製作人周遊，還算是初露頭角。

周遊原名周玉貞，嘉義人，自小就熱愛劇藝歌舞。初中畢業後，周遊就加入國民黨台灣省黨部文化工作隊服務，演過許多國台語話劇，且因舞技湛精，曾兼為軍中康樂團隊與台北市車管處文化工作隊的舞蹈指導。但想不到「拾金記」的參加，開了周遊在電視上的芝麻大門。

繼台語電視單元劇而起的是台視的第一個兒童劇集「小蕙與丁丁」，首集播出於一九六二年十一月一日。每周一次，每次三十分鐘，至次年九月底始結束。這個劇集是由劉德智主持的「台灣廣播服務社」製作，資深廣播節目主持人蔣佑真執行，中央日報「兒童周刊」主編陳約文編劇，台視導播黃海星執導。

台視以成人為對象而首次播出的國語電視單元劇，是天主教光啟社於一九六二年十月二十二日所播的「熱淚心聲」，劇長五十分鐘，由劉明主演。由台視本身製作的是導播朱白水自編自導的「浮生如夢」，播出於十一月十八日，參加的演員有曹健、錢璐夫婦、常楓、焦姣、葉翔等。

六天後，十一月二十四日，星期六中午，台視以家庭婦女為收視對象的劇集「歡樂家園」首播。中心人物為一家父母子女四口。父親張雨為常楓飾演，母親張珍為張冰玉飾演，女兒小華由孟繁美飾演，兒子小台由童星王陽飾演。

一九六三年三月十六日，台視首演國語古裝電視劇「鄭成功」。由朱白水編劇及導播，曹健飾演鄭成功，葛香亭飾鄭芝龍，魏甦、丁玫、王宇、李虹等參加演出。五月二日首演台語古裝電視劇「吳鳳」，此劇由葉明龍製作，施翠峰編劇，杜詩導演，並首次有字幕配合。接此劇之後演出的是鍾肇政編的「公主潭」，故事已神話化。

總之，台視不到半年，國台語電視劇已有單元劇、劇集、時裝劇、古裝劇、兒童劇，甚至超現實的神話劇。當時製作設備簡陋，製作費用低廉，製作人、編劇家、演職員卻全都盡心盡力為電視劇的成長播種灌溉，令人敬佩。

七、「群星會」掀起流行歌曲浪潮

如果說六〇年代及七〇年代是國語和台語流行歌曲最為流利的年代應該不為過，而這波浪潮是由台視的歌唱節目「群星會」所掀起，也應該不算太離譜。

在沒有電視上的「群星會」以前，流行歌曲流行在歌廳裡，但觀衆有限；流行歌曲流行在廣播節目裡，但聽衆祇聞歌星之聲而不見其人。但在電視上，既聞其聲，又見其人，在客廳中，在臥室內，到時間衹要打開電視，歌星樂隊全都光臨，不費分毫令人享受一段輕歌曼舞的時光。

「群星會」是由關華石、邱慎芝夫婦所製作，最早出現在前面述及的台視試播酒會之中。台視開播以後，以「群星會」的名稱伴隨台視成長。這個名稱，是台視節目部副理、筆名老沙的鄭炳森所命名的。

關華石幼為孤兒，少年時，好音樂，成小提琴樂師，曾在上海服務於聯華影業公司，後為舞廳樂隊領班。邱慎芝年輕時曾鬻歌於上海，為關賞識結婚。來台後夫婦以教唱為生，慎芝並在廣播電台主持歌唱節目，與衆多歌星熟稔。台視節目部在規劃期間即邀關氏夫婦主持歌唱節目，是極為自然的事。

慎芝主持群星會，對流行歌曲和歌星的介紹，常不備稿。每次交出的腳本，祇是一張歌名和歌星的清單。而她本人的歌唱，有氣無力，我並不欣賞。但後來卻發現她真正的才華，在作詞和作曲上，說她是個詩人或才女，庶乎近之。

首先，她逐期在電視周刊上為文介紹歌星，藉為「群星會」宣傳。繼之，發表她的作品，如「群星頌」，就是慎芝自己作詞作曲，不僅在一九六三年四月份起成為「群星會」的主題曲，而且傳誦至今，成為五〇、六〇年代流行歌曲的座標。一九六四年十月第十八屆世運在東京舉行，曾在上一屆世運十項全能項目中勇奪銀牌的亞洲鐵人楊傳廣表現不如理想，慎芝即以「歡迎鐵人楊傳廣」為題作詞，梁樂音作曲為歌，讓楊傳廣歸國依然感到溫暖，具見她勇於雪中送炭的熱情，和不以成敗論英雄的胸襟。是年黨國元老于右任辭世，遺有「葬我於高山之上」短詩一首，心懷故土。慎芝深為老人忠貞愛國精神感動，又譜之成曲，於群星會中由歌星喞哀獻唱。總之，慎芝創作或改編的歌詞或譜曲極多，充分表現她的藝人素養和才華。

台視開播時，「群星會」即為每周一次，每次半小時，慎芝主持，關華石則指揮他專屬的樂隊，兼為小提琴手，為歌星伴奏。為增添熱鬧氣氛，經常也有男女舞星伴舞，或由舞蹈家如曹金鈴、崔蓉蓉表演舞藝。慎芝一度還設計制服，由歌星穿著出場，儼如團隊。事實上在相當時日後，「群星會」竟成為歌星成名階梯，無論在國內或國外演唱，歌星如曾上過「群星會」，恍如公務員曾通過高考，必在海報中註明以廣招徠。因此，凡屬當年知名歌星，必是「群星會」中常客，不待一一列舉。以童星身分列名「群星會」者，有鄧麗君、歐陽菲菲、陳芬蘭、蔡咪咪等人。

慎芝在「群星會」中另一傑作，就是為男女歌星配對成為所謂「歌壇情侶」，以加強「群星會」和歌星的知名度。著名的「情侶」有婉曲與青山、張琪與謝雷、秦蜜與余天、夏心與張明麗等。

「群星會」蜚聲歌壇，關氏夫婦也不免盛名之累。我曾數次接到匿名信函，控他夫婦收受紅包。既是匿名，又無證據，縱有此事，想必也是一個願打，一個願挨。慎芝本人就曾說過：「一個節目的好與壞，最公正的評審人是觀眾。」（見「電視周刊」第二四二期第四頁）我不認為她會為私利降格以求，招致觀眾的非議。

我個人也是流行歌曲的愛好者，「群星會」播出時，祇要時間許可，我往往會按時收看。一九六五年四月初，師輩歌星紫薇與女兒黃海霞上「群星會」演唱「咪咪貓」，不知何故，竟然笑個不止，唱不下去。（事見「電視周刊」一三一期第二九頁）我親眼目覩，以表演中途「笑場」，是職業瑕疵，顧不得與紫薇夫婦尚有私誼，私下吩咐編審組，不得在一個月內讓紫薇上任何節目。如此執法，也無非是維護台視節目招牌，尊重觀眾。

為了不讓「群星會」獨霸台視國語歌唱節目，也免觀眾認為關氏夫婦有門户之見，一九六六年四月，推出李鵬遠製作的「流行之歌」。李鵬遠川籍，畢業於幹校音樂系。曾譜曲五百多首，灌唱片四十多張，在音樂界和廣播界享有盛名。「時代之歌」中偶有軍中歌曲的歌唱，和李製作人創作的發表。最重要的成就，要推造就了鼎鼎大名的白嘉莉。

白嘉莉原名白莎，台中宜寧中學畢業。因體態苗條、眉目清秀，擅長西洋歌曲，受影星魏平澳賞識，延為助手。魏平澳後應邵氏聘赴港，白嘉莉師事李鵬遠，轉唱國語歌曲，因而常出現「時代之歌」中，並主持台北市中央酒店舞台節目。由於資質聰穎，又富進取心，短短三兩年間，竟然聲名大噪。一九七〇年六月，台視首次推出電視小說「風蕭蕭」，白嘉莉飾演劇中女主角白蘋，又初度顯露她的演戲才華。這是後話，在後面篇章中再表。

在台語歌曲方面，最早有王明山製作的「台語歌曲」，由台語紅歌星張淑美主持。後由許天賜接手製作並主持，改名「寶島之歌」，在節目中演唱的台語歌星有張淑貞、張淑美姊妹、雙華姊妹、蔡氏姊妹、超人姊妹、鄭秀美、金玲、婉玲、吳晉淮、吳振如、何瑞芝、高麗珠、李讚聲、郭金發、陳淑芳、珮雯、李淑齡、劉素娥、林秀珠、莊萍、林香芸、陳芬蘭等。同時許天賜另製作有「綠島之夜」，採綜合形式，國台語，甚至英語歌曲均可唱出，節目由張淑美主持，一九六八年十月六日，「綠島之夜」由「彩虹之歌」接替。

八、西洋音樂，從古典到現代

台視開播後，即有「電視樂府」節目，由音效李祥龍以李祥名義擔任製作人，另一音效劉大德以劉振怡名義任主持人，介紹學院派的音樂活動，而以西洋古典音樂為主。至於國樂，其時因另有國樂節目，由劉毅志先生組女子國樂隊演出，故未包涵國樂於「電視樂府」之中。

李祥龍原籍湖南，卒業師大音樂系，曾任職於光啟社、教育廣播電台，主持過警廣的古典音樂節目。台視開播前，與劉大德同時考入台視任節目部音效。劉大德原籍江西，畢業於福建音專，擅長大提琴，曾任藝專講師，中央廣播電台編輯。「電視樂府」節目，是李、劉二位在本職以外對台視所作的貢獻，除安排及邀約演出的對象以外，還負責撰寫每次演出資訊，供「電視周刊」預先刊用。

一九六六年間，周總告訴我，應將每日中午及晚間節目播出前螢幕上祇出現檢驗圖的十五分鐘時間，作有規劃的配樂，並在電視周刊上預告，等於是一天播出兩個十五分鐘的廣播音樂節目。前此檢驗圖播出時都由音效輪流配樂，祇是未當廣播節目處理及預告。經他提醒後，我即囑李、劉二位照辦，由此亦可見周總用心之細。

「電視樂府」前後播出五年，一九六七年台視成立交響樂團，推出「交響樂時間」，「電視樂府」即被取消。李祥龍後亦移民赴美，終逝加州。

台視在開播的次日起，即有西洋熱門音樂節目的播出，起初每周兩次，每次半小時。節目名稱叫「熱門音樂俱樂部」，主打的樂隊叫「亞瑟小樂隊」，亞瑟即亦是領隊劉恕的英文名字。我其時並不認識劉恕，也不知道亞瑟小樂隊是經由什麼管道進入台視，但我卻與劉恕的父親劉竹舟先生有過一面之緣。劉竹舟先生是「新聞天地」雜誌駐台負責人，又是國大代表。我是在一九五七年辦出國留學手續時，依規定要找兩位有名望的人士做保證人。其時任中央日報總經理的閻奉璋先生是我的頂頭上司，也是國大代表，他當然樂於保證我，另一人他就介紹了我去見劉竹舟先生，得到竹舟先生的惠許，因而完成了出國的手續。

我跟劉恕的關係還不祇此。他後來赴美留學，竟然進了雪城大學的廣電碩士班，成了我的學弟。結業後在紐約市租無線及有線電視台時間播華語節目，又成了台視節目的買主，我要在推銷節目上跟他打交道。現在，他在美國相當於來自台灣的梅鐸，在美東美西擁有好幾個電視台及廣播電台。

在亞瑟小樂隊時期的劉恕，雖是領隊，卻還是個大專學生，因為整個樂隊都是由大專學生組成的。據他介紹，隊長陳啟義是吉他手，就讀台大醫學院。主唱是唯一女隊員熊湘玲，甫畢業於金甌商職。另一吉他手兼編和聲譜的陳孟源，就讀台北商職。低音吉他手李勝洋，也是北商學生。鼓手陳體強，是「馬丁尼合唱團」負責人。還有一位吉他手叫關建華，是師大僑生。這樣的一個樂隊組合，可以概見西洋熱門音樂，在那個時期年輕人族群中的流行。

一九六三年元月，劉恕因出國退出樂隊，原班人馬則仍留台視，改名為「電星合唱團」。四月，「七海歌聲」取代「熱門音樂俱樂部」，「海韻樂隊」的台柱蔡睿智、人稱羅勃蔡的，以他帶磁性的低沉歌聲，在電視上嶄露頭角，出任主持人。

「七海之歌」是由晏光前先生製作，不久更名為「爵士新聲」，仍由羅勃蔡主持。直到一九六四年九月，羅勃蔡應邀赴日演唱半年，始辭主持人，改由李美雲接替。

在這同一時期，護士出身的埔里小姐黃玉蕙，因擅唱西洋歌曲尤其是西班牙情調的歌曲竄起，與菲籍莉娜小姐同在「七海之歌」等節目享有盛譽。柳腰歌后華怡保，也常出現於「爵士新聲」之中，演唱英、法、義及馬來西亞語歌曲。「爵士新聲」於一九六六年四月，為綜藝節目「比手劃腳」取代。

一九六五年七月，晏光前再製作一節目名「台北之夜」，仍由羅勃蔡主持。但節目內容已不單純是西洋歌曲，而較偏重綜藝型式。翁倩玉曾在此節目中獻唱，時年十五歲。

一九六七年六月底，「星星星」播出最後一次，自七月七日起，原來「星星星」在周五晚八時半至九時的時段，由「交響樂時間」及「你喜愛的歌」兩節目隔周取代。

九、綜藝節目，邀觀眾參與同樂

台視開播時，即有名為「技藝世界」的綜藝節目，表演特技、魔術、相聲、舞蹈等項技藝，以娛觀衆。這個節目，係由多才多藝的雜技大師李鳴製作與主持。李先生是北平人，畢業於中國大學文學系。抗戰時曾入演劇二隊工作。來台後任康樂總隊雜技隊長，又組輕音樂隊，為台灣光復後輕音樂隊創始人。最擅長者則為魔術。一九五三年曾隨康樂總隊赴菲，宣導僑胞。「技藝世界」推出後，參與這個節目的多為其時名家，魔術家有高欣伯、吳浩然、于茲順、張煜等人。特技團有李棠華團、海家班、海光技術隊等。相聲者有陳逸安、魏龍豪（甦）、張寶山、胡兆南、吳明、李娟等人。祇是台視開播當年限於場地容積，未能廣邀觀衆現場參加。直至一九六三年八月，才可容少量觀衆持參觀券入場。

一九六五年十月台視涵蓋區延伸到中南部，是月九日國華廣告公司在台視推出「周末劇場」，亦即「五燈獎」節目，由李睿舟主持，現場觀衆才正式成為節目的參與者。李睿舟是北平人，曾任花蓮燕聲廣播電台節目主任、台北華聲廣播電台節目主持人，台風穩健幽默，格調高雅。節目策劃是廣播界的鬼才游國謙，作曲編劇，無所不精。這個節目後來又一度改名「田邊俱樂部」，由張法鶴、阮翎、邱碧治、李明瑾等相繼主持，造就不少演藝人才，也是在台視播出為時最久的節目之一。個人應邀上台頒獎給過五度五關而獲五燈獎的優勝者，不計其數。

一九六六年二月十九日，前「電視法庭」製作人楊森林，又推出有觀衆參加的節目「交誼廳」。這個節目主軸是有獎徵答，現場觀衆及不在場觀衆都可參加，其中穿插特別來賓的表演，以增添同樂氣氛。主持人為劉華和阮翎。阮翎粵籍，曾任香港電視節目製作人，「交誼廳」原始構想即由他提出。後與邱碧治聯手主持「五燈獎」多年，為台視資深主持人之一。

同年四月三日，台灣廣告公司製作的「比手劃腳」節目推出，由前「自己做」節目製作人楊景天策劃、資深廣播人丁秉燧主持。節目中邀演員八人，分為兩隊，彼此輪流出題，由對方代表一人依題作象徵性動作由隊友猜題，然後結算勝負。此類題目，可由觀衆通訊投稿。無如某次表演投稿而來的題目，竟因被人作泛政治解釋引起波瀾，導致台視負責節目審查的編審去職，這一節目也立即停播，僅維持播出半年。詳細情形，過去未曾公開披露，容暫且保留在後面有關篇章中再為述及。

繼「比手劃腳」之後，即一九六六年十月，台視「大千世界」節目推出。製作人杜詩，畢業藝專影劇科，前面曾介紹過為葉明龍製作的台語古裝電視劇戲劇指導。「大千世界」也是以來賓為對象，進行諸如成語與諺語的對答比賽，達到寓教於樂的效果。主持人張法鶴，為清末名臣張之洞後裔，口齒清晰，文思敏捷，甚得觀眾欣賞。兩年後張法鶴應中影聘為宣傳組組長，主持人由在中油任職的方羊接替。

一九六八年十月，台視停播「台北之夜」及「星期之歌」兩個節目，於是月十二日下午三時半推出新型綜藝節目「歡樂周末」。這一天，也是台視首次將下午與晚間節目串連的周末。

這個長達六十分鐘的節目，是由晏光前製作、黃海星導播，歌星丁琪主持，內容為中外歌舞、魔術與特技等。半年後，節目移至周六晚九時，並延長為九十分鐘。一九七〇年，台視以每年一百萬元的租金，租下台北市撫順街豪華酒店場地，作每周一次的錄影，使節目更呈現夜總會的型式，並改主持人為白嘉莉。這個節目開台視外租場地定期錄製節目之始，錄製時間最長、動員人力最多，且有觀眾為來賓，堪稱盛況空前。

十、成立交響樂團，提倡藝術歌曲

要欣賞世界上第一流的交響樂團的演奏，即使是在一九六〇年代，買一張唱片或一捲錄音帶就可達到目的。但是有一些人，並不以能聽到就完全滿足，還需要看到指揮揮棒的動作、彈奏的指法，甚至滿堂的觀眾、熱烈的鼓掌、演奏者或演唱者一再的謝幕，才算稱心如意。這種臨場感的誘惑，也許是唱片、錄音帶，甚至電影都不能替代舞台上現場演出的原因，使得今天還能有交響樂團的存活，正如我國的國劇等劇藝團體迄今還能存活一樣。

但是「曲高和寡」的現象，古往今來也依然如故。交響樂如要上電視，必然少有廣告提供，收視率在小數點之後。現在年齡在四十歲以下的電視觀衆，恐怕很少知道台視曾經擁有過交響樂團，而且每週演出半小時，持續長達七年之久。

電視台在三、四十年前擁有交響樂團，似乎是一種崇尚高水準的象徵。我曾看過一本英國廣播公司 BBC 自我宣傳的小册子，說是一度曾擁有十二個交響樂團，及各型大小樂團，團員多達六百人，不知是否言過其實？日本的 NHK 有專屬的交響樂團，無庸置疑。這兩個機構都是收取收聽或收視費用的公營廣電團體，不在乎廣告有無和收視率高低。但在一九六〇年代，日本民營的富士電視公司也有交響樂團，祇是播出時間在午夜以後。台視叨初期一枝獨秀之光，不僅能有交響樂團，且節目在周五晚八時半至九時的所謂黃金時段播出。別說民營電視台，今天的公視能否辦到？

台視籌組交響樂團於一九六六年十月間，亦即台視開播四年後。當年鄧昌國先生所率領的台北市交響樂團，因為缺乏經費，又苦無演出機會，搖搖欲墜。其時如果台視能施以援手，祇須花較少經費，就可重組該團為台視交響樂團，也不影響市交響樂團的存在。由於鄧昌國先生和他的日籍夫人鋼琴家籐田梓女士為台視節目「電視樂府」的常客，我特為此事去鄧府與鄧長談。我們的計劃是：台視交響樂團中重要的團員可以由市交響樂團團員兼任，部分團員由台視自行招訓。除笨重的樂器如鼓及低音大提琴外，其餘樂器由團員自備。節目方面，如每周都演奏交響樂，一來單調，再來也沒有太多的時間排練，因此宜於一周為交響樂演奏，一周以一部分團員為藝術歌曲伴奏，從而使從事聲樂演唱者也有表演的機會。這個構想，為鄧先生所首肯。

當這些細節都商妥以後，我把這個計劃報告了周總，因為即使是一魚兩吃，也得花費一些銀子，没有他的同意，一切都是空談。想不到他竟一口答應，終於理想成為事實。是年十一月，台視交響樂團在沒有任何儀式下成立。我任團長，鄧昌國任指揮。台視並空出一間房子，作為交響樂團辦公室。鼓和低音大提琴在市場上買來，功學社還慨然贈送一台大鋼琴，琴上的 YAMAHA 標誌，是遮也遮不住的免費廣告。

在團員的配置上，是第一小提手八席、第二小提琴手六席、中提琴手四席、大提琴手四席、低音大提琴手二席、長笛手二席、短笛手由長笛手兼奏、雙簧管二席、豎笛二席、低音管二席、法國號三席、小喇叭二席、伸縮喇叭三席、定音鼓一席。首席小提琴是陳暾初先生，餘多為音樂科系的教師，已畢業或仍在校的音樂科系學生，包括台視公開招考被錄取的在內。樂團後期的團員，還有來自外國的樂手。

一九六七年七月七日，台視交響樂團初次在當晚八時半至九時的「交響樂時間」中亮相。七月十四日，在同一時段但名為「你喜愛的歌」節目中，為藝術歌曲演唱者伴奏。這兩個節目的播出，毫無問題的受到愛好交響樂和藝術歌曲的觀衆歡迎，也予演出者以鼓舞。輿論反應是正面的，但也有例外。八月間，英文中國日報（China News）登出一篇社論，以尖刻的措詞，批評演出不夠水準。另外我個人也接到在美軍顧問團任職的軍官的一封英文信，大意與英文中國日報的批評相同。

坦白說，我雖名為台視交響樂團團長，祇是因職務在行政管理上有所關連，若論音樂素養，連作為一個交響樂聽衆的資格都不夠，遑論品評。但從一個傳播者的立場來看，讓觀衆有接觸交響樂的機會，也讓專修樂器的青年樂手或學生有成長的園地，應該值得社會大衆肯定。由是我覆那位美軍軍官一信，歡迎他以行家的身分指點鼓勵，但不要以高水準來衡量及抨擊一個新生的樂團的初試啼聲。畢竟他們是在服務而不是在賣藝。對於英文中國日報的批評，我以「羅馬不是一天造成的」

為題，寫了一篇短文刊於民國五十六年八月二十八日出版的「電視周刊」第二五五期作為回應。

值得令人分外安慰的是，國內的音樂前輩，對台視這項努力，卻多所鼓勵與期盼。例如旅居菲律賓的蔡繼琨教授，趁返國之便，就曾客串指揮樂團。許常惠、史惟亮、林聲翕、黃友棣等教授曾為樂團編曲。最有趣的是二十世紀福斯電影公司亞洲區總監彼得・布羅姆（Peter Broome）先生，在來台推銷該公司電視片時，由於技癢，竟然也站上指揮台，露了一手。

彼得・布羅姆是澳洲人，由於在亞洲區推銷福斯電視影片，每年例來台北兩次，與我談生意、吃飯、逛街，私底下成為朋友。祇要是合適的片子，我出價，他就接受，反之亦然。由於他長相有些像祇愛美人不愛江山的英國溫莎公爵，周總見到他，甚至以Duke（公爵）稱之。有一次他無意中看到台視交響樂團的演出，問我這樂團從那裡來。我答稱這就是台視自己的交響樂團，而我就是團長。他為之駭異，說：「你是團長？我可就是指揮！」我以為他開玩笑，他卻認真的說：「不信？下次我來，你為我安排客席指揮一次。」我說：「好，一言為定！」

一九六八年七月二十二日，「公爵」果然站上指揮台，舉棒指揮台視交響樂團演奏了舒伯特作品第八號未完成交響樂。節目結束後，他一邊擦汗，一邊與我盛讚樂團的水準。當然，這不免是一句客套話。我則在想，西方人士對西洋古典音樂的熟悉，是不是也像我國民間票友之於平劇？

就在「公爵」作客籍指揮的前一個月，當年六月十七日，台視為響應「音樂年」的號召，並慶祝第一期藝術歌曲訓練班學員的結業，特將原來半小時的「你喜愛的歌」的節目時間，延長為一小時，專門演唱美國民謠作曲家史蒂芬・福斯特（Stephen Foster）的作品，定名為福斯特歌曲演唱會，由台視交響樂團伴奏，聲樂指導董蘭芬教授率同十位結業的男女學生演唱。演唱的曲子計有林琳、陳榮光、陳勳、鄭敏慧等合唱的「老黑喬」，林都美及男聲合唱的「家鄉故人」，男聲合唱的「蘇姍娜」，劉美燕及男聲合唱的「肯塔基家鄉」，董蘭芬及男聲合唱的「琵琶輕彈」等。台視新進的播音員夏琍琍在場報幕，介紹歌曲的背景和歌詞的涵義。這次盛會招待到場的來賓，除參謀指揮大學校長蔣緯國將軍、政府首長，及音樂界人士外，尚有各國駐華使節，包括西班牙大使胡國材夫婦、馬拉加西大使賴都興夫婦、委內瑞拉大使奚博海夫婦、加彭大使恩古華夫婦、約旦大使納薩貝、土耳其大使柯加曼、教廷大使艾可儀、哥倫比亞代辦羅德楷、烏拉圭代辦布俠東、沙烏地阿拉伯代辦達巴格、韓國領事李啟哲等。美國大使館文化專員何慕文夫婦則未趕上看節目，但參加了節目後的酒會，並代表美國向周總表示了台視舉辦這次紀念福斯特演唱會的謝意。

大概在一九六八年冬，鄧昌國先生兼顧不了「交響樂時間」和「你喜愛的歌」兩個節目，偶爾出國，也需要有人代勞，由是在鄧先生的授意下，我到中廣後面的宿舍裡，去拜訪了素未謀面的王沛綸先生，表示台視有意禮聘王先生為台視交響樂團顧問，指揮樂團為「你喜愛的歌」伴奏，並在鄧昌國先生因事不能指揮「交響樂時間」時代勞。王先生欣然答允。因此在一九六九年以後，「你喜愛的歌」的伴奏指揮工作，實際上是由王沛綸先生承擔。

一九六九年中台視交響樂團的盛事，是三月十七日菲律賓音樂大學校長帕赫羅博士來台親自指揮台視交響樂團，演奏他本人創作的鋼琴協奏曲，鋼琴演奏部分即由鄧夫人籐田梓擔任。演奏終了，帕赫羅博士對籐田梓的指法極表敬佩，也與鄧昌國握手彼此致意。我則代表周總，以「藝術之光」銀牌一面致贈帕赫羅博士以表謝忱。

十一、三屆歌唱比賽，造就不少歌星

繼收視區於開播後三周年延伸至中南部以後，台視觀衆倍增，業務由虧轉盈。一九六七年六月台視第三攝影場落成，新添攝製設備，又有觀衆坐席，因此台視開始舉辦國台語歌唱比賽，以選拔和培訓台視本身孕育的歌星。

是年六月十二日，台視在「電視周刊」第二四四期，首次公布國台語歌曲比賽辦法，規定凡年在十八歲至二十五歲之間的男女青年、從未參加過職業性的演唱者均可參加。採通訊報名方式，報名者可撕下周刊中所附的報名表加以填妥並貼照片，寄台視公關組。報名日期自六月十五日起至月底止。比賽分初賽、複賽、決賽三次，初賽自七月三日起依報名先後次序舉行。決賽中錄取第一名至第四名國台語各一人，第五名國台語各十人。錄取者都聘為台視基本歌星，並贈五百元至五千元不等的獎金。

報名參加這次歌唱比賽者，國語部分為一千六百一十九人，女性佔四分之三，台語部分六百七十一人，男性佔三分之二。初賽開始於七月三日，無伴奏，評審九人，我為其中之一。初賽於七月十七日結束，進入複賽的選手共計一百四十五人。複賽是在八月十一日至十三日三天中進行，有樂隊伴奏，評審九人照舊。結果進入決賽的國語歌唱部分有王蒼蒼、左艷蓉、李瓊芝、李坤儀、涂昭美、夏台鳳、許繁昌、張貴芝、葉明德、蔡華等十人，台語歌唱部分有江素蓮、許繁昌、吳琇梅、涂昭美、葉郁英、楊艷慧等六人。

這次歌唱比賽的決賽，是在九月二十三日下午一時四十分，在新建的第三攝影場舉行，並作現場播出。為求參賽者為較好的台風，在先一天曾作實地的排練。決賽評審國語部分六人，有台視交響樂團指揮鄧昌國、「群星會」製作人關華石、「時代之歌」製作人李鵬遠、節目部音效李祥龍、播音員黃麗珍和我。台語部分五人，有編曲家林禮涵、民謠歌唱家吳晉淮、台語節目導播林登義、陳芳美和我。擔任伴奏的，是為「群星會」伴奏的湯尼大樂隊。節目進行了一個半小時，決賽結果國語歌唱部分冠軍夏台鳳、亞軍張貴芝、季軍涂昭美、殿軍蔡華，第五名為李瓊芝、王蒼蒼、李坤儀、左艷蓉、葉明德及許繁昌。台語歌唱部分冠軍涂昭美、亞軍許繁昌、季軍江素蓮、殿軍葉郁英、第五名吳琇梅、楊艷慧。

十月七日，台視在第三攝影場舉行了這次歌唱比賽的頒獎典禮，由張副總經理仲智主持，參加觀禮的有新聞界人士、受獎人親友，及各界來賓百餘人。典禮之後又在貴賓室舉行茶會，由受獎人接受來賓們的祝賀和記者們的訪問。十月中旬，台視依照受獎人的意願，聘夏台鳳、涂昭美、許繁昌、張貴芝、左艷蓉、葉明德等六人為基本歌星，並於十一月間對這六人進行三個月的演唱訓練。次年二月二十二日，他們在周總的殷殷期勉下結業，獻身演藝生涯。

就我個人記憶所及，這六人中以夏台鳳在演藝界服務最久，成就也較為輝煌。夏台鳳原籍浙江，報名參選時年齡十八歲，為育達商職學生。面貌清秀、活潑天真，以一曲「情人橋」衝破三關奪魁。在台視結訓後，立為台灣電影製片廠賞識簽約，參加「小鎮春回」一片的演出。在片中飾張冰玉的么女、劉明的妹妹，張美瑤則是戲中的大姐。此後台鳳在台視唱歌演戲次數不可勝計，台視也全力培植，畢竟她是台視本身發掘的一塊璞玉。她也飲水思源，對台視忠心耿耿，還介紹她的弟弟夏威進入台視。此後她下嫁鄒森，婚後夫婦旅居美國。可惜一對美滿姻緣，最後也告仳離。兩人的演藝生涯，都由絢爛而歸於平淡。

涂昭美比台鳳長一歲，台北市人，參賽前曾參加過光啟社製作的電視劇飾護士。結訓後曾多次參與國台語歌唱節目及電視劇。但性格內向、沉默寡言，未久退出演藝圈。張貴芝是北平人，黃麗珍認為她是與賽者中咬字發音最清晰的一位。參賽前曾獲中廣台中台國語歌唱比賽第二名，又曾獲中廣通俗歌曲比賽的第一名。她在結訓後多次參加台視節目演出，又曾以職業歌手的身分獻唱於台北市的「夜巴黎歌廳」。左艷蓉人如其名，貌美而艷，最上鏡頭。關華石特別賞識她，打算在「群星會」中培植。但晚了一步，為中影量珠聘去，而她本人也頗看重銀幕，所惜成就不高。許繁昌和葉明德兩位男士後來都成為職業歌星，歌齡以葉明德較長。

一九六八年六月，台視宣布舉行第二屆歌唱比賽，並增列藝術歌曲一項，以充實由台視交響樂團伴奏的「你喜愛的歌」節目陣容。報名自七月一日起至十五日止，方式與第一屆同。但增四寸全身照片一張。比賽增試唱一項，唱自選曲一首，無伴奏。初賽唱指定曲一首，有樂隊伴奏。參加藝術歌曲比賽者，伴奏自備。複賽及決賽均唱自選曲及指定曲各一首，有樂隊伴奏。決賽中產生各類第一名一名，獎金一萬元。第二名一名，獎金五千元。第三名一名，獎金四千元。第四名一名，獎金三千元。第五名一名，獎金二千元。第六名若干名，獎金一千元。各類優勝者，均另贈獎牌一面。決賽中獲名次者，台視得聘為基本歌星。未得錄取者，各贈五百元獎品一份。同時並宣布評分標準為歌唱佔百分之六十，儀態佔百分之四十，頒獎在九月二十八日舉行。

報名參加這次比賽的，達四千五百九十人，較上屆增加一倍多。其中參加國語組的三千五百三十九人，台語組的八百六十三人，藝術組的一千八百八十八人。

九月二十八日決賽現場播出，參加決賽的有二十九人。十月四日公布評審結果：國語歌曲組第一名湯蘭花、第二名陳春綢、第三名王波琴、第四名劉明穎、第五名顧琇瓊、第六名王海月。台語歌曲組第一名林仁田、第二名周淑美、第三名游嘉平、第四名柯秋蓮。藝術歌曲組錄取四名，為吳合正、黃麗頻、唐奉宜、吳美慧，不分名次。

在進入決賽之前，曾發生一段插曲：有人寫信向台視檢舉參加國語歌唱比賽進入決賽的男士卜台福，曾在高雄市登台作職業性的演唱，與報名資格相違。我找他來詢問，他承認確曾在高雄登台，但所入有限。既然如此，顯然不能報名。不過他已通過試唱、初賽、複賽三個階段，費時月餘，如果在決賽前夕除名，也於心不忍。於是我提出折衷辦法，他自動退出決賽，我以職業歌星優待他，簽他為基本歌星。他首先拒絕，懷疑我缺乏誠意。後我陪同他見張副總經理仲智，張副總同意我的建議，為我背書。否則不排除將他除名，並對外公開他故意違規。最後他終於接受簽為台視基本歌星，退出決賽。這位決賽時編號為十三號的卜先生，即後來綽號兔寶寶的康弘。

十一月四日，舉行了第二屆歌唱比賽的頒獎典禮暨基本歌星演員歡迎會，由周總頒發優勝者獎牌、獎狀及獎金，及新進基本歌星演員紀念金章。典禮過程，由新聞部拍攝影片於當晚八時新聞中報導。又有攝影師為基本演員歌星拍照，以備裝框懸掛於台視大樓。會後循例有聯歡茶會，招待與會人士及鄧昌國、劉德義、駱明道等評審委員。

一九六九年三月下旬，第二屆歌星比賽優勝人員結訓，典禮由我主持。參加典禮的授課教師有許慧美、楊元丰、台視導播黃海星、工程部組長張正傑。受訓出席者有湯蘭花、林仁田、王波琴、劉明穎、徐增慧、周淑美等。

湯蘭花在一九五一年出生於嘉義吳鳳鄉，是一個道地的阿里山姑娘。身材高䠷、面貌清秀。肄業霧社農校時，曾為該校女籃校隊選手，代表南投縣參加省運。事實上她最喜愛的是音樂，但沒想到參加台視第二屆歌唱比賽竟能榮膺冠軍。一曲成名，自然又免不了成為電影公司、唱片公司徵逐的對象。她從影的處女作「負心的人」，曾在台港創賣座紀錄。其後下嫁商界名人，為人欽羨。但結果一如夏台鳳，夫妻離異，還連帶負了不少的債務。所幸她能自立自強，還清債務，過她正常平靜的家居生活。

陳春綢雖獲國語歌曲組亞軍，但歌唱祇為興趣使然，無意在演藝界立足，結訓後祇在台視節目中偶爾出現，她另有工作負擔家計。

王波琴是基隆市人，與湯蘭花同年。就讀基隆商工，在校就是活躍分子，生性樂觀，後為職業歌星。

劉明穎一九五〇年出生於大甲，原籍遼寧金縣，就讀育達商專。但她祇愛音符，不愛數字，結業後一度鬻歌，後下嫁居港，生活美滿。

台語歌曲組的優勝者林仁田和游嘉平都是男性。林仁田為嘉義人，畢業嘉義工職，服役前以販賣和修理收音機維生，退役後才因興趣參加台視歌唱比賽，未料到竟能名列前茅。游嘉平是台南市人，高中畢業。他參加台視歌唱比賽動機很特別，目的祇在藉上電視找到初戀的「她」，究竟有沒有如願以償，祇有他自己知道。周淑美是世新廣電科的學生，喜歡歌唱，暑假中曾多次參加救國團的勞軍活動。顯然的，他們後來都不曾活躍於歌壇。

為了使被選拔的歌壇新秀有表現的園地，台視於一九六八年十月六日，停掉了「綠島之夜」，改以「彩虹之歌」接替。這個節目的片頭曲「彩虹之歌」由我本人作詞，劉大德譜曲，而且也由交響樂團中的十二位團員，以楊元丰為首組管絃樂隊伴奏。原來在節目中演唱的以第一屆歌唱比賽的優勝者為主，後來再加入湯蘭花等人，陣容更為增強，兼之編唱新曲，給人的觀感清新。導播黃海星在這個節目風格的創造上，也費了不少心力。

一九六九年八月，台視又舉行了第三屆國台語歌唱比賽和藝術歌曲比賽，獎額和獎金全都予提高。這次報名的參賽者國語組為四千八百〇九人、台語組為一千〇一十一人、藝術組為二百四十一人。總計六千一百五十一人，較第一次比賽人數增加了三倍，較第二次比賽人數增加了三成五。試唱和初賽分在台北、台中、高雄、花蓮四地舉行，複賽和決賽則集中在台北。決賽是在九月三十日下午一時半開始，對外現場播出長達三小時又十六分鐘。導播廖煥之、陳振中、主持人李睿舟。評審委員國語組為鄧昌國、劉德義、駱明道、黃麗珍和我；台語組有吳晉淮、游國謙、陳芳美、黃海星和我；藝術歌曲組為鄧昌國、申學庸、王沛綸、董蘭芬和劉大德。比賽優勝者依名次為國語組嚴如冰、胡亞麗、劉冠霖、宋秋奎、陳英鳳、朱寧遠、林義福、林淑珠。台語組為尤真、劉照宏、陳雪紅、沈守環、李方庭和洪麗鴻。藝術歌唱組跟上一屆一樣無第一名，第二名為楊侊安，其餘依名次為林月英、張安琴、曾慶安、鄭舜成。

嚴如冰原籍湖南，就讀台北市金甌商職，因擅唱英語歌曲在校就有「女貓王」的稱號。尤真是彰化小姐，曾報名參加第一屆比賽，因其時衹有十五歲被拒。三年後她捲土重來，竟獲冠軍，有志竟成。藝術歌曲組此屆雖仍無冠軍，但水準一般說來較上一屆稍高。楊侊安吉林人，二十二歲，女性，中興大學農藝系畢業。林月英，二十六歲，台中人，畢業藝專音樂科，為彰化女中音樂教師。張安琴，二十八歲，山東人，女性，服務輔大圖書館。曾慶安，二十四歲，台南市人，台大農化系畢業。鄭舜成，二十四歲，桃園人，台大畜牧系畢業，在校時曾為台大合唱團團長。

十月二十八日，舉行這一屆的頒獎典禮，周總將獎金、獎牌，和基本歌星金章頒贈給優勝者。第一屆比賽中國語歌曲組冠軍夏台鳳代表前兩屆優勝者致歡迎詞，胡亞麗則代表受獎者致謝詞。頒獎典禮後循例舉行茶會，招待全體新星和陪同而來的家屬，也招待前來訪問的媒體記者。

在接受三個月的訓練之後，他們分別在「彩虹之歌」和「你喜愛的歌」中演出。這時候，中國電視公司已在十月三十一日開播。

十二、基本演藝人員制度的建立

細心的讀者，可能注意到前面敘述台視三屆有我親自參加評審的歌唱比賽，優勝者有得由台視簽為基本歌星的字樣。這裡所謂的「基本歌星」，也就是台視建立基本演藝人員制度的開端。

在台視沒有建立這個制度以前，演藝人員或出身於某個團隊、唱片公司、訓練班，甚至某個老師個人的門下，很少有藝人單打獨鬥，撞出門號，更少有專屬的經紀人，為之謀求演出機會，分享演出所得。

台視自舉辦第一屆歌唱比賽起要簽基本歌星合約的動機是：一、號召具有歌唱實力的年輕歌手，願接受台視的培植，成為台視的專屬歌星，創造台視歌唱節目的特色。二、避免本身造就的歌手，他日為他台所用而無從約束。台視舉辦第一屆歌唱比賽是在一九六七年，正當中視進行籌備之際。中視首任總經理將由中廣總經理黎世芬兼任的消息，即在是年七月傳出。

一般為人父母者，教養自己的子女，希望光耀自家的門楣，原為人情之常。盡義務而後享權利，並無不當。

台視建立這項制度從歌星開始，是由於歌手多為年輕人，可塑性強，能唱也往往能演，可兼為演員或節目主持人。我之所以參加每次比賽的評審，基本上當然在求參與者唱得出衆，但也著眼於外表及氣質，畢竟電視是形聲兼具的媒體，與廣播祇聞其聲不見其人不同。這項觀點，其他參與評審的委員也有共識。其次是歌唱較易評審，參賽者祇要開口唱上一兩句歌詞，音色、音質、音準、音量立見高下，用不著將全曲唱完。但如果招考演員，就無法從一兩句台詞來判斷參賽者的演技。從而甄選的過程就會冗長費時，評審的標準，也可能有較大的落差。

台視既對歌唱比賽者簽約，自然也不能忽略資深的演員和綜藝節目的主持人，於是這一紙經過台視法律顧問審查過的合約，統稱基本演藝人員合約，內容包括：一、雙方都有簽約的意願，不具強迫性。二、合約的期限最短一年，最長三年。除非雙方同意，不能中途退約。如在合約期滿三個月之前沒有一方以存證信函告知對方期滿不再續約，即視同續約。三、基本演藝人員在合約期內，如未經事先取得台視同意，不得在其他電視台作任何演出活動，否則即以違約論處。四、基本演藝人員按月支給車馬費，並依規定標準支付演出酬勞。這項合約初期由周總代表台視簽署，後由我代表簽署。

截至一九六九年九月一日為止，與台視簽約為基本演藝人員的，包括國劇演員、歌仔戲演員、國台語電視劇演員、國台語歌星、藝術歌曲歌星、綜藝節目主持人等，共一百五十九人。當時凡屬資深的、知名的、新進的藝人，十、九屬之，陣容浩大。八月二十六日，台視曾與這些演藝同仁舉行了一次盛大的聯誼會，以自助餐招待。所有基本演藝人員，全佩台視所發金質徽章出席，星光金光，相互輝映。

此後，台視又建立特約演藝人員制度，無車馬費，表演酬勞較低，但表現良好者，期滿可改簽基本合約。

十三、台視早期的電視影片

政府在六〇年代中對電影片，尤其對電視上播映影片的管理，我在「台視創業篇」中，曾詳加敘述。在這裡，我祇追溯台視在一枝獨秀期間，實際使用影片節目的情況。

台視開播之初，每天播出五小時，影片佔一半以上的時間，原因是受限於資金，起初祇有一個攝影場，兩架與轉播車共用的電視攝影機，而且沒有錄影機。在這種情況下，如果轉播車不開出去作重要新聞或體育活動的實況播出，現場節目與現場節目之間，就需要用影片來隔開以便換景或作後一節目上演的準備；如果轉播車要開出去使用，則許多現場節目都會改用影片墊檔。而這些影片大都是借來的以十六厘米膠片拍攝的紀錄片或教學片，因為其時租用外語電視片，既要申請外匯，又受配額限制。台視開播匆匆，能用的影片，無論中片西片，十分有限。

如是到開播一個多月後，即一九六二年十二月，才開始有租用的西片出現。卡通片如「兔寶寶」（Bugs Bunny）、「米老鼠」（Mickey Mouse），劇集如「我愛露西」（I Love Lucy）、「靈犬萊西」（Lassie）、「寶馬神童」（Fury）等。其後一九六三年播出的影集有「牧原英豪」（Gene Autry）、「八勇士」（The Gallant Men）、「時代風雲」（The 20th Century）等。一九六四年有卡通「太空飛鼠」（Mighty Mouse），木偶劇集「萬能車」（Supercar），一般劇集有「鐵腕明鎗」（Gun Smoke）、「江湖奇士」（Pat Masterson）、「勇士們」（Combat）、「蓬車英雄傳」（The Wagon Train）、「無敵情報員」（Danger Man）等。一九六五年有卡通「大力水手」（Popeye）、「華納卡通」（Looney Tones），劇集有「歌星之夜」（The Andy Williams Show）、「七海遊俠」（The Saint）、「奇幻人間」（One Step Beyond）、「洛麗泰楊影集」（Loretta Young Show）、「牧野風雲」（Bonanza）、「斷刀上尉」（The Branded）等。一九六六年卡通有「啄木鳥」（Woody Woodpecker），劇集有「影城疑雲」（77 Sunset Strip）、「隱形人」（The Invisible Man）、「小英雄」（Leave It to Beaver）、「沙漠之鼠」（The Rat Patrol）等。一九六七年影集有「神仙家庭」（Bewitched）、「妙叔叔」（The Family Affairs）、「打擊魔鬼」（The Man from U.N.C.L.E.）、「法網恢恢」（Fugitive）等。一九六八年有影集「醫林寶鑑」（Ben Casey）、「小淘氣」（Dennis the Menace）、「諜海傳奇」（The Champions）、「蕩寇誌」（The Legand of Jesse James）、「密諜」（The Prisoner）等。一九六九年有影集「洋場私探」（Mannix）、「太空仙女戀」（I Dream of Jeannie）、「妙賊」（It Takes a Thief）、「古屋誌異」（The Ghost and Moc Muir）、「輪椅神探」（Ironside），綜藝「蘇利文劇場」（The Ed Sullivan Show）等。

以上的影片節目，少部分是由周總挑選，大部分是由我挑選，片名則全由老沙鄭炳森翻譯。選擇的原則，一是使男女老幼的觀衆都有影片可看，一是各類的影片兼備。就以前列的影片為例，卡通的觀衆主要是兒童，另外一個好處是卡通每集僅有數分鐘，在台視初期現場節目無法做到準時結束時，可以用來作墊滿時間缺口之用。另如「靈犬萊西」、「寶島神童」、「萬能車」、「小英雄」、「小淘氣」等，都是以兒童為收看對象。「我愛露西」、「神仙家庭」、「妙叔叔」、「太空仙女戀」等則是以婦女觀衆為主要對象。其餘的影片如「時代風雲」，屬紀錄片類。「牧原英豪」、「蓬車英雄傳」、「鐵腕明鎗」、「牧野風雲」、「斷刀上尉」等屬美國西部片類。「八勇士」、「勇士們」、「沙漠之鼠」等屬戰爭片類。「七海遊俠」、「影城疑雲」、「隱形人」、「打擊魔鬼」、「洋場私探」、「妙賊」、「輪椅神探」、「密諜」等屬警探類。「醫林寶鑑」、「洛麗泰楊影集」、「法網恢恢」、「奇幻人間」、「古屋誌異」等屬奇情類。「歌星之夜」、「蘇利文劇場」等屬綜藝類。這些影片在當時都膾炙人口，收看者極衆。其中有若干片中男女主角來過台灣，也由我陪同參觀過台視，如「洛麗泰楊影集」中的洛麗泰楊、「斷刀上尉」中的卻克・康諾斯（Chuck Connors）、「影城疑雲」中的羅傑・史密斯（Roger Smith）、「輪椅神探」中的雷蒙・布爾（Reymond Burr）等。

前面曾述及過，電視片初期是由好萊塢各大影片公司在台的代理商居間，引介各公司駐澳洲的遠東區代表與台視洽商交易。一旦彼此熟識後，即使洽租電影片（電視界稱之為「長片」），他們除了禮貌性的應酬，往往也置身事外，因為不在他們的業務範圍內。祇有一次，時間大約是在一九六三年台視開播不久，一位夏姓經理，曾代某公司駐澳代表至我家中看我，提出每租用該公司電視片半小時一集，即給我美金五元回佣。我笑著告訴他，問題不在回佣多寡，而在我不能收受。如果該代表每集能少收租金五美元，我將至為感激。其時台視租片標準價格，約每一分鐘一美元。這事當然最後是沒有結果，但也從此沒有類似事件發生。

租用電視片，包括長片在內，雙方都簽有制式合約。台視憑約要由財務部申請外匯，依約定日期付款。現場節目，無論受款者為誰，無分文係經我支付。私人信件，除使用公家信紙信封外，郵票自貼，台視同仁和我家人均有所知。我不嗜酒，也不喜無謂應酬，交際費用多寡，台視也應有紀錄可查。這些原不在本節主題範圍內，但因有租片給佣之事勾起，權且一提。後來有人批評電視界有所謂「紅包文化」，對我來說真是天方夜談。

根據紀錄，台視播映外語長片，是始自一九六五年十月三日播出的「血巷」（Blood Alley），由約翰韋恩、洛琳白考兒、安妮泰艾格寶主演。就我個人記憶所及，周總最早曾以每本一百美元的價格，租訂了兩百本長片，頗以為划算。但經老沙一看名單，全然老舊，無播映價值，無奈片約已簽，祇好進口，但冷凍在片庫多年，對方也不催退。後來新片舊片夾雜播出，觀眾不免批評。

至於國語長片，周總倒是早有警覺，不去碰它，而且避免在國片賣座最好的日期和時間播映西片，以免搶走電影院的觀眾。直到中視開播後播出國語長片，台視才跟進，終於引起電視台播用國片的論戰，詳情到下一篇再續。

所播外語片，可以說百分之九十九是美國的產品，也可以說絕大部分是美國三大電視網所播用的，使用的是英語，偶爾因劇情會夾雜少許英語以外的語言。因此，片商除供應影片外，也必須附寄腳本以供翻譯。台視最早播出的「我愛露西」影集中的第一集「露西產子」，即是我自己翻譯的。畢業於台大外文系初任節目部新聞組編譯的熊湘泉兄，與初任節目部編審組編審謝鵬雄兄，都曾參與過這種翻譯工作。後來有了特約編譯，才按件計酬包辦。

腳本翻譯以後，如非製成字幕影片於影片節目播出時逐句疊印在螢幕上，就是對嘴配音。台灣觀衆在語言使用上有國語台語之別，通常對白都疊印字幕，因此外語影片也疊印字幕而不去配音。不過，台視在一九六九年四月二十二日至六月七日間，曾陸續播出六本以國語配音的西片，來探測觀衆的反應。結果收到了四百二十九封觀衆來信，其中三百七十一封表示反對，五十八封表示贊成，在比例上約為六・四比一，因此此後仍舊維持疊印字幕的方式。

十四、令人懷念的台視播報群

跟廣播電台一樣，台視早期也在節目部編審組的編制內，設有播音員，負責節目表、節目公告、靜態政令宣導卡、靜態廣告卡等類的播報，觀衆祇聞其聲，不見其人。及後因女聲播音員國語標準，聲音甜美，有助於新聞的報導，因此也就現身於螢幕之上，改職稱為播報。這些女性播報，且大都綺年玉貌，為觀衆喜愛，但也正因為如此，或為進修，或為擇偶，往往留職不長，一去不返，徒令觀衆懷念。我在這裡記下她們，一方面是在我國電視開拓史上留下她們的芳名，再方面也就我所知，傳遞一些有關她們的訊息。

首先，我必須交代，台視早期的播報群，並非全屬女性，也有男性，但也祇有一位，即陳振中先生。振中是北平人，外型文質彬彬，原欲獻身空軍，曾入空軍官校，後因故轉學，畢業於東吳大學政治系。他不僅國語標準，且音色甚好，曾任正義之聲及中央廣播電台播音員，中華廣播電台及復興廣播電台導播。台視籌備期間他以優異成績考取播音員，以後台視招考播音員他卻成了主考官。我自行設計的台視每日開播時最先出現的影片片頭，向觀衆報告「台視電視公司，現在開始播出電視節目」的聲音就是由他配音。相信現在上了年紀的觀衆，對這聲音一定十分熟悉。

振中自己上了點年紀後，從播報的崗位上退下來，曾轉到台視人事室和行政部擔任主管職務，直至屆齡退休，現定居舊金山。

與陳振中同時錄取為播音員的，還有傅筱燕和陳正美兩位小姐。傅筱燕畢業於台大外文系，面貌清秀，聲音甜美，在校時即主持過廣播電台的熱門音樂和談話節目。台視在試播期內，她負擔全部播音工作。台視試播酒會舉行後的第二天，周總曾告訴我省主席周至柔先生對傅小姐的聲音十分欣賞，祇可惜未見其人。因此在台視開播的那一天，他特別指定由傅筱燕擔任典禮司儀，讓來賓們能看到她本人。

陳正美畢業於政大新聞系，甫出校門就考進台視。但她曾在中廣實習過，也為中廣主持過節目。小巧的身材配上一對烏溜溜的大眼睛，給人天真活潑的印象。台視開播之初，每天三節新聞，周總都不讓播報者出現於畫面上，稍後才由播音小姐出現鏡頭代記者們播報新聞。一九六四年中陳正美、傅筱燕相繼赴美進修，並都在美結婚定居。

傅陳兩位離職前，女聲播報已增黃麗珍小姐一人。黃麗珍是台視工程部副經理黃鑑村先生的千金，畢業於藝專影劇科。原籍福建的她，國語卻十分標準而富磁性，人也長得秀麗漂亮。在沒有擔任台視播音員以前，就主持過台視的「爵士新聲」節目，給人清新印象。一九六四年元月，她考入台視，半年後陳、傅二人相繼赴美，播音員及時補入張蘋和蘇斐麗二人，黃麗珍已算是前輩。一九七一年四月二十六日她與台視記者梁興國結婚。是年華視開播後，梁興國轉入華視任新聞部採訪組組長，黃麗珍仍留台視，直至梁興國離華視赴美，她始離職同往。但其後二人感情破裂仳離，她又再嫁，現居美國亞利桑那州鳳凰城。

張蘋與黃麗珍同時考入台視，但後黃麗珍半年到職。張蘋原籍河南，為將級軍人之女，畢業於東吳大學會計系。外型端莊穩重，曾在民防廣播電台主持「空中報紙」節目，並為東吳學生合唱團女高音。蘇斐麗原籍湖南，畢業於藝專影劇科，班次晚黃麗珍一年。未畢業前即曾參加多次台視電視劇的演出，凸顯她温婉的個性。

晚蘇斐麗一年考入台視為播音員的是林懷生，廣東人，畢業於台大商學系。但她卻擅長於寫作、辯論、演講，最具書卷氣。也正因為如此，她在台視工作不到一年時光，即一九六六年中，就辭職赴美，入密西根州立大學進修。接著張蘋也離職赴美，先入辛辛那提大學，後也轉入密大，與林懷生彼此照顧。一九六七年底，蘇斐麗也去了美國。此後三人都學成結婚，聞張蘋現居加州聖地牙哥，蘇斐麗現居舊金山。

繼張蘋等三人考入台視為播音員的，有劉淑芳、曲渝青、鄢蘭和夏琍琍。

劉淑芳原籍天津，畢業於銘傳商專，她學的是國際貿易，喜好的卻是傳播，在學時就曾在民防廣播電台主持古典音樂節目。一九六六年八月初為台視播音員，兩年後調新聞部為資料管理。一九七九年任記者，後為新聞部導播。

曲渝青原籍河北，是已故老立委曲直生的千金，畢業於政大，學的是公共行政。她跟林懷生一樣，在校時喜好演講、辯論，更因母親是平劇名票友，她耳濡日染，也擅長青衣。一九六八年，她離開播音崗位，轉調行政部公共關係組，擔任與媒體記者聯絡及接待來賓等工作，以迄退休。一九六七年九月與她結婚的先生即是「獨家報導」的創辦人沈光秀（野），女兒沈嶸現已是藝壇新秀。記得渝青初入台視，曲委員還在世，曾招宴我於他寓所，事隔三十多年，未忘長者風範。

鄢蘭（效蘭）原籍江西，肄業文化學院。在一九六八年春進入台視任播報以前，即已任中廣播音員多年，算是一個資深的播音工作者，同時也先後參加過多次台視電視劇的演出。她忠於職守，將青春年華，全部貢獻台視，以迄退休。

夏琍琍原籍遼寧，跟黃麗珍是藝專的同班同學，兩人畢業於一九六三年後又一起考入光華廣播電台，擔任對大陸廣播工作。次年黃麗珍考入台視，夏琍琍則固守崗位，並主持光華台的「一二三俱樂部」節目。該節目在一九六六年獲大型金鐘獎，夏本人也榮獲「優等播音獎」。夏琍琍外表活潑秀麗，聲音清脆得如有人描寫的「黃鶯出谷」，而且能歌能演，被黃麗珍喻她為「多才多藝」。早在一九六三年元月，群星會主持人慎芝就在節目中介紹過她，不僅歌唱得好，還參加過「海韻」和「圓謊記」兩部電視劇的演出，其時她猶未在藝專畢業。一九六五年，她與一位奚姓飛將軍結婚。一九六八年三月又進入台視，重拾播報生涯，並與黃麗珍一同參加過上官亮主持的「兒童世界」節目，為小朋友講故事。她在台視服務最久，年資僅較劉淑芳少一年半。

以上我所介紹的一位先生和十一位小姐，是台視早期的播報明星，且為當時的觀眾所熟知者。他們進入台視，我都忝為主考。但凡離職去美者，我都不曾重見，因此同深懷念。另外，我要藉此追念一位唯一在職而早逝的播報同仁，即於一九七三年底進入台視的劉定華小姐。劉小姐畢業世新廣電科，入台視前曾主持幼獅、正聲等台節目。一九七六年因罹患血癌，醫藥罔效，於一九七七年十月十五日病逝於台北市中心診所，得年僅二十七歲。

兩雄對峙篇

一、篇首

從一九六九年十月三十一日中視開播的那一天起，就終結了台視為期七年又二十天的一枝獨秀時期，進入中視與台視對峙的時代。不過這個時代祇有整整的兩年，結束於華視在一九七一年十月三十一日開播的那一天。

中視開播時，由於台視已在電視事業上有七年多的披荊斬棘歷程，中視繼承了一些現成的成果，例如：

一、在市場上已有約六十萬架電視機在使用中（見中華民國五十年至六十四年電視年鑑一九三頁），若以平均每架有五人收看，則觀衆達三百萬人。台視開播時，因其時台北市已有教育部的教育實驗電視台在播出，市場上並非全無電視機在使用，但為數僅以千計。

二、台視在一九六八年中，已獨家締造一億四千萬台幣的電視廣告營收，佔當年全國所有廣告媒體營收總額的百分之十六・二，高於廣播的百分之一〇・七，僅次於報紙的百分之四十二・三。台視當年及前此的廣告營收雖與中視無關，但台視所建立的業務制度，因有電視廣告的營運而擴充或新設的廣告公司，以及廣告客户因有台視的服務而建立起對於電視廣告效果的認知，也等於為中視的廣告營運樹立了範例，建立了樁腳。

三、台視在前此七年中與政府有關部門，如交通部、財政部、經濟部、新聞局、一九六七年中成立的教育部文化局、警總、中央民代機構的立法院、政黨機關如國民黨文工會等處為電視各項營運所建立的各種法令規章，聯絡管道等，中視都可沿例辦理，毋須像台視籌備之初，到處奔走說項，挨白眼，聽官腔。

中視從台視，甚至可以說從我個人的手中接收的好處說不盡，但在與台視的競爭上，也面臨了一些困境和壓力，例如：

一、在工程上，台視搶在中視開播的前兩週，即一九六九年的十月十六日，完成並啟用了花蓮的轉播站，使電視訊號，穩定地涵蓋了花蓮市。中視其時猶在忙於中南部轉播站的建設工作，訊號進入花東地區已是一九七四年以後的事。此外，台視除原有的三個攝影場之外，又在中視開播的三個月前動工，興建十層高的西翼大樓，其中包括兩個大型的攝影場，預期兩年內完工使用。中視開播時是租用中廣的三個播音室改裝為電視攝影場，節目生產線的延伸空間受到限制。

二、台視在中視開播當月的六日起，將原本分為中午和晚間兩段的播出時間連成一線，即節目自中午十二時半起，連續播至晚間十一時四十分為止，也就是自原來每周播出的六十四小時，增加到八十個小時左右，如是也造成了中視跟進的壓力。依據「中視十年」的資料，中視在開播之初，每周播出三千八百七十八分鐘，約合六十五小時，並且自製率高達百分之六十三・八五，誠屬不易。不過同一資料表示台視其時自製率不過百分之五十，因此中視以節目自製率之高自豪。為此我查民國五十年至六十四年的電視年鑑，發現第二三頁載有台視自民國五十一年至六十四年歷年的各類節目平均比率表，其中從未有任何一年影片比率超過民國五十四年的百分之四〇・八二者，換言之從未有一年自製率低於百分之五十者。即以民國五十八年的統計而論，影片比率為百分之三十二・三，自製率也應在百分之六十七以上。該年鑑中未載中視同類資料，我無從比較，也無從證實到底那種資料正確。因此，在本節中，我不便也無意在兩台節目自製率的高低上，作三十年後的論戰。

三、台視自舉行第一屆歌唱比賽起，就建立基本演藝人員合約制度。用意一在促進演藝人員的榮譽感和對台視向心力，再方面也有自己培植演藝人才自己用的意向在內。如是迫使中視也不得不花些時間和金錢，去羅致並培植自身專屬的演藝人才。當然在節目的競爭上，這原是無可厚非的，至少在當時的情況下是如此。

總之，民營商業性的電視台不可能沒有競爭，有競爭才有進步。既要競爭，也就不可能沒有攻防戰略。我在台視服務，衹能站在台視方面，就個人所知追述台視與中視兩雄在這兩年的對峙時期中的情景。

二、對播出彩色電視的論戰

根據「中視十年」中的記載，中視應對台視競爭的策略主要有三：一是播出彩色電視，二是首創連續性節目，三是提高節目自製率。關於第三項，我已在前面表述過，不再論列。從理論上來說，即使自製率高到百分之百，並不表示完美，反而是缺憾。既如此，頂多也祇是五十步與百步之爭而已。現在我且先來談彩色電視的問題。

中視要辦彩色電視，其實並不是在硬體技術上的一種突破或專利，可以以己之所有，攻敵之所無。換言之，彩色電視並不是中視的秘密武器，可以突然之間亮出來，壓倒台視的黑白畫面。因為市面上如果沒有相當數量的彩色電視機來接收，呈現的畫面依然是黑白而非彩色；何況台視其時在財力和人力上已經十分充足，要播彩色隨時都可以先中視一步。因此要辦彩色電視不是誰能與誰不能的問題，而是在當時要辦彩色電視，是不是適當。

「中視喊出了節目彩色化的口號」（引用「中視十年」中的話），與其說是針對既有的黑白電視的一種突破，不如說是要解決中視本身在硬體的採購上，要走向那個方向，因為中視其時正站在黑白電視未滅而彩色電視已興的十字路口。

一九五四年，美國政府核定了國家廣播公司 NBC 所研發的彩色電視技術標準，亦即 NTSC（National Television System Committee）制，NBC 就首先播出彩色節目。但是由於彩色電視機售價昂貴，色彩又不穩定，十年之內，發展十分緩慢。直到一九六四年，由於接收機技術上有所改進，售價降低，市面上使用的黑白電視機也大都進入淘汰期，由是彩色電視開始起飛，工業先進國家跟進，包括日本在內。要在一九六九年開播的中視，自然面臨黑白乎、彩色乎的抉擇。

中視結果選擇了彩色，這是對的，換成我也會作同樣的抉擇。原因很簡單，彩色的電視攝播設備可以播彩色，也可以播黑白，黑白電視機可以收彩色訊號，祇不過畫面還是黑白。電視硬體的發展，不論在世界何地，遲早會彩色化，包括台灣在內。如果中視買黑白的攝播設備，等到要彩色化時再去換全套彩色的設備，豈不更為浪費？祇不過我會直話直說，決不會用來當作有利於與友台競爭的宣傳。

在台視方面，周總與我都持否定的意見。否定的不是中視要彩色化，而是否定中視對台視的黑白化的否定，也就是不肯定中視的宣傳方式。周總否定的主軸是從經濟上著眼，認為國際上的觀點是：一個國家的國民平均所得不及六百美元時，辦彩色電視對電視台，對廣告業，對消費者都是一種非必要的負擔。其時我們的國民平均所得與六百美元還有一大段距離，因此在時間上還不適合辦彩色電視。我否定的主軸是：提早辦彩色電視，會妨礙黑白電視的普及性，而後者是應優先於前者的。譬如解決民生問題，先要大家都有飯吃，然後再讓較富有的吃些貴的。根據民國五十年至六十四年電視年鑑所載，到民國五十八年底為止，全國黑白電視機為六十萬台，與全國人口或户數比較，應該還尚有黑白電視發展的餘地。如此時辦彩色電視，有不少人買不起或心存觀望，黑白電視的成長就可能趨緩。加拿大和澳洲即是基於這個原因，至一九六九年還在黑白電視階段，何況台灣？當然，中視没有改變決定，台視就決心跟進。

一九六九年九月七日，台視開始不定時的試播彩色影片如「洋場私探」、「超空人」（Super-man）和卡通片，用以調整顏色。十月六日起對外宣布，在每天上午十一時至十二時，試播彩色影片一周，觀衆反應良好。十一月十九日，台視與中視首次使用衛星，轉播太陽神十二號太空人登陸月球的彩色實況。十二月七日，台視利用荷蘭飛利浦公司來華展覽的器材，以彩色試播當天下午一時二十分播出的「群星會」，第一個上場的歌星為白嘉莉，唱出「隴上一朵玫瑰」。一九七〇年四月十二日起，台視以本身所備的彩色設備，首次以彩色定期播出現場節目「群星會」。台視就是如此這般的，與中視並肩走上彩色電視之路。

三、中視以連續劇開電視史新頁

不可否認的，中視提早了我國開辦彩色電視的歲月。但更重要的是：它在晚間八點檔推出一連線的半小時國語連續劇，卻開創了我國電視史的新頁，一直到現在，三十多年來，無線電視台還跳不出這個框框。

中視是在開播後的第一個星期一起，即一九六九年的十一月三日起，自星期一至星期六，於每晚八時至八時半，播出第一檔國語連續劇「晶晶」，描述一個名叫晶晶的少女尋找生母的故事，飾演晶晶的是李慧慧。由於劇中的角色演技好，劇情又曲折離奇，恍如台視播出的連續劇影片「法網恢恢」，十分吸引女性觀衆，兼之部分以彩色播出，因此一炮而紅，一連播出一〇二集，到一九七〇年三月二日才由「情旅」接演第二檔。

連續劇並非中視所發明，也不是台視做不到，而是台視在獨家經營的時期，祇想將晚上的所謂的黃金時間以不同型態的娛樂節目，供有不同需要的觀衆去作選擇，而不想將觀衆鎖住在同一個時間的同一個節目上。我在美國將近四年的時日中，三大電視網競爭激烈，也從沒見過有任何電視網在晚間的同一時段中，播過連續劇，原因是萬一收視率佔下風，不容易改弦更張，而造成該網主台及附屬台在業務上的巨大損失。台灣雖無美國的電視網制度，但在一周內將晚間重要時段一連數天鎖住祇喜愛看連續劇的觀衆，而且這一鎖就一連是好幾個星期，我懷疑觀衆會有這麼高的耐心，和有這麼多的空閒。因而台視前此祇將連續劇，作每周一次的連續。然而，我估計錯誤，台灣就是有這麼多的連續劇迷，而且熱心的程度，歷三十多年而不衰。不僅台灣如此，凡有中國人的地方，莫不皆然。也許有一天，會有有線電視連續劇頻道，讓觀衆從早看到晚。

這，也應該算是「台灣的奇蹟」之一！

於是，為業務著想，在一九七〇年的七月五日，台視也開始播出每次半小時的國語連續劇「風蕭蕭」。這原是名作家徐訏所寫以對日抗戰時期為背景的小說，經徐訏先生授權改編為連續劇。不僅「風蕭蕭」是由著名小說改編，繼其後所上演的國語連續劇都是如此，因此又稱之為「電視小說」。

「電視小說」的構想，始自台視導播朱白水，他本身原就是個劇作家。他在看過中視的「晶晶」以後，就想到何不將著名的小說與電視相結合，使小說形象化？一方面有看過小說的讀者作基礎的觀衆，再方面知名的小說也等於為「電視小說」作了無償的宣傳，反過來又為小說爭取了過去沒有過的讀者。他將這個構想和計劃向我提出報告，我立即同意，要他積極進行，這是一九六九年底的事。

一九七〇年春節過後，朱白水與編審饒曉明，以聯合製作人的身分，正式擬訂了一份製作企劃書，向節目部申請製作「電視小說」，播演時間為周一至周六，每次半小時，每部小說以四周播畢為原則。這企劃案經通過後，他倆就商定以「風蕭蕭」為第一部電視小說，並取得徐訏先生的電視劇改編權。

編劇方面，他倆找了基本編劇丁衣、趙琦彬和文心三位組成五人小組從事改編工作。在進行製作時，朱白水自任導播，邀導播林登義為現場指導、導播洪洋為戲劇指導、美工林保勇為美術設計、音效王恆為音樂指導。並編主題曲三首，分別由老沙、徐訏、趙琦彬三人作詞，楊元丰、史惟亮二人編曲。

演員方面，男主角徐君豪由江明飾演，女主角白蘋由白嘉莉飾演，梅瀛子由范家玲飾演，海倫由崔苔菁飾演。參加的演員尚有趙雅君、李虹、盧迪、江霞、向君、易原、丁香、丁玫、孫越、王宇、張允文、丹陽等人。較為特別的是有一位法國小姐飾劇中盧迪的太太，有中廣的趙剛先生擔任報幕。白嘉莉是第一次演電視劇就挑大梁，崔苔菁雖不是第一次演電視劇，但這次戲分最重，心情遠比上歌唱節目緊張。

在播出的時段上，中視既將國語連續劇壓在晚八時至八時半台視播出晚間新聞的時段上，影響到台視晚間新聞的收視率，於是台視也就以牙還牙，將「風蕭蕭」壓在晚間七時半至八時的中視晚間新聞時段上，而將台視晚間新聞播出時間移至七時至七時半。如是台視晚間新聞既脫被壓之困，也比中視晚間新聞早播了半個小時，搶了先機。

「風」劇聲勢浩大，又多名角，瞬間佔了上風。接著在八月間推出了瓊瑤的新作「星河」，九月間又推出了張漱菡的「碧雲秋夢」，十月間又推出了王藍的「藍與黑」。這些名作原來就膾炙人口，電視周刊又配合著登出每集濃縮的劇情，中視倍受壓力，早在八月間就將其時播出的第四檔連續劇「春雷」，移到七時半線和台視的電視小說面對面的肉搏。但這樣一來使得原來可以先後連看兩檔連續劇的觀衆祇能擇一收看，於是又對兩台群起責難，迫使兩台不得不協調，採取折衷的辦法。結果是從十一月份起，台視先將連續劇移至晚八時線，一個半月後再回至七時線與中視的連續劇對調。為了適應這調動，台視同時也推出了一條台語連續劇線，以便台視內部兩線連續劇互調。台視推出的第一檔台語連續劇是「春風秋雨」。

國語和台語的連續劇的氾濫，就是如此開始。等到華視後來也加入戰局，劇情、集數、播出時段，演員的跳槽、挖角、闖檔等等問題接踵而來，不僅三台之間合縱連橫，大動干戈，主管官署當時的教育部文化局，後繼的新聞局廣電處都為之頭痛不已，詳情下篇再表。

四、轉播站啓用，轟動花蓮

台灣東部的花蓮和台東兩縣，由於中央山脈的阻隔，在一九六九年以前，都無法收到台視的節目。直到台視在花蓮市所設立的轉播站於是年十月十六日完工啟用，才解決花蓮縣一部分地區的電視訊號接收問題。

這個轉播站事實上是一個臨時性的建構，集台視、聲寶電器公司，和花蓮燕聲廣播電台三個單位的合作而成。台視提供設備，聲寶建立鐵塔，燕聲則洽借建塔基地並負責看管。主其事者為台視的總經理周天翔、聲寶公司的董事長陳茂榜，和燕聲的總經理莊坤元。

花蓮能看到電視，對地方人士來說當然是一樁大事；對即將面臨中視的競爭的台視來說，更有壯大聲勢和擴展涵蓋區的意義，因此刻意要大張旗鼓，將新聞炒熱。

在轉播站啟用的前數天，台視就派記者和公關人員進駐花蓮，訪問地方黨政軍首長和民意代表等製成紀錄片，並聯絡新聞界預先宣傳。聲寶公司自然也及時發動攻勢，促銷該公司的各型電視機。

十月十六日，天氣晴朗。周總夫婦率台視各單位主管及演藝人員，陪同由台北前往觀禮的貴賓，乘華航專機飛往花蓮，我也在隨行之列。上午九時四十分，專機準時抵達，花蓮縣長黃福壽、議長葉裕庚、國民黨縣黨部立委王甄宇等地方首長迎於機場。周總夫婦下機後即由黃縣長陪同去縣府、議會、縣黨部等處拜會，其餘人員則被接待至台肥招待所休息。

轉播站啟用典禮是於十一時三十分舉行，演藝同仁包括楊麗花、白嘉莉、涂昭美、張琪、顧秀瓊、王波琴、劉明穎、「兒童世界」節目主持人上官亮、黃麗珍等，早十分鐘到達典禮所在地燕聲廣播電台，民衆在門口夾道觀看歡呼，吵著要進入場內。燕聲電台一方面利用擴音器安撫群衆，一方面勞動警察維持秩序。

大禮堂內周總首先致詞，說明設立轉播站的意義和經過，並感謝貴賓的光臨。接著黃縣長、葉議長、東部地區守備司令陳守山、電監處冉一鶴、文化局廣電處長黃曼達、交通部郵電司幫辦丁巽年相繼致詞。繼之黃縣長以「東台福音」大理石石屏一座，葉議長以「視聽之娛」錦旗一面答謝台視。

十二時正，黃縣長按動電鈕，會場四周的電視機上，即出現了「台視慶祝花蓮轉播站落成啟用特別節目」的片頭卡，接著就播出了預先攝製的紀錄片。十二時半，周總以便餐招待來賓，演藝同仁也在此時獻唱同樂，聲聞於外。

下午二時，台視同仁被招待去阿美文化村，參觀原住民的歌舞。我與幾位同仁也被阿美族小姐用肩輿抬起來繞場遊行，據說這是她們迎賓的禮儀。不用說，彼此拍照留念，是大家的最愛。

一九七四年至一九七五年間，台視、中視、華視三台，先後租用了交通部的東部微波線路，在宜蘭、花蓮及台東建立了永久性的轉播站台，才算是完整地將東台灣地區納入訊號涵蓋區內，包括綠島和蘭嶼。

五、交響樂團指揮易人，張大勝接棒

協助台視於一九六七年組成台視交響樂團，並任樂團指揮的鄧昌國先生，突然於一九六九年十月以身體不適請辭。我自忖與他相處融洽，名為團長，實際上我在為他辦事，從無衝突或爭辯，問題應不在他與我之間，甚至也不在他與台視之間。至於身體如何不適，他不明言，我也不便追問。我當然一再慰留，但他辭意堅決。我在請示過周總後，同意於接替有人時准辭。不久，張大勝先生應聘接棒。鄧先生於一九七三年應中視之聘為首席顧問兼新聞部經理，這種轉變頗出我意料之外。一九七五年鄧先生升任中視副總經理，至一九八一年中離職赴美。聞與籐田梓女士婚變離異，一九九二年三月因病逝於奧勒岡州，令人惋惜與懷念。

張大勝先生與我原不相識，如不是鄧昌國先生推薦，即應是音效同仁李祥龍或劉大德所介紹，所惜者三位現都已辭世。張先生是南投人，畢業師大音樂系。一九六一年至西德佛策堡國立音樂院主修鋼琴。三年後再入西柏林國立音樂表演藝術學院研習歌劇及歌劇音樂指揮。一九六五年五月，曾在西柏林議會大廈，指揮著名的柏林交響樂團。翌年又師事福克旺音樂院院長戴萊瑟（H. Dreesel）精研交響樂指揮，並舉行三場指揮演奏，震驚德國樂壇。一九六八年秋返國，執教於中國文化學院音樂系，並成立華岡交響樂團。該團曾於一九六九年初，在台視「你喜愛的歌」中演出。當時張先生未料到，半年後即繼接台視交響樂團指揮棒。

隨張先生進入台視交響樂團任首席小提琴手的，還有文化學院音樂系弦樂客座教授德籍的柯尼克先生（Wolfram Konig）。柯尼克教授來華任教前，曾任慕尼黑的巴伐利亞電視台交響樂團的首席小提琴手，西德樂壇譽為「青年提琴怪傑」，我國著名的小提琴家陳秋盛即曾受教於他的門下，並追隨他返台任教和參加台視交響樂團。柯尼克夫人艾麗卡（Erika）本身，原也是她先生的學生。

陳秋盛先生因張大勝先生的引薦，在台視交響樂團任第二小提琴手。陳先生自幼就對小提琴有深厚基礎，一九六四年赴德入海德堡音樂院深造，次年又考入慕尼黑音樂院。一九六九年參加德國國家藝術特考通過後，結識柯尼克先生，並隨之返台，為本國藝術界和教育界服務。

一九六九年十一月十一日晚上台視的「交響樂時間」，即由張大勝先生首次指揮台視交響樂團演奏。半個小時中，演奏了三個曲子。第一個是巴哈D小調雙提琴協奏曲，由德國女提琴家莫絲菲（F. Moshfegh）任第一小提琴手，伊朗小提琴家賀仁（E. Hotzen）任第二小提琴手，我國作曲家史惟亮擔任解說。第二個曲子是莫札特歌劇「後宮誘逃」序曲。由柯尼克擔任第一小提琴手。第三個曲子是貝多芬的「艾格蒙序曲」，定音鼓哄招人心。演奏完畢，張指揮一面擦汗，一面盛讚團員們的素質。他也期望以後能多演奏國人的交響樂曲作品，以及每半年能舉行一次公開的演奏會。

張先生的願望，事實上不出半年就告實現。一九七〇年三月二十三日，台視交響樂團即應其時三軍聯合大學戰爭學院院長蔣緯國將軍之邀，前往該校演奏。

前面我曾數次提到過史惟亮先生。史先生是我國音樂界一顆絢爛的彗星，可惜過早殞落。他是遼寧人，畢業於師大音樂系。其後赴維也納入國立音樂院，專攻理論作曲。一九六五年自歐返國，創辦「中國青年音樂圖書館」，同時發起民間音樂研究工作。一九六八年夏，他應西德波昂人類學研究所邀聘，主持「中德音樂研究中心」，兼任「德國之聲」音樂特別節目主持人。一九六九年二月及六月，在波昂、科隆、維也納等地舉辦「中國音樂展覽」，宣揚我國民族音樂文化。七月，他返國應中國文化學院、國立藝專及光仁學校音樂班聘為教授，再應台視之聘為交響樂團顧問，策劃節目構思。惟史先生在台視交響樂團服務為時短暫，於一九七七年病逝台北，得年僅五十二歲。

史先生遺作很多。管絃樂部分有「古詩交響曲」（男聲獨唱）、「民歌變奏曲」（中國組曲）、「協奏曲」、「琵琶行」（女聲獨唱）、「別離」（女聲獨唱）。室內樂部分有「藝術歌」、「鋼琴曲」。聲樂部分有清唱劇「吳鳳」、「合唱曲」、「民歌編曲」等。為電視流行歌曲所編的曲子如為「風蕭蕭」所編的主題曲等，屬應酬性質，他不計在內。音樂論著部分有「音樂欣賞」、「新音樂」、「浮雲歌」、「巴爾托克傳」、「論音樂形式」、「論民歌」、「畫中的音樂歷史」、「台灣山地民歌調查研究報告」等。

長年旅居香港，為台視聘為特約編曲的音樂家林聲翕先生，於一九七〇年四月三日，在台視交響樂團伴奏的「你喜愛的歌」節目中，首次發表了他新譜的藝術歌曲「路」和「祝福」。「路」的歌詞是許建吾先生所寫，大意是風雨中在滿地泥濘的路上前行，步履維艱，但奮勇直前，半途不廢，必能朝陽在望，鳥語花香。料是以當年難民潮為時代背景。徐訏先生寫的「祝福」，究竟是為誰祝福，不得而知，但寫為歌詞，諒有為天下衆生祝福之意。歌詞最後幾句是：「我應當為你祝福，在熠熠的星光前，你感受的全是温暖與明朗，伴著你美麗的歌聲，虔誠地期待前途的光明。」

林聲翕先生說他為這兩首歌詞感動，因而前後費五個月的時間完成譜曲，並親自帶來交給台視。在排練時，林先生還和指揮王沛綸先生作溝通，且親自指揮了幾小節。正式錄製時，王沛綸先生向觀眾介紹了林先生，繼之林先生簡短說明編曲經過，並稱讚台視大力推動健康歌曲，也虔誠地期待台視的前途光明。

第一首「路」是由台視基本歌星楊佻安演唱，伴奏的和聲是沉重的腳步聲，夾雜著風雨聲，烘托出拖泥帶水、步步難行的感覺。接著調子一轉，變成輕快豪邁的節奏，管樂吹奏華麗的音符代表陽光，短笛吹奏跳動的音符代表鳥啼。第二首「祝福」是以中庸的速度奏出類似聖潔的祈禱曲，由女聲作四部合唱，感人心弦。演唱時林聲翕凝神聆聽，一曲完了，他熱心地為演出者鼓掌，演唱完畢，他又是高興又是感謝的與演唱者、指揮者、伴奏者一一握手致意。當時我也陪同史惟亮、劉德義、許常惠、張大勝、李中和、李奎然、郭芝苑、曾仲影、駱明道等先生，在場分享那愉悅而難忘的一刻。對我而言，大概那也是最後的一次見到熱情敦厚的林聲翕先生。他於一九九一年七月歿於香港。

一九七〇年九月十一日，張大勝先生也繼林聲翕先生之後，在「交響樂時間」中，發表了他在留德期間所譜成的兩首橫笛清奏曲。演出後有不少觀眾寫信給台視，盛讚張先生的音樂才華。有一位台北市的林賜弘先生來信說：

「張大勝先生的橫笛作品，富於東方色彩，親切而令人喜愛，曲調幽婉蒼涼，將他當年在國外留學，思念家園的鄉愁表露無遺。也使我們更深切的體會到，我們是多麼需要中國作曲家的作品被介紹給自己的國人，我們更需要像這樣好的作品，來灌溉我們荒蕪的音樂園地。」

這位觀衆又繼續寫道：

「目前，台灣祇有三個交響樂團，而其他兩個樂團極少演出。台視交響樂團的定期演出，就猶如沙漠中的甘泉，透過電視的介紹，讓我們認識了許多許多音樂家和他們偉大的作品，使我們對交響樂及樂曲有了更明確的概念。」

不錯，台視當年在鄧昌國先生協助下創立交響樂團，並在晚間隔周播出交響樂或藝術歌曲半小時，用意即在此。台視其時並不在意這兩個節目會有多高的收視率或有多高的廣告營收，但對在播出後幾乎没有廣告客户的支持，卻是相當的失望。面臨中視的競爭，台視不能不挪動節目播出的時間，以免長處於「挨打」的局面，因之自一九七〇年的十月起，將原在每周五晚八時半至九時的播出時間，移至當晚的十時二十分至十一時，並將兩個節目名稱統一稱之為「音樂之夜」。照說，以中視合中廣之力，要創立一個交響樂團來與台視對抗或共襄盛舉，應不是件很難的事，但中視並没有「傻」到要這樣做，因為那不是利之所在。台視要為爭利而解散交響樂團，取消「交響樂時間」和「你喜愛的歌」兩個節目，更是易如反掌，但台視並没「聰明」到要立即這樣做，因為不想趨利而忘義。

台視交響樂團在這段風雨飄搖時間中，不僅團員人數未減，且多了德、美、日、韓等國的外籍團員，他們不計較酬勞，祇求弦歌能繼。一九七〇年十一月六日，享譽國際的華裔女指揮家郭美貞，曾在「音樂之夜」中，指揮台視交響樂團，盛讚樂團的水準。一九七一年五月一日，在一九七〇年國際「蝴蝶夫人」歌劇比賽中榮獲第五名的聲樂家辛永秀女士，曾在「音樂之夜」中演唱五首「蝴蝶夫人」的選曲。五月八日，台視交響樂團指揮張大勝教授，又邀他的義母德國名鋼琴家吉德拉女士，在「音樂之夜」中演奏巴哈的D小調鋼琴協奏曲。五月二十九日，我國旅菲名音樂家蔡繼琨，曾在「音樂之夜」中，指揮台視交響樂團演奏貝多芬的「命運交響曲」。

六、權力人士守舊，電視國劇終結

國劇的播演，對台視來說，完全是從發揚國粹和服務觀衆的目標上考量。「電視國劇」的推出，也祇是期望能增進國劇的聲光效果，吸引觀衆收看國劇的興趣，而不曾計較過業務上的收益。事實上是傳統的國劇也好，電視國劇也好，除了幾家省屬行庫象徵性地提供一些廣告而外，很少受到廣告商的青睞。因此，有無同業競爭，毫無壓力可言。

一九六九年的春節，台視推出三檔國劇，其中有兩檔別開生面，值得一提。

那年的舊曆正月初一（二月十七日）晚，演出「掃蕩群魔」，又名「五花洞」。劇情是敘述武大郎帶著嬌妻潘金蓮去看武松，路上卻碰到妖魔糾纏，變出了八個武大郎和八個潘金蓮，爭爭吵吵，連包黑子也分不出真假。最後請出張天師來，才將妖魔收服。噱頭就出在八男八女中，有的是國劇演員，有的則不是。演四個真潘金蓮中，胡錦和張素貞是國劇演員，夏台鳳和李虹則不是；演四個假潘金蓮中，徐渝蘭和黃音是國劇演員，李偉和涂昭美則不是。四個真的武大郎中，邵鳴皋是國劇演員，孫越、上官亮、張允文都不是；四個假武大郎中，耿鐵珊和張復幼是國劇演員，高明和王宇都不是。另有魏甦演吳大炮、茅復静演大仙、張鴻福演張天師、程燕齡演大法官、袁玉鴻演包拯。後四個都是國劇演員，而魏甦不是。就是因為這樣真真假假，演得熱鬧非凡。

初三晚的「雙姣奇緣」，則是台北市記者公會的票友演出，演出者有常勝君、宣以文、孫訓中、王鳳亭、馬永蕙、武青雷、戈雨聲、朱武斌，大部分是我的舊識。

以上兩戲在過年時演出，旨在同樂，認不得真。

初六晚上台視演出「奇雙會」，又名「販馬記」，由徐龍英演李奇、張素貞演李桂枝、程燕齡演趙沖、曹復蓮演李保童、邵鳴皋演禁卒。戲是傳統舊戲，但其中李奇哭監則用了電視上的疊印鏡頭，同時表現出監房和閨房兩個空間作對比，也算是採用了電視國劇手法。

是年四月二十六日，台視國劇社又以新編的戲碼「孟母擇鄰」分饗觀衆，藉資慶祝當年的母親節。全劇用角不多，主角衹有三個：由拜慈藹飾孟母，張素鳳飾孟軻，張鴻福飾真善。劇幅也不大，衹有七場戲，主要在叙述三遷的經過。但仍採電視國劇的手法，有燈光和布景的變換。該劇由李明德導演，惠群導播，趙振秋助理，龍思良美術設計，陳孝毅、郭應龍等音樂伴奏。

十月三十一日，中視開播，當然節目中少不了國劇，但也衹是由軍中國劇團輪流演出。我在寫此書時，翻遍中視自編的「中視十年」慶祝專輯，竟然發現全然未為國劇著墨，連梅長齡掌中視時一度停播晚八時的國語連續劇改播胡少安的「國劇大展」的非凡舉措也略而未提。

使我更為不解的是：那年的十二月中的一天，也就是中視開播的一個半月後，周總忽然進入了我的辦公室，淡淡地對我說了一句：「貽謀，電視國劇不能再播了！」說完轉身就走，沒再補充說什麼，我也來不及問什麼。

我呆呆地站在室中，一時莫明所以。這事無關周總個人的好惡，否則電視國劇的代表作「人面桃花」不會一再重播，他還為演出人員頒獎。也不會是為減少國劇演出的虧損，否則電視國劇不會先後演出歷時七年，何況台視其時早已年有盈餘。當然也不是因有中視的競爭，因為還談不上競爭。惟一可能的是因素是看不慣改良的電視國劇的某位或某些位有份量的觀衆，在他的面前說了重話，使他不得不點頭。

平心而論，周總個人是相當主觀而固執的。但在台視各部門的工作上了軌道以後，他很少以總經理的身分干預，至少我的感覺是如此。台視開播未久，他就公開說過：「節目在播出時，導播最大，誰都不能去干擾他。」一九六九年的我，已掌台視節目部八年，他除在會議上會對節目部有所論列外，平時節目行政，全然由我作主。如今竟當我的面貿然下令，所受壓力之重，可想而知。

當然，我也不再追詢，使他難堪。繼而，我也通知實際上在台視國劇研究社掌舵的惠導播，國劇的電視化就此告終。他没問我原因，我祇主動告訴他奉命行事。直到今天，我還是不知道誰影響了他。但我可以肯定地說，影響他的祇是守舊的、愛看傳統國劇的，但又可以決定周總的去留的具有權力的人士。這位人士或這些位人士，應該跟周總一樣，現在都已不在人世。

國劇的電視化，祇是國劇適用電視的表現形式而已，目的也祇是在增進國劇的聲光效果，以及配合字幕，使國劇更能發揚光大，吸引新的觀衆。前面也曾發表過統計數字，顯示收到相當的效果。台視從没有想過到國劇能全部寫實，或全部捨棄舞台上的演出方式而代之。而隨著時代和科技的進步，傳統的表演藝術，也不能說墨守成規而絲毫不變。前面曾報導過，退隱的青衣祭酒顧正秋女士，在「人面桃花」首次播出後的第三天，就到台視向演出人員致意，表示她的激賞。二十多年前的郭小莊，如果不希望使國劇稍改舊觀，也不會出來搞什麼「雅音小集」。更不會在一九九九年十一月二十一日聯合報登的「世紀留言版」上，說「我仍會站在傳統國劇的基石上，結合現代劇場的表演理念，運用現代的聲光科技，將雅音小集推向國際舞台。」

時至今日，大陸的改良國劇已經進入台北的國家劇院，每次座無虛席。顧正秋女士在一九九九年十二月參觀過在國家音樂廳揭幕的「台灣京劇史照展」時就曾說：「不能老唱那幾齣戲（指傳統舊戲）了。」意指編寫新戲的重要，無視於保守派一再反對編新戲。又說她幼時看戲就是從熱鬧的海派機關戲入門的，這跟台視的國劇電視化豈不殊途同歸？至於台灣戲專國劇團在一九九九年耶誕夜，由李寶春領銜在國家劇院，以國劇演出「出埃及」，從頭到尾跟傳統國劇都走了樣，台視的「人面桃花」等戲與之相較，無異小巫見大巫。當年禁演台視電視國劇的大人物如果還在，豈不要撤戲專校長鄭榮興的職、斬李寶春的頭？

電視化的國劇既不能再演，舞台化的傳統國劇還是得繼續下去。台視原與國劇演員徐渝蘭、鈕方雨、田夢、邵佩瑜、拜慈藹、程燕齡、黃音、徐龍英、周仲嫻、張素貞、邵國芬、顧鳳雲、胡錦、胡少安、張鴻福、任東勝、耿鐵珊、邵鳴皋、文麗雲、馬元亮、梁再勝、丁仲等簽了基本演藝人員合約，一九七〇年又有徐露、章遏雲、戴綺霞、李璇等加盟，陣容反較以往更為加強。

在台視的國劇基本演員中，與我算得上還有些私交的是徐露。徐小姐在國劇方面的造詣和表現我不用在這裡複述，重要的是她的講理重義，彬彬有禮。她出身於大鵬劇團，工梅派。一九六五年她為大鵬奪得了第一座國軍文藝金像獎後，功成身退，與後來執教於清華大學的結晶學家王企祥教授結婚。她與台視簽約是在婚後復出，已是有兩個孩子的媽媽。由於王教授雅好麻將，徐露曾特別邀我數度到她家作客，以打麻將為餘興。在我看來，王教授雖是有名的結晶學博士，且據說還曾一度是李遠哲先生的老師，但我的印象卻是個頗帶書卷氣的年輕人，跟後來為清華大學所排斥的王企祥完全不搭調。此後徐露夫婦不知何故卻以離婚聞於國內。徐露再嫁與曾任調查局局長的沈之岳，而沈先生不出數年又病逝。天生佳麗而造就不凡的徐露，婚後竟然是如此曲折多變，令人神傷。

一九六九年五月，台視曾發表了一項統計：在前此的七年中，曾演出國劇八百九十五場，其中以電視化演出的有一百九十三場，以舞台型式演出的有七百〇二場。電視化演出的一百九十三場中，新編的戲有三十五齣，改編的戲有七十五齣。

一九七一年十一月十二日下午三時，全國各界在台北市中山堂舉行紀念 國父誕辰、暨慶祝第六屆文化復興節大會，會中台北市政府特為台視在開播以來對發揚國劇的貢獻，頒給台視銀盾一座、獎牌一面、獎狀一張，用示激勵。我代表台視在場接受，參與觀禮者有台視節目部副理聶寅、台視國劇社總幹事惠群、副總幹事王元富，及演員胡少安、周正榮、哈元章、徐渝蘭、孫元坡、徐露、李璇、程燕齡、鈕方雨、張素貞、張鴻福、張喜海、邵佩瑜等多人。

七、歌仔戲添新秀，楊麗花巡迴公演

在「中視十年」一書中，說歌仔戲是「中視首先將之搬上螢光幕」，這恐怕是開了台灣電視史上的一個大玩笑。台視是幾時播出歌仔戲的，前面已經報導過，這裡不再複述。不過台視一周播出的幾檔歌仔戲，全都是逐周連續，而將歌仔戲像國語連續劇一樣逐日連成一線播出，卻真是中視開的先例，而台視和華視是隨後跟進，以迄於今。

台視歌仔戲團成立後，依然與在台視播出的各團齊頭並進，招兵買馬。在這個時期以後加盟台視的歌仔戲明星，有司馬玉嬌、葉青、青蓉、許秀年、王金櫻、黃香蓮、柳青、林美照、柯玉枝、白冰冰等。

柯玉枝，彰化員林人，出身戲劇世家，原習旦角，後偶試小生，竟一帆風順，於一九六七年獲全省地方戲比賽最佳男主角獎。

司馬玉嬌，原名廖鳳娥，南投集集人，也出身戲劇家庭。司馬玉嬌這個藝名，即與鈕方雨合演她第一部電影「八美圖」時，為導演所取。她唸完初中，投身演藝。拍電影，演電視劇，主持綜藝節目，無所不精，最擅長的還是歌仔戲。

葉青，原名葉秋雲，高雄岡山人，一家人都從事演藝工作。她跟司馬玉嬌一樣，初中畢業以後，就拍電影，一九七〇年參加鳳鳴歌劇團，專演小生。由於扮相英挺，唱做俱佳，甚得觀衆歡迎，聲譽扶搖直上。

青蓉，原名蔡順嬌，雲林人，身材嬌小玲瓏，圓圓的臉蛋上，配上一對烏溜溜的大眼睛，逗人喜愛。她在十六歲就考上陸光康樂隊，參加台語劇演出。半年後因親友的介紹，繼承父母衣缽，進入歌仔戲團，攻花旦武旦。後為鳳鳴電視歌劇團團主劉鍾元吸收，上電視演反派腳色，別樹一幟。私底下則與葉青感情甚篤，以姐妹相稱。入台視後與導播趙石堯兩情相悅，於一九七八年元月二十八日在台北結婚，我受邀為證婚人。

許秀年，雲林麥寮人，由於天姿聰穎，能在短時間內與楊麗花配戲，是在歌仔戲團發跡最快的一位。她在台視與楊麗花主演的「七世夫妻」，是她的成名作，賺取了不少觀衆的熱淚。後來她也嘗試演台語電視劇，表現不凡。

王金櫻，是因姊姊王金蓮引起對歌仔戲發生興趣。起初祇是在中南部的廣播電台唱歌，後來才加入台視歌仔戲陣營，而逐步竄起成為和楊麗花對戲的小旦。

黃香蓮，也出身戲劇世家，反串小生，扮相俊逸。她對音樂有廣泛的研究興趣，電子琴、吉他的彈奏都有一手。唱歌演戲在行不說，還是個合格的幼稚園老師。

柳青，是與楊麗花齊名的歌仔戲小生之一。自十六歲開始，進入「日月園劇團」學戲，到處公演。除在歌仔戲外，還參加過許多國台語電視劇和電影的演出，進台視後，又與楊麗花搭檔，合作愉快。

林美照，典型的美人胎子，最特別的還是她分外嬌嗔的聲音，一開口祇聽聲音就知道是誰在說話。她演過的電視劇，跟她唱過的歌仔戲一樣多，當然演的多是嬌滴滴的俏姑娘。

在電視上紅得發紫的白冰冰，當年也是台視歌仔戲陣營中的一員，為青蓉所推介。曾與許秀年等演過「龍鳳奇緣」、「趙匡胤」等戲，其時就被導演視為「可造之才」。

從以上的這些歌仔戲菁英中，不難發現她們有許多共通之點，即個個都是年輕而貌美，且多出身戲劇家庭。雖祇中等教育程度，卻都聰穎好學，能在民俗藝術中，出人頭地。當然，在台視各歌仔戲團中的新秀，遠不止她們幾位，但就以她們的代表性來說，台視歌仔戲團陣容的堅強，是他台難以媲美的。

一九七一年三月十二日，楊麗花所領導的台視歌仔戲團，開始實現了她任團長以後的一個願望——進行全台的盛大公演。在那天起，到四月十七日為止，公演的地方，依次為嘉義市、高雄市、屏東市、台南市、虎尾鎮、台中市、彰化市、新竹市、桃園鎮、羅東鎮、花蓮市。每地演出三天，每天日夜兩場，戲碼是「斷腸淚」。所到之處，盛況空前，開創了楊麗花個人的世界。

八、史艷文誕生，我被詛咒

在台灣，四大族群，無論男女老幼，不一定人人都知道廖添丁，但沒有不知道史艷文。史艷文不是台灣人，史氏宗譜裡恐怕也沒有這個名字，如果有，也準不是儒俠。儒俠者，既玄既博，亦文亦武。

儒俠史艷文是台灣人黃俊雄所創造的，他祇是個被人玩弄於股掌之中的傀儡。但外表英挺，迷死異性，救人無數，也殺人不見血。

他是台灣民俗藝術布袋戲中的英雄，既稱雲州大儒俠，祖籍自在雲州。雲州在那裡？古時雲州有三處，北在內蒙古，中在山西，南在雲南，究竟他户籍在那裡，我沒考證，要問黃俊雄。史艷文問世於台視，我倒可以肯定。因為他出現，有觀衆來信判我死刑，印象深刻。

據說我國之有傀儡戲，始自周朝。原始木偶是用線牽的，三百多年前福建泉州有個不第書生名梁炳麟者，將木偶著衣套於掌指之間撥弄，遂成布袋戲。這裡且不論布袋戲的遠史近史甚至文化革命史，上電視卻是一九六二年十一月八日晚間九時十五分，在葉明龍先生於台視製作的「布袋戲」節目中，由「亦宛然」布袋戲團團長李天祿先生演出的「三國誌」開始。換言之，有台視即已有電視布袋戲。後來由於兒童喜歡看，布袋戲時間提前至晚六時至六時半。當時布偶造型樸素，說國語，幼教氣息頗濃，一度停播。

一九七○年三月二日，正是中視國語台語連續劇和歌仔戲「橫行」腰斬台視的時候，虎尾黃俊雄先生家族找來這位大儒俠，對中視加以回敬。身陷亂軍中的我，得以苟全。

就在葉明龍製作布袋戲的時候，也已在世代相傳的彰化木偶雕刻專家徐析森先生的協助下，使原來眼嘴不動的呆頭木偶，變得眼嘴可動。進一步他又將「小籠」式的舞台加以改進，使舞台可以前後置景而創造立體感。而黃俊雄的布袋戲，不但木偶變大，且各有個性和獨特的造型。兼之內容以成人為對象，純粹台語對白，使木偶人物更見鮮活。就以雲州大儒俠中的劉三、二齒、怪老子、苦海女神龍、藏鏡人等人物為例，那一個不是具有特別的腔調、動作和配備？我在試看過之後，就決定採用，自那年的三月二日，在每周一及周五下午播出兩集。後因廣受觀衆歡迎，自五月十一日起，每周一至周五下午二時半至三時半，又連續播出五天，每天一小時，為了這一安排，原來在每天下午一時播出的二十分鐘午間新聞，提前在十二時四十分播出，又移動了若干現場節目時間，並停掉了若干影片。

我之所以採取這項舉措，不諱言有業務上的考量，也以連續方式還中視以顏色，還有一種不為人知的潛在意識，就是以黃俊雄的布袋戲，來取代權力人士迫使我停播電視國劇——我要藉沒有大腦的木偶來使電視國劇復活。

結果證明是成功的。黃俊雄請的中興大學畢業的青年陳國雄所編的劇本海闊天空，黃俊雄和他的大弟子洪連生的口白變化萬端，美工和燈光的設計千變萬化，再加上穿插的歌曲和傳統與現代配樂的運用，木頭演員竟然被傳說為使得台灣的小學生迷得蹺課，農人迷得看完布袋戲才下田，電力使用量在那個時段驟增，馬路上的計程車也少了一半——運將要停在路邊看完史艷文才安心上路。當然這種說法，不免誇大，但為觀眾所喜應是事實。

就在這時期，我接到觀眾寄來一信，沒有信紙，當然沒有回函地址和署名。寄來的是交響樂團在台北市南海路藝術館聯合公演的宣傳品中的一頁，其上刊有我的照片。照片上我的兩隻眼睛被挖掉，照片下用原子筆寫下四個字：「你該槍斃」。這張紙我至今保留，以為紀念。

這位觀眾對我的詛咒還不止此。此後每個月都會給我寄冥紙來，起先是厚厚的一疊，然後逐月減少，大概寄了半年，才告中止。當然，我不會保留這些冥紙，也沒有冥錢銀行可存，祇是無奈一笑，就扔進廢紙簍。

後來有一次偶然的機會，我遇到中視的總經理、我在政大新聞系的老大哥、在中央日報服務時的上司黎世芬先生，談到這件事。他說：「你還算好，祇收到冥紙。我則除了冥紙以外，還收到過死老鼠的尾巴和蟑螂！」如此說來，我還得感謝這位觀眾對我的厚道，他祇是詛咒，還沒心狠到真的要殺生。

即使如此，布袋戲並沒在台視停下來。「雲州大儒俠」播畢之後，接著推出「六合三俠傳」、「西遊記」。到十月五日，又推出「雲州大儒俠續集」，史艷文重現江湖，播出時間移到每天中午十二時十分至一時五十分。次年，一九七一年十月三日，華視開播前夕，史艷文在台視第三度復出。這次是以彩色播出，時間上取消了周六一檔，但在周日卻增加了三十分鐘。劇中人物除二齒有了兩個一模一樣的小二齒外，還多了刀客、多情公主、神祕海俠等。但凡劇中有了女角，無論正派或反派，沒有不拚死愛史艷文的，男權伸張到了極點。從這個角度看，詛咒我的觀衆，很可能不是男的。

九、綜藝歌唱節目更上一層樓

「人生如戲」，你我在日常生活中，天天都像是在演戲，無論老少美醜，都是人生舞台上的演員，因此要找一個電視劇中的演員，並不困難，祇是演得好與不好，經驗足與不足的問題。但是歌星，包括需要唱工的演藝人員在內，卻不是可以速成的，即使唱得不錯，也還要加上日積月累的知名度。中視在開播之初，在綜藝歌唱節目方面要跟台視角力，十分困難。兩年後華視開播，三台競爭下中視的處境更為艱辛。不過在中視上下的打拚下，綜藝歌唱節目，也有過一段輝煌的歲月，但那是若干年以後的事，至少在兩雄對峙的時期，還不足與台視相搏。

就以台視的老牌流行歌曲節目「群星會」來説，不僅開播八年來根基穩固，而且日漸壯大。一九七〇年四月十二日首先成為第一個以彩色定期播出的自製節目後，更吸收許多新秀，如王秀如、張琴、蔡咪咪和她的「五花瓣」、崔苔菁等。稍後台視停播「彩虹之歌」、「七色橋」等節目改播外製節目，在台視三屆歌唱比賽中脱穎而出的男女新星，也納入了「群星會」的陣營中。一九七一年六月底，台視新建的最大的第四攝影場啟用後，「群星會」等節目進駐攝製，場景搭建的深遠堂皇，燈光變化的花樣百出，更是令人耳目一新。

在這段期間有一件事最出人意表的，是正聲廣播公司將它旗下的歌星，全部投入台視，而在一九六九年的雙十節，首次播出「我為你歌唱」節目。正聲公司是中視的股東之一，旗下尚未與台視簽約的歌星，應正是中視最需要的歌星的主力，卻一反常理的投入歌星如雲的台視，且就在中視開播的前夕，台視播出七周年的當天，能不令人好奇？

後來我曾經有個機會，就這件事當面問過其時正聲公司總經理的李廉先生，他卻曖昧地笑而不答。有人說是他與中視黎總經理之間有心結，是耶非耶，難以考證。

正聲其時旗下擁有的歌星，有于璇、王慧蓮、吳靜嫻、夏心、徐佩、姚蘇蓉、張明麗、洪鐘、楊燕、林孟昭、洪淑美、林友梅、馬小華、葉舒櫻、江濤等，有的已與台視簽約，有的無約，但大都是正聲公司在一九六五年起舉行的各屆歌唱比賽中的冠亞軍。

正聲公司不僅為「我為你歌唱」節目投下旗下歌星和樂隊，還指派游國謙、劉慈、王小涵等先生為節目設計，翁清溪和孫樸生兩位先生為音樂指導，又派王定先先生擔任協調聯絡。其認真和周到，代表正聲公司的風格。

一九七〇年中，有兩個新的彩色綜藝歌唱節目，跟我個人的創意有關：一個是當年五月十四日推出的古典歌劇「花月良宵」，一個是當年九月十二日推出的「翠笛銀箏」。事隔三十多年，記憶已經模糊，但能肯定的說：「翠笛銀箏」這個節目的名稱是我取的，並為主題曲作詞，它後來走出戶外錄製也是我所授意。至於「花月良宵」的節目名稱是不是我所取，我找不到證明，但要製作這樣的一個節目，我應是原始的推動者。

根據一九七〇年五月十七日出版的「電視周刊」第四四九期中「台視外記」專欄中的記載，是說當年春節期間，台視播了一個「新三笑姻緣」特別節目，由李璇及崔苔菁主演，普遍受到觀衆的歡迎，因而觸發了台視當局的靈感，想本著它的風格，發展成為一個固定節目。這裡的所謂「台視當局」，可能就是我。那時我的職務是副總兼節目部經理，雖不能說我就是「當局」，但跟我的記憶卻頗為吻合。

這兩個節目，都是時為台視綜藝節目導播黃海星所執導。在我的記憶中，我是將這兩個節目的構想先後告訴他，其餘的細節則由他去執行，我未參與或過問。

「花月良宵」這個節目是由姚丹製作、秋水編劇、莊奴作詞、古月作曲。秋水是台視特約編劇趙玉崗，姚丹或是古月就是作曲家左宏元，也是「新三笑姻緣」的編曲者。播出的第一集是「一夜皇后」，時間是五月十四日晚八時半至九時半，飾演李鳳姐的是崔苔菁，但因趕場，歌唱部分由夏台鳳代唱預錄。

這個節目原是以諧劇型態處理的，因此歌詞很怪，曲調也怪，唱做更怪，目的祇是在令人發笑。由於詞曲都怪，觀衆不僅喜歡看，歌也跟著學。舉例來說，第二集播出「酒色財氣」，大和尚武德山、小和尚小亮哥一邊敲著木魚，一邊唱著插曲：「酒也空空空呀，色也空空空呀……南無阿彌陀佛，南無阿彌陀佛……」，由是第二天起街頭巷尾都聽到孩子們的一片唸佛聲。

「翠笛銀箏」是一九七〇年九月十二日下午七時至七時半播出的綜藝歌唱節目，起先是在台北市的豪華酒店錄製，製作人是晏光前，導播是黃海星，由崔苔菁主持。次年元月二十九日首次移出户外錄製，以天然景色為背景，第一次錄製地點是台北市的榮星花園，在二月六日播出。此後錄製地點遍及全島各名勝地區，開以外景錄製歌唱節目的先例。

播出時間長九十分鐘的台視綜藝節目「歡樂周末」，在一九七〇年間，又移出台視攝影場，在台北市撫順街豪華酒店作每周一次的錄製，開電視台在外間定期製作綜藝節目之始。

豪華酒店有現代化的舞台，演藝人員可自天而降，自台下而出，或沿舞台兩旁梯道上下移動。樂隊在舞台前之樂池中，不出現於舞台之上，亦不擋觀衆視線。觀衆繞桌而座，錄影時台視可招待觀衆現場入座參觀。

我為租豪華酒店場地，曾與豪華酒店董事長郭敏行先生多次往還，最後訂租約兩年，年付租金百萬。每次錄影，台視另行設置布景及燈光，動員人手極多。我又自撰「歡樂周末」主題歌歌詞，由台視大樂隊指揮謝荔生配曲。主持人原為丁琪，後為白嘉莉，繼之又為包娜娜與邊啟明聯合主持，「歡樂周末」主題曲即係包娜娜主唱。與豪華酒店合約將滿前，「歡樂周末」搬回棚內錄製，以節成本，剩餘租期，即由「翠笛銀箏」初期錄製使用。

一九七一年四月間，台視在周二晚八時半至九時，曾推出另一綜藝節目「歌舞賓果」，杜詩製作。分國內、國外、大陸及慶生會四個單元，每周播一個單元。如國外單元介紹韓國，則半小時內容悉以韓國風光及歌舞為主。另節目中有題，由觀衆通信作答，答中有賓果獎。這個節目內容包括廣泛，取材不易，且主動區隔觀衆，不易產生收視焦點，播出為時較短暫。

十、第四、五兩屆歌賽繼續舉行

中視開播後的次年，即一九七〇年六月，台視仍繼續舉行第四屆歌唱比賽，選拔新星。

這一次的比賽，祇分國語歌曲及藝術歌曲兩組，依舊分別在台北、台中、高雄、花蓮四區報名試唱及初賽，複賽及決賽集中在台北舉行。總共參加報名的八千三百二十八人，為歷屆報名人數最多者。實際參與試唱的，為六千八百一十人。最後晉入決賽的，國語歌曲組為二十七人，藝術歌曲組為七人。

八月二十八日晚「交響樂時間」，藝術歌曲組公開播出決賽過程，結果名次為：第一名陳麗香、第二名陳敏芳、第三名蔣榮伊、第四名林玲珠、第五名曹劍彬、第六名劉弘春和楊耀輝。

八月二十九日晚原綜藝節目「歡樂周末」時間，國語歌曲組公開播出決賽過程，結果名次為：第一名張鷗陵、第二名王祥齡、第三名黃誠幗、第四名陰曉春、第五名劉文正、第六名徐增慧、張秀卿、林芳玲、張福叔。

我與前三屆的比賽一樣，參加了評審。其餘的評審委員有王沛綸先生、駱明道先生、曾仲影先生、楊元丰先生，和黃麗珍小姐。

藝術歌曲組前此三屆第一名都從缺，祇有這次才產生唯一的一名冠軍。這位幸運者陳麗香小姐，畢業於藝專，執教於華江女中和台灣神學院。

第二名陳敏芳小姐畢業於文化學院，執教於聖心女中，並任青年會大專頌音合唱團指揮。

第三名蔣榮伊先生畢業於幹校音樂系，服務軍中。他曾師事戴序倫和鄭秀玲兩位教授，習聲樂近十年。

第四名林玲珠小姐是台北市中山國小的老師，但其時台視的觀眾對這位林老師並不陌生，因為她早就是在台視的「兒童世界」節目中對小朋友講故事的「姐姐」之一。她後來曾長期領導和指揮台視兒童合唱團，並曾率團赴美演唱。

第五名曹劍彬先生也畢業於藝專，任教板橋國中。

第六名劉弘春小姐和楊耀輝先生兩位都是鄭秀玲教授的高足，楊其時是台中兒童合唱團的團長兼指揮。

國語歌曲組的優勝者，是較受一般觀衆注意的一群。第一名張鷗陵肄業世新影劇科，愛音樂舞蹈，從沒想到會在衆多的角逐者中奪魁。

第二名王祥齡，肄業文化學院攻舞蹈，曾上「群星會」表演現代舞，並拜關華石為師學歌。面貌嬌美，而內心卻是個虔誠的基督教徒。

第三名黃誠幗，肄業世新。亭亭玉立，艷光照人。她性格較為文靜，除好音樂外，還喜愛服裝設計。事實上她後來獻身演藝的興趣並不是很高，可能在服裝設計上多有成就。

第四名陰曉春，曾服務於金門電台，向對岸喊話和唱歌，訓練出一副好嗓子。她後來熱心幼教，婚後居美。

第五名劉文正，有人形容他是林沖與湯姆瓊斯的混合，相當神似。我認為如果再加上一點詹姆斯・狄恩，可能更恰當。有一次有一個節目必須他參加，卻與他學校中的考試時間衝突，我還特地去蘆洲鄉他肄業的喬治中學為他請假，使他有補考的機會。後來他跳槽到華視，很風光過一段時光。

第六名的徐增慧、林芳玲、張秀卿都有高中以上的學歷，張福叔則畢業於師大。徐增慧曾參加過台視的第二屆歌唱比賽，但決賽時被剔除。這次捲土重來，終於上榜。林芳玲唸高二時，曾得過全省歌賽第二名。張秀卿在兩年前曾上過「田邊俱樂部」，表演民族舞蹈，醉心演藝工作。張福叔不僅能唱，且長於鋼琴，他的心願是自彈自唱自己的作品。

台視的第五屆歌唱比賽，是在一九七一年的五月開始舉行，但在方式上卻有所改變。由於其時中國時報打算在台視上舉行一次全國十大新歌星的選舉，台視願意協辦，味全食品公司也樂意協辦，於是就以中國時報主辦、台視和味全協辦的名義對外公開進行這項選舉。優勝者得由台視作選擇性的簽為基本歌星，也就等於台視舉辦了第五屆的歌唱比賽。

依照當時商定的辦法，初步跟台視大致相似，但祇限於國語流行歌曲，分四區報名及初選，初選時唱自選曲一首，入圍後再參加複選。複選時唱自選曲一首，及歌名預先公布的指定曲一首。初選及複選，都由主辦單位聘專家評審。複選入圍者有分區保障名額，即北部二十人，中部、南部及東部各十人，共計五十人參加準決選。準決選將一連三晚在台北市綜合體育場舉行，由台視獨家轉播。如是在五十人中由評審委員選出二十人為十大新歌星候選人，在一連八次的節目中演唱，讓觀衆投票選舉。得券最多的前十名，就是當選者，都具與台視候選簽約的資格。

十大歌星選出後，定期舉行頒獎晚會，也由台視支援播出。除當場發給獎金及當選證書外，台視也將贈與獎牌。獎金是第一名五萬元，第二名二萬元，第三名一萬元，第四名至第十名各五千元。

頒獎以後，十大新歌星將赴各地作勞軍公演，台視屆時也作實況轉播。

對投票的觀衆，有雙重得獎的機會，最大的獎品是小轎車一輛。這一部分祇與時報及味全產品的行銷有關，不再詳述。

這次選舉從五月一日起分區報名開始，到九月十一日晚頒獎為止，長達四個多月。在六千八百多位角逐者中獲選為十大新歌星的名單依次為林美吟、谷名倫、王孟麗、王彩麗、王吳仁和、夏台瑄、黃惠珍、林惠卿、周振揚、李玉華。

在這十人中，台視選擇了林美吟、王孟麗、夏台瑄、王彩麗、李玉華、王吳仁和等六人簽為基本歌星，於九月二十八日下午舉行了一個歡迎茶會，由周總主持，各贈金五千元和代表台視基本演藝人員的金質證章一枚。第四屆比賽冠軍張鷗陵也到場致賀。

林美吟，南區選出，台南縣人，曾在台視的「田邊俱樂部」及「三朵花」節目中演唱過。入台視後，有良好表現。

王孟麗，中區選出，台中人，體型嬌小，歌聲柔和。崔苔菁被華視羅致後，我曾指定由她接替崔為「翠笛銀箏」主持人。

夏台瑄，南區選出，湖北人，台南高中畢業，她希望能像夏台鳳一樣成為一個紅歌星。

王彩麗，中區選出，陝西人，時仍肄業南投明德商職，曾專攻聲樂，在校即被譽為學院派準歌星。

李玉華，北區選出，江西人，肄業復興商工。

王吳仁和，北區選出，彰化人，從母姓，為台北郵局汽車修理廠技工。能自學唱得出類拔萃，殊為不易。

台視這兩屆歌唱比賽，一次是舉行於中視開播之後，一次是舉行於華視籌備之際，開播之前，多多少少，也有點向友台展示實力的味道。

十一、台視首播奧斯卡等巨型影片

台視在與中視對峙的兩年中，一連串租映了國際注目的大片，可以說是搶盡先機。

一九七〇年四月十二日下午二時十五分，首次播出了奧斯卡金像獎頒獎典禮影片。奧斯卡金像獎，是美國電影藝術學會所主辦，每年一次，頒獎給美國電影界所生產的被評審為最佳的各類影片，以及各類的工作人員，如導演、編劇、男女主配角、攝影師、作曲者等。由於美國加州影城好萊塢電影公司執世界電影業的牛耳，產品銷行全球市場，因此奧斯卡金像獎的頒獎典禮，也就成為世人所重視的一個國際性的電視節目。

台視這次播出的奧斯卡，是第四十二屆，當年四月七日晚七時（美國西岸時間，在台北為八日上午十時）在洛杉磯音樂中心舉行，由美國廣播公司的電視網，將全部頒獎過程，向全球各地，作彩色實況播出。對不便利用衛星作立即轉播的國家的租訂台，則改以影片航運。台視訂用的是影片，故播出時間在美國之後。

美國電影諧星泰斗鮑勃．霍伯，這次是他第十五度主持這個典禮。應邀觀禮的大明星有舞王弗雷．亞斯坦，「荒野大鏢客」克林．伊斯弗特，「老牛仔」約翰．韋恩，上屆得奧斯卡男主角的克利夫．羅勃遜，「畢業生」女主角凱瑟琳．羅絲等。節目中並穿插有九位馳名國際的英、法、俄、日等國的大導演的訪問，以及一些例有的歌舞表演。

接著在六月十四日下午二時二十五分，又首度播出「艾美獎」的頒獎實況影片。艾美獎是美國電視藝術及科學學會（National Academy of Television Arts and Sciences）所舉辦的獎項，一年一度的頒獎與優異的電視節目及演出人員，受獎的項目多達七十個。首次頒獎是在一九四九年元月二十五日舉行於洛杉磯，當電視事業年復一年在世界各地繁榮滋長，這項頒獎典禮也就越來越為各地電視台和觀衆的重視。台視這年播出的，是五月九日在洛杉磯舉行的第二十三屆頒獎典禮。

此後一個月，七月十九日下午二時，台視又首次播出了七月十一日在美國邁阿密市舉行的第十九屆環球小姐選美大會。這次大會的主持人是美國電視紅人茱茵・洛克哈特和鮑勃・巴克爾。參加選美的各國佳麗有六十八位，當選的環球小姐（Miss Universe）可得現金一萬美元，一張個人表演合約，及一件貂皮大衣等禮品。

九月十九日晚十時，台視又播出了第五十屆的美國小姐選美大會。這次大會是九月十二日在美國的大西洋城舉行，例由美國各州各選一人參加，共有五十人角逐一九七一年「美國小姐」（Miss U.S.A.）的頭銜。

十二月二日晚九時二十分，台視又首次播出了十一月二十日在倫敦舉行的一九七〇年世界小姐（Miss International）選美大會影片，有代表五十七個國家或地區的佳麗參加。

以上的這些頒獎的大型影片節目，全都在一九七〇年中連串的在台視作首次播出，觀衆也許要問：為什麼台視前些年不播出？為什麼全都為台視租訂？

答覆前一個問題可分兩點：第一，這些影片長度都在兩小時以上，片租太高，沒有他台競爭，能省就省，通常願意在影片上提供廣告的客户也不踴躍。第二，這些節目影片都是彩色的，在過去黑白電視時期，即使高價租來彩色影片，但在黑白接收機上看到的畫面都是黑白的，也未免可惜。而一九七〇年，卻正是兩台開始在彩色節目上競爭的一年，台視的這個創舉，既可以壯自己的聲勢，也有助於彩色電視機的推廣。其時台視本身的電視機製配廠，也正在積極裝配生產彩色電視機。

答覆後一個問題則可簡約為人際關係。台視與片商之間，早有七年的來往。在這七年中，台視到期付費交片，從無拖欠、延期、廢約、毀片等情事，已建立良好的商譽。其次是我與片商之間，已建立私人的交誼。不僅他們來台時，可以迅速達成交易，應酬往還，即使有私人請託事項，如訂房、購物、朋友來台觀光等項，也樂為服務，使對方滿意感激。有時他們攜眷來台，我也會請女同事協助接待，讓他們感到人情上的溫暖。事實上這些外片商，大都具有相當的文化氣質或背景，不純粹唯利是圖。例如福斯公司的遠東區經理彼得・布魯姆曾在來台售片時，即就便指揮台視交響樂團演奏一次，要是對古典音樂没有相當的涵養，豈能輕易辦到？台視獨家時，他們議價對象別無選擇，我不會無理殺價，等到中視出現，他們也會主動讓台視有優先議價的機會，祇要出價合宜，就算成交。在這樣的情況下，台視預先一口氣將這些國際性的巨片訂下，自屬易事。

台視對這些巨片的優先承租權，維持了許多年，其中也偶有為友台出高價挖去的情事，但不多見。主要的是，這些影片並不保證會有相當豐厚的收益，有時還會有些吃力不討好的事發生。記得環球小姐有一年是在東京舉行競賽，畫面既有日文、聲音又有日語。當時日文日語是禁止上電視的，因此片子被刪剪得百孔千瘡，被觀衆怒罵。

中視在這段期間，卻另出奇招，播出一套日本摔角影片，配以解說旁白，竟然招引觀衆，廣告滿檔。台視認為這類影片，過於暴力殘忍，不適合在電視上播出，尤其不適合兒童收看，曾將此項意見公開表達，但各方似無反應，中視依然照播不誤。台視不得已也向美國神殿摔角公司租來一套「世界摔角擂台」彩色影片，於一九七一年六月七日晚九時播出第一集。同時聲明台視本無意為之，如果友台不播，台視也可隨時停播。就在雙方僵持情況下，有某獨立影片公司徐姓負責人，向台視宣稱已洽妥日本摔角名手馬場來台公開表演若干場，願將電視轉播權售與台視。終於雙方簽約，由台視預付十萬元為訂金。不料此一表演賽未能為教育部核准，照理該影片公司應將台視訂金退還，但卻拒付，說是教育部未核准，非該公司違約，且其本身也發生巨額損失。台視不接受此種解釋，訴諸法庭。結果官司勝訴，取來的衹是該公司一簍破舊戲服。但經過此番糾纏，官方終於裁判，兩台摔角停止，為競爭添一段史話。

十二、張副總逝世，節目部改組

人事原稱安定的台視節目部，在中視準備開播期中，開始有了些變動。一九六九年的二月，原任正聲廣播公司協理的聶寅，進入台視任節目部副理，使得台視節目部，成為最早有兩個副理的一級部門。聶兄原是我在雪城大學修碩士學位時期的同學，我在前面已經述及過。他來台視協助我，我自表歡迎，但他之進台視，卻非我主動推薦，免得授人以我借重私誼的口實。聶兄為人厚道沖謙，與另一副理鄭炳森兄之間也相處融洽，業務各有所司，聶主企劃編審，鄭主製作。重要節目決策，我以會議方式研商，再自行裁決或報周總核奪。

重大的人事變動，則啟於是年十一月十五日台視首任副總張仲智先生的病逝。張先生是在一九五七年以小型電視設備在台北作電視展示的台電工程師，事實上他的資歷並不祇此。

張先生是江西豐城人，字辰輔，畢業江西工專，鑽研電工學科。一九二八年參加剿共工作，任軍事委員會江西無線電大隊大隊長。對日抗戰時，他為江西創設了全省電訊網，設立江西電工廠，又為江西建立無線電台一百餘座，建長途電話線一三八〇公里，使江西全省通話無阻。後又發明經濟電話，定名「仲智式電話機」。抗戰勝利後，曾獲政府頒獎，嘉獎他對抗戰的貢獻。

一九五〇年，張先生來台，入台電工作，歷任工程師、修理廠廠長等職。台視籌備時，周總慕名聘為副總，主掌建台工程業務。一九六五年雙十節，在他的督導下，完成中南部的轉播網。一九六九年交通部完成人造衛星轉播站，他又與交通部商洽，使台視成為利用交通部衛星地面站收發電視節目訊號第一家電視公司，但想不到這時已是張先生人生旅途的終點。

張先生生平不嗜煙酒，閒時練習書法和太極拳，身體本來硬朗。但竟驟然發覺罹患肝癌，醫藥罔效，而於是年十一月十五日晚九時逝於台大醫院，享年六十三歲。

張先生去世，副總祇剩李蔚榮兄一人。十一月二十七日，周總在台視董事會中提名，通過聘前台北工專校長及前教育部次長張丹先生為副總，同時也將我升任為副總，但仍兼節目部經理。張丹先生至一九七二年六月底即辭職他就，在台視任職不過兩年又七個月，遺缺由業務部經理關慕愚升任，這是後話。

我在得知擢升後頗感意外，但這也表示周總對我八年來的工作的肯定和期許。收到人事異動通知後，我特地去謝他。他也以他那特有的又是作弄又是幽默的笑容對我說：「沒有什麼，我祇是不想讓跟我打拚了八年的節目部主任（老職稱），去跟中視才做了幾個月的節目部主任平起平坐！」

不管他說的是真是假，我卻没料到這也算理由。平心而論，我過去雖不認識中視的首任節目部經理翁炳榮先生，但在我心目中，翁先生文質彬彬，敦厚謙和，應算得上是個可敬的對手，何況他的掌上明珠翁倩玉十幾歲就上過台視的節目。

台視節目部最初的編制，是分為編審、播映、電影及新聞四組。一九六六年十二月新聞組獨立成為新聞部，節目部祇剩下三組。其後編審組組長羅朝樑調業務部副理，組長由謝鵬雄接任，繼之又設企劃組，聘唐賢鳳為組長。原編審組一部分靜態作業業務，則劃入新設的管理組，以童亦慶為組長。並以這項編制上的異動，準備迎接中視的競爭。一九七一年華視開播之前，為適應需要，將播映組改稱導播組，擴大導播編制。原播映組組長張午因早已移民加拿大離職，組長由葉超升任。原屬為播映組的美工工作，獨立為美工組，聘名攝影家錢浩為組長，加強美工能量，包括景片、道具、服裝等方面的設計、製作和管理。電影組則改稱影片組，因其時外來節目已有錄影帶，不僅祇有電影片。另一方面，節目外銷業務行將展開，此項工作，計劃由影片組執掌。

就在此時，「主管輪替」和「族群平衡」的觀念，已在我的腦海中盤旋。

首先是「主管輪替」。節目部的負責人，責任極重而工作量大。我雖然還不到五十歲，但既已積八年的苦勞而升任副總，就不宜再長此兼掌節目部，使部屬没有循序升遷的機會。但要有人接掌節目部，我得先在節目部副理的身上考量。

節目部副理、老沙鄭炳森，應是當然接班的人，因為聶副理是一九六九年才進入台視，而鄭副理在台視籌備時就進入，服務台視比聶副理資深許多。但很不巧，有節目部同事二人，不約而同向我陳訴如何受到鄭的不當壓力。其中一位是擁有高學歷的女性，向我陳訴時聲淚俱下，並暗示如我偏袒，則不惜「上訴」及公開求取公道。

這兩位同事陳訴的不是同一件事件，而是多件不同的事情。但指向同一個人。他們陳訴的不是私事，而都與公務有關。當然，我不希望這事鬧開去，也不能找當事人來對質。我祇有採取斷腕策略，調鄭離開節目部。

我將這件事主動的報告周總，因為我若匿而不報，他們也會經由別的管道或逕行上告。我對周總說我很遺憾發生這樣的事，身為節目部主管，我有責任，且鄭是我推介為節目部副理，我也責無旁貸。周總問我打算怎麼處理，我說鄭這些年來，對公司也不無貢獻，應留他一個面子。我建議在決定繼任人選以後，將鄭派去日本富士電視公司作一段時間的考察，趁他不在國內時，發布人事命令，將他調離節目部。他是個聰明人，自然知道如何自處。周總沈吟了一會，然後回答說：「好吧，就照你的意思辦，他回來後可擔任我的特別助理。」

就這樣，我開始物色接替鄭副理的繼任人選，事實上是要找一個能接替我掌節目部的人選。在這時，「族群平衡」的意念，就進入要具體實現的階段。

我先必須聲明，我個人原無族群區隔的觀念，但在那個時候，至少就台視和中視而言，實際上掌經營權的都是外省人，連後來開播的華視也不例外。舉例言之，台視的董事長林柏壽先生是本省人，但他並不干預經理部門的事，一切任由周總作主。周總是浙江人，首任副總張仲智是江西人，張去世後繼任的張丹先生是浙江人，另一副總李蔚榮是甘肅人，我是湖南人。後我任副總的關慕愚是遼寧人。各部門主管來說，行政部經理朱洪道是江蘇人，財務部經理張家騂是江西人，業務部經理裴君箸是遼寧人，工程部經理黃履中是上海市人，新聞部經理李文中是雲南人，製配廠廠長畢家湘是湖南人，安全室的主任安宇文是安徽人，換言之，其時台視一級主管以上，沒有一個是本省人。

再看中視，董事長谷鳳翔是察哈爾人，總經理黎世芬是江西人，副總二人董彭年是江蘇人，林翔熊是浙江人。一級主管我除翁炳榮外多不熟識，但翁是本省人。

一九七一年開播的華視董事長劉濶才是本省人，總經理劉先雲是湖北人，副總蕭政之也是湖北人，其餘的一級主管我也大半不熟識。但可以說明，三台經理部門的高層人員，少有本省人。

中視是國民黨黨營事業，華視是教育部與國防部合辦，高層經理人士少有本省籍人士，或無可厚非，台視為台灣省政府投資經營，一級主管中應有本省籍人士，該是合理的安排，這就是我當時的想法。

因此，我將目標瞄準台中市籍的廖祥雄兄。

廖祥雄一九五七年畢業於師大教育系，後赴日本及美國研習廣電教育，於一九七三年獲舊金山州立大學廣電碩士學位。次年返國任教育電視台主任，後又任行政院新聞局電影室副主任、教育部教育資料館視聽教育組主任，及中影公司導演，執導「武聖關公」等影片。

我與祥雄兄原不相識，但看過他寫的有關電化教育的論文，也曾在多次會議中遇及交談，覺得他確實是個有真才實學的人，又比我年輕九歲，如果由他來接長台視節目部應該是個適才適所的人選。其時他已是個獨立的導演，較少羈絆。於是有一天我與他相約，到永和他的家中去看他，坦陳過訪動機。我擬先推薦他為節目部副經理，待他適應台視環境後，再擢升為經理。他表示他對電影的興趣高於電視，但感於我的誠意，願意一試。於是經我向周總力薦後，廖於一九七一年七月到任擔任節目部副理。鄭炳森於是年八月奉派赴日考察，十月返台已被調任總經理室特別助理，一場可能引發的人事糾紛，也化解於無形。這段公案，鮮為同仁所知，甚至不為當事人所知。

不過，世事往往有未能逆料者。祥雄兄未及半年即於一九七二年元月升任節目部經理（我同時卸除此一兼職），面對中視和華視的競爭，原當大有可為，不料他在台視任職前後不到一年，卻向我堅決請辭，理由是他不習慣挨人官腔，受僚氣，他一年中如導三部影片，收入就強過台視年俸許多；而且電影導演權威是至高無上，那像在台視還要看他人臉色。我知道他所指的對象是誰，但這種事關於當事人的性格和作風，如果不能忍受，則在下位者祇有掛冠一途。實在說我自己就常有這種衝動，但基於對台視的感情，和周總對我的知遇，往往會自我化解，而祥雄兄則與我不同。於是在取得周總的同意後，祥雄兄終於在一九七二年六月底離職。我重行兼任節目部經理，但平調時任新聞部副理的李聖文兄至節目部襄助。

是年底，鄭炳森應邵氏公司之聘赴港，離開台視。廖祥雄卻應華視之聘，為節目部顧問。

三台鼎立篇

一、篇首

自一九七一年十月三十一日華視開播開始，我國電視事業，即由台視與中視的對峙，構成台視、中視、華視三台鼎立之勢。

嚴格地說，如果不將有線電視的歷史包括在內，純粹就無線電視而言，三台鼎立的歷史，應該結束於第四家合法設立的民視於一九九七年六月一日開播之時，亦即三台鼎立長達二十六年之久。縱使本書係寫我個人的電視生涯而不是寫我國的電視正史，也無從將二十六年間的種種納入一篇之內，因此本篇設定結束於先總統　蔣公逝世之時，其間歷時三年又半。

蔣公逝世，不僅驚震國內外，對三台來說，也是開台以來共有的一個大變局。雖然三台節目未嘗中輟，但內容全然不同平時，彩色換成黑白，連廣告也改為悼言之類，長達二十六天。

就三台本身而言，在這三年半當中，也各有董事長、總經理、副總經理等高層人事的變動。就台視而言，首任總經理周天翔於一九七四年七月一日卸職，由中央廣播電台主任劉侃如繼任。就中視而言，首任總經理黎世芬於一九七二年九月一日卸職，由副總經理董彭年升任。中視副總經理潘鶴於一九七二年十一月十八日卸職，至一九七五年四月一日始由鄧昌國遞補。就華視而言，首任董事長劉闊才於一九七四年元月卸職，由藍蔭鼎繼任。三台高層人事的更替，也構成了這個階段的一項特色，還不包括因華視的開播，使原有十年歷史的教育電視台的消失在內。

華視的問世，比起中視開播時更為風光。依照「民國五十年至六十四年電視年鑑」的統計，電視接收機的數字，已自中視開播時的六十萬架，增加至一百四十萬架，其中彩色電視機也有七、八萬架左右。在廣告業務方面，兩台當年的營收，超過五億元，佔全國廣告總額的三分之一。前者華視是坐享其成，後者則面對台視和中視的交鋒，非得硬拚不可。

由是在節目上，在業務上，甚至在合縱連橫的策略上，也就展開了三台的戰國時期。華視首任總經理劉先雲先生係由教育部常務次長調任，負責內守。副總經理蕭政之先生係由國防部總政治作戰部中將副主任轉任，負責外攻。蕭將軍不愧政戰本色，衝鋒陷陣，軟硬兼施。雖在華視服務不過四年，卻為華視拚下一片江山，堪稱戰國英雄。

自廖祥雄兄於一九七二年辭台視節目部經理職，卻為華視「統戰」任華視節目部顧問後，我祇好重行領軍台視節目部。以下各節，是我在這段期間，重掌台視節目部的種種。限於篇幅，重點也祇放在我個人涉入較深的片段。中視與華視在這個時期的動態，我也祇能在必要的時候，當成背景資料述及。不過，如果事涉三台，例如有關電視學會、業務合作、節約能源，以及國喪期間的應變措施等等，自不能不予概括。

二、連續劇激戰中，蔣桂琴感人肺腑

中視燃起的國台語連續劇之戰，在兩雄對峙期中，已是炮火熾烈，華視開播之後，也熱烈地加入這個戰局，使得各線連續劇，成為兵家必爭之地，至今依然，祇是播出時間偶有異動，國台語亦可混合運用而已。

在七〇年代前後期，台視國台語連續劇每多佳作，無從一一道及。但在一九七二年八月所播的國語連續劇「蔣桂琴的故事」卻是感人最深，也是我個人涉入較多的一次，值得一提。

首先，我得介紹蔣桂琴。她是一個幼年喪母、十四歲才入大鵬劇校苦練花旦的一個女孩。二十歲學成剛要在舞台上起步的時候，卻不幸得了骨癌而失去右腿。雖然如此，癌症並未痊癒，反而擴散至胸部。她病入膏肓而仍然鼓起勇氣，參加國劇「紅樓二尤」的演出，為癌症病人籌募治療基金，並以「生命的謳歌」為文，在報端發表抒懷。

這篇文章為台視戲劇製作人楊維琳女士看到，深為感動，觸發她要以蔣桂琴的生平和義舉製作一個連續劇的靈感，希望以這樣的一個連續劇來激勵蔣桂琴，並勸告世人珍重生命。

那時廖祥雄兄已辭職離台視，我兼掌節目部，對楊女士的構想，頗為激賞。就經驗而言，這個戲的劇幅不大，人物和情節都較為單純，決不是能和友台相對的材料，當然也不會受廣告客户的青睞。但若從社教的意義上著眼，則是一杯甘醇足以煥發人性的光輝，促使年輕人奮發、進取，對藝人也是表示崇敬，於是我決定製作。不過，蔣桂琴本人必須肯定這個構想，也要得到她父親的同意才行。

於是在八月初旬的某一天，我和楊女士及幾位節目部企劃組的同仁，帶著水果和鮮花，去空軍醫院看蔣桂琴。我所以要自行去看她，一來我要與這位心儀的藝人見見面，再來也表示台視的誠意，使她不致拒絕。

在空軍醫院簡陋的病房裡，我見到這位蔣小姐。她坐在木床上，以被子蓋住她的腿部。短短的頭髮，凸顯一張清癯的臉。她始終露出禮貌的笑容，祇是謙虛的認為她平凡得不值得成為一個連續劇的女主角，但並不反對台視的善意。不過，如果真要演她，她希望由張小燕來扮演她。

就這樣，我們得到她圓滿的答覆，剩下的祇是她父親蔣紹禎先生的同意。

蔣紹禎先生是個軍人，我沒有去面見，但與蔣先生去洽商的同仁回來報告，蔣先生並不贊同。如果要通過這一關，似乎還要勞動蔣先生過去在軍中的老長官勸說才行。

在為瞭解蔣先生生平而取得的資料中，我赫然發現原來蔣先生就是我家住永和永利路時祇聞其聲未見其人的鄰居。

那時候，每到傍晚，我一家人都會聽到一位五十歲左右的男人，在大聲的斥責家人。濃重的北方口音，我們全聽不清楚，也不想去聽清楚，因為那是人家家中的事。奇怪的是，這種大聲的斥責幾乎天天出現，卻永遠聽不到有任何聲音答腔。在看到蔣紹禎先生的資料後，我才知道這位大聲公鄰居是誰。挨罵的如果不是蔣桂琴，也定是她年幼的弟妹。沒有母親在世的蔣桂琴和她的弟妹，想必就是天天在這樣的嚴父的呵責之下長大的。

最後，蔣父終於點了頭。台視節目部決定以「蔣桂琴的故事」為名，製作半小時的國語連續劇十五集。除製作人楊維琳外，並請編劇家依風露、王曉寒、朱雲鵬三位聯合編劇，廖煥之導播。

依風露先生等三位編劇，為求劇情的真實，曾與蔣桂琴在病房中多次詳談並作成紀錄。朱雲鵬先生曾在大鵬劇校任教，對蔣的種種更為熟悉。由是決定劇情分三個階段進行，第一個階段寫她進入大鵬學戲的那段少女的戀情，她對藝術生涯的憧憬，直到她發現自己罹患癌症。第二個階段描述她織的夢已因病而破碎，愛情隨風消逝，親情也恍若可望而不可及。第三個階段寫她為義演綵排及抱病公演，忘去自己的痛苦，為給人歡樂而使自己歡樂，以及自己還期待劫後重生。

演員方面，依蔣的意願由張小燕演她自己，其餘的則由台視安排。結果是由儀銘飾演她的父親，張冰玉飾演她的母親，吳桓飾演主治醫師，趙雅君飾演教師，馮海飾演她的男友，同學如徐露、邵佩瑜、鈕方雨、程燕齡、張安平等都自己演自己。

張小燕既在劇中飾演蔣本人，則造型、動作、語調等都必須依蔣本人為模式，於是張小燕就多次去醫院看她，發現二人確有神似之處，例如身高都為一五八公分，年齡相差約四歲，張小燕常用右手食指擦鼻子，蔣則常用右手的食指和姆指捏鼻子。二人在臉型上，也十分近似。

八月二十一日晚間，這個連續劇終於登場。一開始就是蔣桂琴一個人坐在輪椅上，在聚光燈下所作的獨白。孤寂的身影、動人的語調，令人嘆息她的不幸，也敬佩她的堅強。

戲，如我預期的，叫好而不叫座，廣告寥寥無幾，似乎一個年輕藝人的生與死、絕望、掙扎，和對未來的期待，那都是當事人自己的事。但我相信至少有一個忠實的觀眾目不轉睛的凝視著螢光幕，那就是蔣桂琴自己。而當「蔣桂琴的故事」因播畢而在螢光幕上消失後不久，蔣桂琴本人也像曇花一現地在塵世消失。

為了紀念蔣桂琴，我安排全劇於是年十月三日起，在下午五時五十分至六時二十分之間，每周播出五天。在播畢後我又交代企劃組，將此劇十五集永久保存。

蔣桂琴雖然祇有短短二十年的生命，但她不僅在國劇劇藝上苦學有成，而且曾追隨名師馬壽華、高逸鴻、陳雋甫等人研習國畫和書法，具有相當根基。就在「蔣桂琴的故事」首播的前兩天，她還跟編劇依風露先生透露她打算將自己的生平寫成一本小說的心願，可惜天不假年，她的計劃未能如願。

台視同仁名作家謝鵬雄兄，曾以「勇者的畫像」為題，撰文刊於「電視周刊」，盛讚蔣桂琴執著生命的勇氣。「電視周刊」的主編，後為台視文化公司總經理的梁光明兄，也以「蔣桂琴澈通幽明」為題撰文，用詞典雅。兩文刊布之日，蔣女猶一息尚存。而今讀之，均堪為蔣女的墓誌銘。

後為台視新聞部經理，時任記者的顧安生，曾在蔣桂琴隻腿登台義演「紅樓二尤」時在場採訪，認為是他平生採訪新聞時感受最為深刻難忘的一次。中視新聞部也以「蔣桂琴的故事」為題，對蔣桂琴的遭際作一系列的報導，在一九七三年獲頒新聞報導及時事評論性節目獎項的優等金鐘獎。

在這裡我要就便補述另一個英年早逝的國劇青衣徐蓮芝。徐小姐也出身大鵬劇校，唱做俱佳，曾在台視主演過「釵頭鳳」及「離魂記」等戲，十分敬業。雖身體孱弱，演出中全身顫抖，仍每每咬牙支撐至劇終。卒因醫藥罔效，先逝於蔣桂琴之前，知情者莫不惋惜。

三台在這段鼎足而立的時日中，國台語連續劇都有不少賣座佳作。在台視有「滬江煙雨」、「一八〇封鎖線」、「糊塗火劍客」、「青春鼓王」、「玉釵盟」、「大江英豪」、「風雨斷腸人」、「茶花望春風」、「緊急追緝令」、「宋宮祕史」、「伐紂」、「小魚吃大魚」、「傻女婿」等。中視有「母親」、「老師」、「五段情」、「苦情花」、「一代暴君」、「大漢中興」、「愛心」、「玉蘭花」、「心蓮」、「女神龍」、「龍兄虎弟」、「真愛」、「新娘與我」等。華視有「萬家生佛」、「七世夫妻」、「俠女尋母」、「包青天」、「保鑣」、「嘉慶君與王得祿」、「媽祖傳」、「西螺七劍」、「鳳山虎」、「俠士行」、「朱洪武與劉伯溫」、「土地公」、「圓環阿郎」等，以上這些連續劇，全部都是彩色播出。

三、「台視劇場」與「淥水悠悠」

華視開播後，三台的連續劇氾濫成災，尤其是歌仔戲、布袋戲等都採連續劇型態逐日播出，使得台語類連續劇倍受青睞，國語單元劇逐漸式微。台視在開播後推出的國語單元劇「電視劇場」，經過多年的經營，原曾享有良好的口碑，但到一九七〇年八月，在連續劇的壓力下也不得不被迫下檔。

我個人沒有逐日收看任何連續劇的耐心，也不為工作時間所允許，是以較為偏好單元劇。我也相信因為工作而無法收看連續劇的觀衆大有人在，如果在周末晚間推出一檔時間較長的國語單元劇，一定可以吸引這一類的觀衆。因此我在一九七二年秋，向節目部同仁提出我的構思，即在周六晚間十時，推出一檔三台從未嘗試過的長達九十分鐘的國語單元劇，定名為「台視劇場」，採健康寫實路線，以平衡連續劇中常見的低俗和殺伐。而且時間長達九十分鐘，等於一部國語電影片，或三個半個小時的連續劇一次看完，如編、導、演都很用心，一定精彩可期。

我的這個構想，得到同仁的認同。對台視特約的編劇者及國語劇演員而言，尤其感到躍躍欲試。於是我把這個任務交給企劃陳為潮和導播趙振秋，期望他倆能挑起這個重擔，絕對不能砸了台視這塊招牌。

終於，「台視劇場」在一九七二年十一月十一日晚十時問世，第一次播出的戲，是由名編劇家丁衣所編「鎖著心的人」，由曹健、常楓、李虹、童星湯志偉等主演，果然一炮而紅，光耀奪目。接著演出了巴天編的「此恨綿綿」、杜雲之編的「春殘夢斷」、趙玉崗編的「翠姑」，一個月下來，穩穩的奠定了「台視劇場」此後近十七年傲視電視劇壇的基礎。

台視有資深的編劇群和演員，是「台視劇場」能以成功的基石，而陳為潮和趙振秋二位的合作無間與竭智盡忠更是功不可沒。

陳為潮是南京人，畢業於幹校康樂班，曾任廣西省立藝術館編審、國防部康樂總隊編導等職。台視開播後，光啟社聘陳為潮為製作人，在台視製作一小時國語單元劇，稱為「電視劇場」，由趙振秋任導播。二人其時即有良好默契，曾演出過不少佳作。「台視劇場」實際建基於「電視劇場」之上，僅將播出時間延長為九十分，播出時段自周四晚移至周六晚，由台視節目部自行製作，實際上是由陳趙二人負責聯合執行。陳負責拉稿審稿編稿，趙則偏重於導演導播方面。陳在一九七一年為台視納入節目部初任編審，因「台視劇場」成果耀眼，陳於一九七五年九月調升為企劃組副組長。一九七八年三月原應屆齡退休，但因功延長服務期限，且於一九八〇年二月升任組長，一年後退休。一九九九年聞病逝於大陸，享年八十一歲。

導播趙振秋，堪稱傳奇性人物。他是綏遠省歸綏人，畢業於政大附設邊疆學校及幹校康訓班，曾任國防部劇團編導、康樂總隊導演、中央電影公司副導演。同時，他又演出過舞台劇「乘龍快婿」、「萬丈光芒」、「再會吧，大陳！」、「新紅樓夢」、「洛神」、「秋瑾」、「阿蓋公主」、「漢光武」等話劇，也拍過「梁紅玉」、「一萬四千個證人」、「白雲故鄉」等影片。我個人見過他演過的一部影片似乎是「西施」。

台視開播後，他以錄音師應考錄取。至一九六六年調為導播，開始與陳為潮搭檔主導「電視劇場」。一九七〇年升導播組副組長，次年即與陳為潮合作策劃「台視劇場」，並負導播重責。

趙振秋擅長的不僅是他對戲劇有編、導、演全能的經驗，重要的是他對戲劇工作的熱愛和敬業的精神。記得台視國台語戲劇節目，不知道是從甚麼時候起，突然有了戲劇指揮這個名稱，人選由製作人引薦，指導演員演戲及排戲，酬勞在製作費內開支，如是編製內的導播祇要在錄影時運用鏡頭就可以了，至於在導的是什麼劇情都不清楚，如何能將劇的張力發揮出來？但也有勤勉的戲劇導播認為此風不可長，不僅劇力不能發揮，甚至會發生不良的後遺症，如戲劇指揮因而坐大，演員反得仰承其鼻息等等。由是我在一九七一年九月下令，不許有戲劇指導的設置，如果戲劇導播不能導戲，也就沒有資格可導戲劇節目。反對這項規定的導播當然有，但贊同的也不乏人，趙振秋即是其中之一。

振秋是北方人，卻長於四川，天性豪邁，又極富感性。好食辣椒，吸辛辣的新樂園香煙。當他排戲時，對方表現不如意，他會以大嗓門呵責，甚至會向對方下跪磕頭。當他導戲時，在耳機中會以「親爸爸」或「親愛的」等稱呼叫攝影師或其他工作夥伴。他下達換鏡或其他操作指令時，不叫

Take或Cut之類的英文術語，而一律是「得」的一聲以爭取時效。久而久之，工作群也就知道他那一聲「得」表示什麼，適時配合，雖是土法煉鋼，產品出來卻是又快又好。

平時我是嚴格執行分層負責的管理原則，衹作決策，但不干預節目部同仁分內的事。周總也是如此，節目部有事在會上或與我面對解決，從不直接去指揮節目部下屬。因此，趙振秋導戲也好、導播也好，我從未去「巡視」過。閱盛竹如兄在一九九五年出版的《螢光幕前》一書，我才知道趙振秋有一次因導「台視劇場」某集自覺不滿意，曾獨自去第一飯店開個房間大哭特哭，好幾個演員跑去勸他，才抽噎的走了出來。其求好之心，有如此者。從此，他除了原有個趙哈兒的諢號外，又多了個「盈淚導播」的別稱。

第二年，一九七三年，台視首次參加文化局舉辦的第二次金鐘獎，就捧回三座大獎，其中之一即為「台視劇場」，得獎戲目即是第一個戲「鎖著心的人」。

就在這年的四月二十八日，「台視劇場」播出了我所寫的劇本「淥水悠悠」。

我編這個劇本，有兩點用意：一是紀念我高中時期初戀的女友陳筆軍，再則是打鐵趁熱，在「台視劇場」首獲金鐘獎之後製造一些話題和宣傳效果，來增加這個節目的吸引力。

我在一九三九年唸高中一年級的時候，就和舍妹在初中的同班同學陳筆軍小姐談戀愛，但不為她經商的父母所接受，原因不是我們都太年輕（那時我僅十六歲），而是我付不起她家所企求的大筆聘金。她不齒父母的好財，但也無從反對。後來我到重慶入政校（政大前身）就學，因家鄉湖南全省陷敵而與家人及筆軍音訊隔絕。抗戰勝利時我已婚，這場初戀遂以悲劇收場，而筆軍也不知所終。我先把這個故事與陳為潮和趙振秋談起，他們都認為可以作為「台視劇場」的題材，慫恿我寫成劇本，我也樂為一試。

劇本成稿之日，我將它交給振秋，告訴他可以改也可以不用，不要因為是我寫的就降格以求。相對的，如果決定採用，演砸了，他跟為潮就得對我負責。

我在編劇時，刻意將在劇中的我從高中生提高為大學生，將筆軍從初中生提高為高中生。換言之，將兩個人的年齡都拉大一些，免得予人以兩人還不成年就談戀愛，對青少年是不良的示範。另外，將女主角安排成在她家鄉淥水投河殉情的結局，以增加悲劇性。這樣做未免不公平，但生離死別，都是永訣，真是死別，倒也解脫，而在生者如我，反是終生難忘之痛。至於其餘劇情，則是十九存真。

結果，劇本被「批准」了，我對劇中人自行點將。男主角何文謙，即我本人，由江明飾演；女主角陳筆軍，由華真真飾演；舍妹由張小燕飾演；陳母由吳燕飾演；陳父由梁燕民飾演；我的大母由張冰玉飾演；二母由李偉飾演；筆軍的姐姐由李虹飾演。這分名單，除江明遠比我帥之外，其餘都大致與被飾演者外型與神態相符。

在戲没上演以前，我運用電視周刊，頗做了一番宣傳，例如我以本名寫了一篇「寫在淥水悠悠演出之前」，介紹我編這個劇本的動機和用意以及「送審」的經過等。「電視周刊」也用小說的體裁，預先叙述了劇情。較為特別的，是我編了一首插曲和主題曲，並由台視交響樂團伴奏，和由藝術歌曲「你喜愛的歌」中的演唱者混聲和聲。

插曲「贈別」並非為這次演出而寫，而是我的第一次作詞及以簡譜譜曲，送與陳筆軍作為紀念者，時在一九四〇年，我年十六歲。該曲演出時則由江明對嘴唱出，並事先登載在「電視周刊」

上，台視交響樂團的楊元手兄還附有短文，介紹這首曲子的風格是一氣呵成的幻想曲型式，與一般前後段旋律重複的流行歌曲曲風不同。主題的歌詞和曲子則是我為演出而作，置於劇首和劇尾，旋律相同而歌詞略異。劇首的四句歌詞是：「淥水悠悠，悠悠西流，相思如縷，不盡哀愁。」劇尾的四句歌詞是：「淥水悠悠，悠悠西流，伊人已杳，此憾難休。」插曲的交響樂套譜，是音效劉大德兄所編，主題曲的交響樂套譜是團員李義雄兄所編，編曲和交響樂團的伴奏，都是義務效勞。「台視劇場」所演出的劇目中，多無插曲或主題曲，更無交響樂團伴奏或男女四部合聲伴唱，這部分可說是破了「台視劇場」的紀錄，私以為慰。

導播趙振秋兄勤於導戲，也勤於熬夜抽煙，不久罹患鼻咽癌，聲音由嘶轉啞，終致逝於一九七九年十一月二十二日，享年六十一歲。我在他去世後曾去他家中慰問他的夫人傅碧輝女士，她雍容大度，哀而不傷。十二月八日，「台視劇場」重播了一本名叫「翠姑」的戲以紀念他。十一日台視為他治喪，到場同仁莫不為這位資深導播同聲一哭。

「台視劇場」在陳趙二人的耕耘下，為台視連獲兩屆金鐘獎的榮譽還在其次，主要的是在首播當年挽回了國語單元劇的頹勢，也為其他參與戲劇節目製作的同仁，建立了公而忘私的典範。另外一項貢獻是打破了國語演員和台語演員涇渭分明的劃分，祇要適合劇中人的需要，就不在乎國語說得標準不標準，這同時也是台視演員龍頭曹健的理想。

振秋逝世後，許多導播相繼主導過「台視劇場」，包括龐宜安、湯鑫章、史邊城、黃以功、趙石堯等人，並於一九八八年及一九八九年再獲金鐘獎。這個節目直至一九八九年五月十七日演出最後一劇「雙魚座的女人」才告結束，其時我已從台視退休近三年。

四、歌唱節目繁多，台視大樂隊成型

華視開播的次年，即一九七二年，或台視開播後的十周年，台視歌唱節目多達十四個，可說是台視歌唱節目的全盛時期。所以如此，主要是台視幾乎囊括了所有歌壇菁英，包括台視本身五屆歌唱比賽所選拔出來的新秀，非如此不能讓他們施展實力，也無從滿足歌迷們對他們所崇拜的偶像的期待。

膾炙人口的老牌流行歌曲「群星會」，在關華石和邱慎芝夫婦的辛勤經營下，依然每周播出兩次，分別由龐宜安和趙振秋二人主導，美工龍思良和賈成達置景。一九七二年是這個節目播出的十周年，關華石夫婦還特別選在這個時候到日本去觀摩了一番，作為他們加強節目內涵的參考。這年的七月二日，是「群星會」一千次的播出，慎芝還特別邀請了許多曾參加過「群星會」但已退休的歌星，與後起之秀共聚一堂，陣容之盛，堪稱空前。

歌壇長青樹紫薇，在一九七一年十一月，與台視簽約為音樂指導。她的弟子如紫蘭、紫韻、紫茵、洪淑美、許繁昌、陳淑芳等，都在台視。一九七二年五月二十日，她接手製作以台視歌唱比賽優勝者為主的「七色橋」，是她在台視任製作人的首次。這個節目在三個月後改名「星光燦爛」，由安鵬主持。一九七三年五月，她又製作了「日正當中」。這個節目是在周日中午播出半小時，可以接受觀眾預先的點唱，而最後由她自獻一曲壓軸。

一九七二年八月五日，台視推出一個新的歌唱節目，名叫「莫忘今宵」，時間在周六晚十時至十一時，製作人為葉克明，主持人為白嘉莉。這個節目獨特的地方，是由國台語歌曲交錯串連，並有國台語短劇穿插。

幾乎在推出「莫忘今宵」的同一個時候，由導播組副組長黃海星所策劃與導播的「歌星之夜」，在周五晚九時半至十時登場。這個節目是以每次介紹一個歌星為它的特色，也可以稱它為「群星譜」。黃海星因這個節目，而於次年獲個人技術項金鐘獎。而由他導播、崔苔菁主持的「翠笛銀箏」，仍在繼續以大自然為背景攝製播出。

一九七三年三月十日起，台視在每周六晚七時至八時，推出一個專為白嘉莉量身製作的歌曲節目「銀河璇宮」，稱霸一時。這個節目由晏光前製作，竺祥導播。在內容上，分四個部分由四個小組策劃，然後再串連在一起。歌的部分是由銀河璇宮合唱團、台視大樂團及影歌星，在音樂家李奎然的指導下，按照新編的譜而排練錄音，任何一個人的和聲不準，就必須重來。常常為了一、兩首歌而耗去一整天的時間。舞的部分不僅要求舞姿優美，動作一致，更要有創新的構想和意念，再以打光和音效配合，期能表現出高超的意境。特別來賓部分，在報導成名人物之所以成功而又為人所不知的因緣，藉以激勵人心。而事前的撰稿和攝影，得大費一番心血。「台視閒話」及「瀛海軼聞」部分，則在發掘發生在小人物身上的可歌可泣的故事，期能發揮人性光輝，是則選材與取景，又得手腦並用，仔細鑽研。如是使娛樂性及教育性兼容並蓄，不僅讓觀眾欣賞，且可以回味無窮。

這個節目使得白嘉莉身價倍增，贏得「最美麗的主持人」的稱號。

在這同時，還推出了三個小型歌唱節目。一個名叫「蓬萊歌聲」，由趙耀導播，以每次變換不同的置景，和三個月一次贈獎與觀眾取勝。另一個名叫「歌唱家庭」，由兩個家庭成員以歌唱對抗，連勝五次的一隊，可以搬回一架鋼琴。再一個名叫「金色年代」，也屬歌唱比賽性質，由阮翎主持，並由康弘擔任固定的特別來賓，因之也被稱為「康弘時間」。

中年以上的觀眾，大概還能記得中視早期曾有一個歌唱節目，主唱的是一位戴著寬邊大帽子的神祕女郎，觀眾祇聞其聲，不見其人。這位神祕女郎，就是曾在報紙上寫「寧為女人」專欄的洪小喬。其時她的先生邱復生，也於一九七二年八月三日起，在台視製作了一個名叫「錦鏽歌林」的節目，由她擔任主持人，專唱民謠歌曲，以及洪小喬自己創作的作品，播出時間是周四晚上的九時到九時半。

台視在開播之初，即有西洋歌曲節目，如「亞瑟小樂隊」、「爵士新聲」、「星星星」等。此類節目雖有觀眾，卻乏廣告支撐，往往難以持久。一九七一年三月，大華晚報發行人耿修業先生向我推介了在廣播電台主持熱門歌曲的余光，我囑他向台視節目部提出企劃書，卻久無消息，探問之下，才知道他先後送出三份企劃書，都被企劃組擱置，原因也是難有廣告。我覺得喜好西洋熱門歌曲的大有人在，尤其是青年學生，我們能為他們的喜好而製作的節目很有限，於是就不考量廣告的問題，決定採用他企劃案中的一個，於是年十一月七日周日下午四時半推出，名為「青春旋律」，由女導播路長華主導。播出之後，各方予以好評。次年十月「青春旋律」播出滿一周年，余光寫了一篇感言刊於「電視周刊」，感謝我不計廣告的營收而予他以支持。也就在同時，余光為台視製作了另一個以西洋歌曲為主國語歌曲為副的「快樂頌」，由有「快樂天使」之稱的兒童節目主持人張嘉琪小姐主持，目的就在使觀眾看了感到快樂。

我跟余光並無私交，但我很欣賞他對節目製作的投入，尤其是知道如何運用視覺效果，來滿足電視歌迷的需求。我最後一次見到余光，是一九九六年五月的一天，在台北的福華大飯店門首遇到。我固然是白髮蒼蒼，他也是童山濯濯，彼此都將青春消磨在給他人的快樂裡。

歌唱節目離不開樂隊，而樂隊的素質，又與節目播出的效果直接相關。台視早期公司並無樂隊之設，誰製作歌唱節目，誰就自帶樂隊來。限於製作費用，一個樂隊能有七個樂師，已經算是大樂隊了。當台視歌星如雲，歌唱節目衆多時，我將注意力集中到籌組台視大樂隊方面。

當年較受我注目的，是謝騰輝先生領導的鼓霸樂團。這個樂團是以管樂為主，樂員約二十多人。因偶爾應製作人之邀，在台視的綜藝節目和西洋音樂節目中演奏，使我有較為深刻的印象。團主謝騰輝先生，其時任士林紙廠廠長，似乎也有意讓鼓霸樂團進軍電視台，一方面打響該團旗號，再方面也可使鼓霸由業餘樂團升格為職業樂團。一九六九年十二月二十九日，謝先生初次來台視訪我，說明來意。我原則上同意考慮，希望他能作進一步的規劃。此後與謝先生多次接觸，在待遇、福利、設備、彼此的權利義務等交換意見，終於在一九七一年元月十一日達成協議簽約。二月十五日，由鼓霸樂隊組成的台視大樂隊問世。

這支樂隊由十五人組成，由謝騰輝先生的胞弟謝荔生指揮，初期祇在「銀河璇宮」和「歌星之夜」兩個節目中伴奏，然後逐步接手「星光燦爛」、「我為你歌唱」、「翠笛銀箏」、「星星劇場」、「群星會」等節目。由於伴奏的歌唱節目，有增無減，錄製時間，有早有晚，一個樂隊，不能不分為兩組應付，問題層出。一九七四年四月，我與翁清溪先生達成協議，由他所領導的湯尼樂隊，於五月間接手台視大樂隊，成員增加為二十人，除管樂外，並有弦樂，所有樂師，均屬高手。

謝荔生先生雖未能與台視續約，但保持良好風度，離台視前夕，還宴請我及節目部各主管及綜藝歌唱節目導播惜別謝情。此後他帶團出國至中南美洲各地演奏，每至一地，會寄給我當地名勝明信片一張，申致問候之忱。一九七七年四月十六日，他與團員又接手台視大樂隊，成員增至二十二人。自此以後，他與隊員成為台視的一分子，任勞任怨、榮辱與共。謝氏兄弟，現雖已先後亡故，但他們初創的鼓霸樂隊，在台視、中視、華視三台，都曾各領風騷，留下輝煌紀錄。

五、台視交響樂團終成絕響

華視開播後，台視交響樂團就註定了要面臨解散的命運，隨之永遠而去的，是交響樂演奏和藝術歌曲這一類的節目。原因很簡單，曲高和寡的節目，絕對經不起商業競爭的衝激。台視在中視開播後沒有立即採取解散交響樂團的行動，祇是不想表現得過於現實，甚至也期望友台能在商業競爭之餘，讓交響樂和藝術歌曲有在電視上生存和發展的空間。華視開播時，台視特以所錄交響樂節目相贈，即隱含共同珍惜之意，雖然明知無從期待。

這時期周總和我對於處理交響樂團的默契是：一方面緊縮成本，一方面觀察輿情的反應。一九七二年七月，每周一次、每次四十分鐘的「音樂之夜」取消，交響樂團改在「電視樂府」節目中作每月一次的演奏，同時鼓勵樂團對外演出。事實上在這年的五月六日，台視交響樂團就在台北市中山堂舉行了首次的公演，由張大勝指揮四十五人的樂團，演奏孟德爾頌的「芬格爾洞序曲」、布拉姆斯的「D大調小提琴協奏曲」、聖桑的「A小調大提琴協奏曲」，和舒伯特的「C小調交響曲第四號」。參加演出的是第一小提琴德籍柯尼希、第二小提琴美籍狄米特洛夫、中提琴日籍吉永禎

三、美籍巴尼特、大提琴韓籍李芳恩、雙簧管美籍克拉克、豎笛薛耀武、低音管美籍何得臻、法國號韓籍申洪鈞、小喇叭美籍顏天樂等。他們對演出幾乎是不計酬勞，衹呼籲工商企業界能對「音樂之夜」節目提供廣告，也就間接支持了這個樂團。其時在中國文化學院擔任客座教授的德籍音樂家蕭滋博士，在觀賞這次演出之後，聽說台視交響樂團即將面臨解散的厄運，大為惋惜，特為文刊登台北各大報，呼籲各方支持，但少有反應。

這年十一月八日，曾一度應聘為台視交響樂團顧問，及指揮「你喜愛的歌」伴奏樂隊的王沛綸先生，因肺出血逝世，享年六十四歲。十一月十五日，我曾率交響樂團同仁，至市立第一殯儀館參加公祭，王先生在一九七〇年十月當「你喜愛的歌」與「交響樂時間」兩節目併為「音樂之夜」後，即離開台視交響樂團，但對樂團此後情況，仍極關心。我至今仍保留有王先生於一九六八年十二月送我他親筆簽名的著作《音樂字典》一本，覩物思情，每為之黯然。

鄧昌國先生的離去，和王沛綸先生的辭世，似乎都象徵著台視交響樂團也難逃與電視觀衆告別的命運。大約在一九七四年年底，台視交響樂團終於宣告解散，從此交響樂定期的現場演奏，也就在我國的電視螢幕上消失。

六、台視宏揚國劇多次獲獎

台視的國劇電視化於一九七九年停止執行後，對國劇的宏揚並未因而中止，相反的，台視的國劇研究社卻得以集中注意力於傳統國劇劇本的改編工作，使國劇的演唱，更臻精緻。

首先，台視國劇研究社，在一九七一年六月成立國劇劇本研究小組，改進傳統劇本的缺失。關於這一方面，台視國劇社副總幹事王元富先生，曾以「富翁」筆名，撰文報導於一九七二年九月四日出刊的「電視周刊」五一七期中，對傳統國劇劇本如何改編有詳盡的說明。

其二，是在一九七一年十一月，藉設有觀眾座位兩百多個的第五攝影場的落成，招待觀眾憑參觀券入場觀賞國劇的現場演出，如是愛好國劇的觀眾，每周定期有國劇演出可欣賞，國劇演員和文武場也因有觀眾在座而演出特別賣力。首次招待觀眾入座觀賞的國劇，是經過改編的「兒女英雄傳」，前後共演出六集，每集都自成單元，劇情完整。

其三，是台視節目彩色化以後，為呈現色彩亮麗而又不至有亮片反光的戲服，台視國劇社特別自行設計和選擇質料，定製戲服，這批新的戲服縫製經年，於一九七二年七月驗收啟用，觀眾目光為之一新。

其時三台都有國劇播出，惟獨台視用心於劇本的改編、菊壇菁英的羅致、燈光和服裝的講求，以及觀眾的賞心悅目上，自與友台將就軍中及民間舊劇團隊的演出不同。根據台視財務部的統計，台視每年用於國劇節目的播出，平均逾八百萬元。每場演出的費用，相當於一個劇團在台北國軍文藝活動中心演出五天客滿的收入，與台視國劇節目在廣告上的收入簡直不成比例。

由於台視在宏揚國劇上的不計成本的奉獻，繼台北市政府於一九七一年文化復興節目的頒獎表揚以後，主管廣電事業的教育部文化局，也於一九七三年戲劇節，頒給台視獎狀，其中讚揚台視研究革新國劇內容，闡揚固有文化，連續十年，定期演出，對振興國劇，貢獻良多。台視國劇研究社惠群、王元富、李明德三人，也因研究整理國劇劇本、振興國劇具有績效，各獲頒獎狀一紙。嗣後在一九七四年五月及九月，也先後獲中國國民黨新聞黨部主委馬星野，和教育部部長的嘉勉。

七、具有創意的「這一年」

逢年過節，廣播電台和電視台都不免要預先策劃和製作一些特別節目來應景，有的意境深遠，有的點到為止，全看負責的個人或團隊，用了多少功力。一九七二年是台視開播後的十周年，在一九七三年快要來臨之前，我對如何策劃一個慶祝民國六十二年的元旦特別節目，藉以作為個人紀念台視開播十周年的獻禮，作了一番腦力激盪。由於其時台視新聞部經理李文中、副理李聖文，及美工陳君天三人，就過去一年中國內外大事合編了一本名為「這一年」的專集，由電視周刊發售，我就想到何不就做個叫做「這一年」的節目，其內容將以回顧國家在一九七二年中所發生的重大事件為主，同時也展望在一九七三年中國家要致力的方向或追求的目標。前者所佔的時間分配為九十分鐘，後者有三十分鐘即可，共計兩小時，兩者時間的分際，就是一九七二年終了與一九七三年開始的那一刻。時間一到，國歌準時奏起，新年和新希望的來臨要令國人血脈僨張。

在一九七二年中，總統蔣公當選連任，蔣經國接掌行政院，揭櫫十項行政革新。二月尼克森訪大陸，九月田中媚共，中華青少棒及少棒雙雙奪得世界冠軍回國，十二月中央民代增選和縣市長改選，都是這年發生的大事，有的令人振奮，有的令人沮喪。硬性的題材，作軟性的訴求。

這個構思既成，我找來其時任台視節目部美工組組長的陳君天，請他負責製作，指定由白嘉莉主持。

陳君天畢業於幹校美術科，一九六六年應台視新聞部的美工考試，英文一科零分，但美工作業成績優異。其時兼任台視新聞部經理的副總經理李蔚榮兄惜才，破格錄取。君天在工作中表現多方面的才能，我尤其欣賞他別具一格的書法，充分顯現他性格中挺拔的一面。一九七二年我借重他為節目部美工組副組長，後又升為代組長。我所以將「這一年」的製作責任交付與他，一在他參與「這一年」專集的編輯，駕輕就熟，能將我的構思充分實現於節目中，再在他與新聞部同仁熟識，取得新聞資料較為方便。

「這一年」終於在一九七二年最後一天的晚上十時半準時播出，「電視周刊」第五三四期有如下的記載：

> 台視公司節目部安排了長達一百二十分鐘的「這一年」除夕特別節目，這個節目的目的在描述六十一年這一年，國家在風雨飄搖，動盪不定中，屹立不移，堅強奮鬥，自強壯大的情形，以歌舞綜藝的型態，表達這些嚴肅的事件。揚棄硬繃繃的串連，摒絕酸溜溜的口號，把一切的事實，在感人的情節和動人的歌舞旋律中表現出來。這是一項全新的節目製作方式，也是台視節目部一項大膽的嘗試，在六十一年即將結束，希望無窮的六十二年剛剛開始時，提出貢獻給千萬觀眾，也做為台視開拓節目新風格，提高節目水準的參考。
>
> 「這一年」節目從六十一年十二月三十一日晚上十點三十分開始，到六十二年元旦凌晨三十分結束。前九十分鐘重點在描述六十一年全年國家重大紀事、社會各方面具體的進步，和國人在逆境中奮鬥的記載，是為回顧；後三十分鐘展望六十二年有更大的進步，更大的勝

利，是為前瞻。六十一年的逐漸逝去，六十二年的到來，瞬息間年序之更易，國家進入風平浪靜，迎向光明燦爛的前程，這是「這一年」節目終結時所要表達的信念。

節目一開始，是利用狂風、暴雨、巨浪的影片，夾雜著磅礡的音樂聲，時鐘滴答滴答指向十點三十分，日曆剩下最後一張，一陣風吹來，薄薄的紙顯得孤單凋零。主持人開場白之後，由長安國中同學表演舞蹈「風雨同舟」。

六十一年大事紀的第一件是　總統當選連任，影片從三月二十一日國大投票選舉開始，開票、宣布當選、全民歡呼，到五月二十日　總統副總統就職大典，此時現場大合唱「領袖萬歲歌」，並配合青年、軍人、華僑歡呼，放焰火等影片交替進行。

臺北盲啞學校學生參加表演舞蹈，表示「不畏逆境、只要堅強努力，必有建樹，定可成功」，即如盲聾，一樣可以跳出整齊優美的舞蹈。

第二件大事，是五月二十六日，立法院通過蔣經國出任行政院長。

六月八日蔣院長為了革新行政，整飭政風，提示了十項原則，這十項革新原則均用諷刺短劇來表現，劇中演員可能不發一語，但全部意思則一目了然，而且給人印象深刻。以十項革新第二條「各種公共工程之開工、完工不必舉行任何儀式」為例，短劇演出某工程完工了，張燈結綵，大事慶賀。工程主管邀請上級參觀，沿途滔滔不絕說明，上級不斷點頭稱許。一行人突然止步，原來一、二樓間沒有建造樓梯，大家正在納悶，偶然發現木牌上寫著：「樓梯建造費用，移做工程破土及完工招待貴賓之用」。這種劇情極富幽默感，不落俗套。

對二月二十一日尼克森訪問匪區的事，也以一諷刺短劇來表現；九月二十一日田中媚匪事件，以東京及台北的群眾反應影片及邱永漢率日本投資團來台的事，做不攻自破的報導，並配以短劇。

九月六日中華青少棒及少棒隊雙雙奪得世界冠軍回國和十一月十二日謝敏男和呂良煥榮獲高爾夫球團體及個人雙料冠軍，是體壇上的大事。十二月二十三日的中央民意代表增選及縣市長改選，正是表現我國公民在惡劣的國際情況下，擁護政府政令的決心。

節目進行到零點零分零秒時，螢幕上焰火連天，平地一聲雷，六十一年過去了，迎接六十二年的到來，六十二年充滿希望，太陽從平靜的海洋中昇起。在六十二年的三十分節目中，用團體舞的方式表現出新年的展望，包括農村繁榮、工業發達、漁獲增產、商品進步、三軍壯大等。

等到時鐘接近零點三十分時，厚厚的一本日曆，一張也被撕去，主持人說畢祝福的話，活潑跳躍的舞蹈繼續不斷，畫面和聲音逐漸消失，但並非結束，因這只是開始。在節目各短劇中，並安插由紅歌星演唱的六十一年最受歡迎的五支國語歌曲。

一九七三年三月廣播節，台視抱回三座金鐘大獎，獲當年金鐘獎中教育文化節目項最佳獎的就是「這一年」。另外兩個就是以演出丁衣所編「鎖著心的人」的「台視劇場」，獲大家娛樂節目優等獎，及導播黃海星，以製作及主導「歌星之夜」獲個人技術獎，都已在前面叙述過。

一九七三年年底，「這一年」再度製作，我仍指定由陳君天策劃，黃海星、黃以功聯合導播，另一導播張穀興負責影片拍攝及現場指導，藍榮賢負責美工，白嘉莉主持。在台視新聞部的再度以新聞資料的配合協助下，「這一年」又作了第二次跨年度的播出。

由於有前一年的「這一年」的播出，而「這一年」又榮獲金鐘大獎，這次的「這一年」，分外受到觀衆的注目。播出以後，好評如潮。中央日報副刊主編夏鐵肩先生觀後，特別為文刊於一九七四年元月六日的中央日報副刊，足以代表觀衆的觀後感。其文如下：

「這一年」

夏鐵肩

六十二年除夕，台視播出特別節目「這一年」。由於前年也有同性質的播出，好印象猶在，因而當晚我遊說全家九個成員，放棄其他電台的誘人節目，把選台器固定在台視的頻道上。

普通兩小時滑過去真像電光石火，不留痕跡，這次一百二十分鐘，卻給予觀衆很多愉快、感動、振奮、希望和說不盡亦苦亦甜的回味，使胃納充實而毫不感到油膩。

整個節目用寓教育於娛樂的方式，解釋、分析一年來我全國上下努力的成果，並展望將來。輕鬆中有嚴肅的主題，從充滿趣味的氛圍中蘊涵著社教的意義。全部結構，包括能源問題、中東戰爭、四中全會、體壇新人介紹、影壇大事介紹、風靡音樂介紹等，選材恰當，編排緊湊，情節生動，趣味雋永，較之前年似有更多特色及成功之處。

插播的幾場短劇，像能源短缺、物價座談、收水費、機關辦事效率、買房子等，都是擷取當前社會實況，毫不諱飾的加以諷刺暴露，然後再運用旁白作正面糾正，使大家知道問題或缺點所在，及政府正在作如何的措施，人民與政府間應取得如何的配合。這種手法，使人耳目一新，對改革風氣，實具良好的催化作用。

節目中有一段類似朗誦詩的道白，內容是看清世局，從「變」「亂」「定」三個層次，去瞭解歷史終必朝著人類肯定的價值方向前進。值得特別讚美的是：每一句都配合一張動畫，這些有現代味的卡通，新穎而表現力特強，使觀眾對那約莫百句左右精鍊的語言更樂於接受，這一段的編排，很顯示製作者的才華和求精的態度。

那晚主持人白嘉莉的服裝和台風十分脫俗，道白尤其沉著清晰而帶感情，這是抓住觀眾心理的重要關鍵。

令人驚奇的是國歌表演的效果特佳，為電視節目中多年以來所僅見，一場擁有伴唱、伴奏、和聲約近百人的場面，由閻荷婷主唱，她居然能將一股愛國家、愛民族的中國人的情感，完美的融化在歌曲之中，緬懷先烈創業維艱，顧視國步坎坷凶險，當她唱到「一心一德，貫徹始終」的時候，真叫人全身發熱，為之湧淚。

當然，該喝采的地方決不止此，台視當局的魄力，策劃者的匠心，每一位參加者的全神貫注，以及這次節目所表現出來的大眾傳播業者對社會責任的認識，都值得我們在此表示誠摯的敬佩之意！

夏鐵肩先生係湖南長沙人，一直服務於新聞界。一九四九年七月我與他及詩人墨人（張萬熙）

自廣州同乘鐵橋輪來台，因而相識。他至中央日報服務時，遠在我離開中央日報至台視工作之後。他寫此文，並不知「這一年」的原始構想係出自於我。

八、形形色色的比賽和甄選

在一九七二到一九七五這四年當中，台視和印刷媒體及廣播媒體連續舉辦了多次的比賽和甄選，比賽和甄選也牽涉到歌唱和綜藝。

首先登場的，是一九七二年中國時報主辦、利台紡織公司和台視協辦的第一屆最佳服裝比賽。這項比賽分為男女兩組，男組比賽西裝與便裝，女組比賽旗袍與便裝。評分標準分為服裝及儀態與才藝兩大部分，前者以色彩、式樣的配合，以及陪襯飾物的調和為主，佔評分百分之六十。後者以容貌、儀態、表情、機智及才藝為主，佔評分百分之四十。

評選方式又分為評審委員評分，和中國時報讀者票選兩部分。這兩部分的前三名優勝者，將分別獲得三萬元至一萬元的獎金，如得獎人具有相當演藝才能者，得由台視聘為基本演藝人員。

中國時報讀者的票選工作與台視無關，評審部分則有賴台視積極參與。

評審工作是在一九七二年的九月初展開，分初賽、複賽、決賽三個階段，初賽和複賽分別在台北、台中、高雄三個地區進行，決賽分為八次，在台視辦理。主辦單位聘吳舜文、郭良蕙、賴麗麗、郭心穎、劉秀嫚、籐田梓、李行、梅長齡、鈕先銘和我擔任決賽的評審委員，決賽的播出節目，則由李睿舟主持。

決賽是在這年的十月四日起，每周三晚九時十五分開始進行，至十一月二十二日結束。十一月二十九日晚九時播出頒獎典禮實況，首由中國時報董事長余紀忠先生致詞，說明舉辦這次比賽的意義，接著就進行宣布得獎者名次，其間並穿插歌舞餘興節目。結果男組評審獎優勝者依次為林祖兆、張漢伯、趙功。票選獎依次為張漢伯、柳義洲、張俊臣。女組評審獎依次為陳若、馮維妮、廖富美。票選獎依次為廖富美、蘇静瑀、俞月平。在這些優勝者當中，我祇挑選了馮維妮小姐，和她簽了台視基本演藝人員合約。但後來有很不幸的事發生在她身上，真成了「紅顏薄命」的這句話，下文再表。

一九七三年五月，台視又與正聲廣播公司，在宏生堂食品製藥公司贊助之下，合辦了一次國語歌唱比賽。

這次比賽，仍分初賽、複賽、決賽三個階段進行。初賽自七月十七日開始，在台北、竹南、台中、虎尾、嘉義、岡山、台東、花蓮、宜蘭等九個指定地點進行，唱「正聲歌選」第五六、五七兩輯中所刊的自選曲一首。複賽自八月一日至八日，在初賽同一地點進行，唱指定曲及自選曲各一首。決賽於八月二十二日在台北市中山堂舉行，遠道參加者發給對號特快車往返車票。評分方面國語、音色、節奏、音準、表情、儀態各佔十五分，其他技能佔十分。參加決賽者來自苗竹、雲林、台東、花蓮、宜蘭者各二名，來自台中、嘉義、高雄者各三名，來自台北者七名，全部二十六名。優勝者於九月十五日在台北市中華體育館舉行的勞軍公演晚會中公開揭曉，並發給獎金，全部實況由台視轉播。優勝者第一名獎金五萬元，第二名獎金三萬元，第三名獎金二萬元。一至三名均得與正聲公司或台視簽為基本歌星。第四名獎金一萬元，紀念品一件。第五名若干名，各得獎金五千元，紀念品一件。

結果優勝者依次為周宏室、高月冠、鄒美儀、劉滿芳、林秀香、趙鳳麗、陳玉琴、李玉釵、夏小紅。其中僅周宏室為男性。又自林秀香以下，均為第五名。與台視簽約者，似為周宏室、鄒美儀、夏小紅三人。

一九七四年七月，台視與正聲又合辦了國語歌唱比賽一次，前後共歷時三個月。

當年台視擁有歌星和歌唱節目之多，在三台中是無出其右的，但流行歌曲的歌詞是否高雅合時，是另外一個問題。流行歌曲並非台視所創作，但台視對於流行歌曲的推廣，則無疑的要分擔一部分責任。因此如何將流行歌曲去蕪存菁，甚至鼓勵清新脫俗的歌詞的創作，也就成了台視責無旁貸的義務。為此，台視與中華日報及麗歌唱片公司，在一九七四年一月至二月，聯合舉辦了一項「高雅歌詞歌曲甄選」活動。在八千多件應徵信函中，甄選出八首歌曲，曲名分別是「三個希望」、「愛的天地」、「稻香處處好人家」、「大地歡笑」、「豐收」、「春遊」、「美哉我台灣」，和「活著多美麗」。為了推廣這八首歌曲，麗歌唱片公司特別於周日下午一時，在台視開闢了一個名叫「麗影清歌」的節目，由夏台鳳主持，每周由歌星示範演唱其中一曲或兩曲，周而復始，期為大衆傳誦。台視並排定這八首歌曲，作為該年與正聲合辦的歌唱比賽中指定曲的一部分。

這年六月，台視與中華日報及麗歌唱片公司又舉行了第二期的甄選，應徵者較首期更為踴躍。由是引發了這年下半年聲勢更為壯大的廣播電視歌曲甄選，參加的除三台外，還有獅子會中華民國總會及中華民國廣播事業協會，由行政院新聞局贊助。徵求歌曲的範圍擴大到愛國歌曲、軍歌、藝術歌曲、民謠、兒童歌曲、通俗歌曲六類。入選的歌詞，多達四十五首。這項行動，名之為歌曲淨化運動。

就台視本身而言，這個時期有一個綜藝節目較為突出，就是「歌唱擂台」。

「歌唱擂台」即「田邊俱樂部」，亦名「五燈獎」，是台視開播後就有的元老節目之一，由田邊製藥提供，以拔擢民間具有各種技藝的人才。凡有同類才藝者，採五燈評分制，所得燈數愈多，分數愈高。得高分者須接受他人挑戰，能過五度五關，即獲最高獎額。自一九七二年元月份起，這個節目原來的主持人幸敏志交棒，由阮翎接手，比賽的項目改以歌唱為主，名曰「歌唱擂台」。參與比賽者，先在正聲各地電台的「田邊俱樂部」中初試身手，然後參加全省性的巡迴公演。公演時績優者，才能參加「歌唱擂台」比賽。

在打擂台的過程中，由於驚險百出，引起萬方矚目。這期間發掘出的歌唱人才，有藝名雲露露的張美英、李治蓬、顧珍、過五度五關的王麗玉。同時製作人周宜新還堅持節目中絕對不唱不健康的歌曲，事實上這也是台視一向對歌唱節目的要求，也是遵循政府淨化流行歌曲的號召。早在一九七一年九月就受到國民黨中四組的嘉勉。一九七四年三月，文工會也因此嘉勉了「歌唱擂台」。

一九七四年底，黨政主管機關及廣電媒體，曾聯合組成一個「廣播電視歌曲推廣委員會」，積極甄選新舊歌曲，以期歌曲淨化，台視事實上則早已行之有年。

九、日漸茁壯的台視兒童合唱團

台視兒童合唱團，是在一九七〇年十二月一日成立，由我擔任團長，名音樂家徐欽華先生擔任初期的指導，七年後由林玲珠小姐接棒。團員由四十八位七歲到十一歲的男女小學生組成，他們經過甄試以後參加，無需繳交任何費用。平時這個合唱團在台視的兒童節目中演唱，如「兒童世界」節目，偶爾也出現於台視的特別節目或對外公演。

林玲珠小姐是台北市中山國小的老師，對音樂有相當不錯的造詣。曾在早期的台視節目「兒童布袋戲」中擔任過主持人，也參加過台視第四屆歌唱比賽藝術歌曲組的比賽，獲得第四名，前面曾有介紹過。台視兒童合唱團能夠成長和壯大，這位林老師功不可沒。

台視兒童合唱團在成立後到一九七二年的五年中，曾灌製五張唱片，著名的兒歌「魚兒水中游」和「松柏青青」就是由台視兒童合唱團所唱響的。名作曲家黃友棣先生，還特別作了「對不起媽媽」及「月亮走」兩首兒歌給該團演唱。

一九七二年的雙十節和總統誕辰各界舉行的晚會上，台視兒童合唱團曾應邀演唱，獲得一致好評，中央日報曾譽之為「宛如天使之音」。十一月十二日又曾應國際青商會之邀，在來自五十個國家、三十多位青商代表之前，演唱「茉莉花」、「康定情歌」、「聞笛」、「滿江紅」，及「高山青」等五首歌曲，音樂界認為台視兒童合唱團，足與台北市兒童合唱團及榮星兒童合唱團媲美。

一九七六年，在林老師的建議下，合唱團全部改收男生，人數增加到六十八人。林玲珠認為男生和聲的音色較女生渾厚、寬廣，演唱起來比較討好，世界著名的維也納兒童合唱團，就是清一色的男生。

在這個時候，台視兒童合唱團，也有了一個專屬於他們的節目，名叫「愛的世界」，時間是在周日下午的四時十五分至四十五分。

一九七八年七月十八日，台視兒童合唱團曾由節目部副理聶寅，在我的託付下擔任領隊，帶領台視兒童合唱團赴美作兩周五地的演出。曲目包括愛國歌曲、藝術歌曲、我國民謠，及外國歌曲。當他們在華府演出時，我駐美大使沈劍虹曾在橡樹園接見嘉勉。在加州首府沙加緬度，又蒙華裔州務卿江月桂女士接見贈獎。當地的電視台也為他們製作了一個六十分鐘的節目，介紹這群來自中華民國的「小音樂大使」。

十、演藝人員的培訓和組織

我國早期的電視演藝人才，也就是台視初期的演藝人員，包括歌星、舞星、演員、特技人員、主持人，甚至電視劇的編劇，他們是從那裡來，是一個值得探索的問題。

當然，在沒有電視台以前，我們有廣播電台、歌廳、舞蹈訓練班、國劇隊、地方戲團、雜技團、話劇社、電影公司等。在這些團體中的演藝人才，都可以上電視表演。但再進一步追索，我們可以發現真正出身於職訓科班的還是少數，而演藝的職訓科班為數也並不多，大部分來自個人的興趣、自學、拜師，或受家族影響，或受環境薰陶，甚至在求謀得一技之長以養家餬口。能在藝壇登峰造極、功成名就固是每一個藝人所追求的夢，但能在演藝圈中安身立命，不愁穿吃，也就算不虛此生。

不過，電視這個表演場所，並不同於其他的表演場所。個人的儀態、穿著、談吐，對於電視攝製技術的基本常識等固然要講求或瞭解，團體作業所重視的精神和理念更要具備。因此，藝人需要受電視台的再教育，電視台也需要有培訓藝人的計劃和方法，以發掘和增強藝人的才能與氣質。

基於這個理念，台視早在一九六七年，就由董事長林柏壽先生為創辦人，申請設立「台灣電視訓練中心」。一九七一年夏台視新建的西翼大樓落成，設在這棟大樓中的訓練中心也布置就緒，就在這年的八月五日公開招生。

台視訓練中心初期設編劇、歌唱、演員、舞蹈、高級電視工程五班，除高級電視工程班訓練期為一年外，餘各班訓練期均為三個月。訓練中心主任為台視顧問姚善輝，負責教務的為前台視節目部編審、世新廣電科主任王小涵。編劇班班主任由劇作家台視導播朱白水擔任，課程有戲劇原理、劇本分析、劇本寫作、電視節目製作等，每晚七時至十時上課。歌唱班班主任由音樂家、台視「群星會」節目音樂指導關華石擔任，課程有歌唱訓練、舞蹈訓練、語言訓練、美姿化妝等。分上午、下午兩班制，分別於上午九時至十二時，下午二時至五時上課。演員班班主任由名導演、台視節目部副經理廖祥雄擔任，課程有戲劇原理、表演原理與實習、語言訓練、美姿化妝、技藝訓練等，每日下午二時至五時上課。舞蹈班班主任由舞蹈家何霄麟擔任，課程有舞蹈訓練、表演藝術、美姿化妝、音樂訓練等，分上午、下午、夜間三班，分別於上午十時至十二時、下午三時至五時、夜間七時至九時上課。高級電視工程班班主任由工專教授、台視製配廠副廠長黎昌誠擔任，課程第一學期有電路學、電子學，第二學期有電子管電路、電晶體電路分析，第三學期有電子儀表、數位電路、脈波及交換電路，第四學期有電視系統、電視接收機、彩色電視接收機等，每晚七時至十時上課。

這次招生，報考編劇班的約有兩百人，錄取六十名。報考歌唱班的也有兩百多人，錄取兩班共八十名。報考演員班的有三百六十多人，錄取兩班共八十名。報考舞蹈班的有三十多人，錄取夜間一班二十名。報考高級電視工程班的多達五百五十人，錄取兩班共一百三十名。九月三十日，訓練中心開學上課。

在編劇班授課的，有曾任國立藝術館館長及幹校戲劇系主任的王紹清，台視特約編劇張永祥、趙琦彬、鍾雷、高前、丁衣、徐天榮，作家司馬中原、高陽，台視節目部編審饒曉明、陳為潮、徐斌揚、張國雄等。應邀作專題講演的有李曼瑰、梁實秋、熊式一、姚一葦、黃瓊玖等教授。編劇班六十名學生中，七成為大學畢業生，曾獲碩士學位者亦有三人。他們集體創作有「夜半疑雲」及「應徵記」兩劇，個人的創作也有「戒酒記」、「黑潮」、「舐犢情深」等劇，都曾在電視上以國語或台語演出。

歌唱班中授課的，有作曲家左宏元、孫樸生、田士林、李鵬遠等。受訓的學生中，有十大歌星中與台視簽約的林美吟、夏台瑄、王孟麗、王彩麗、李玉華、王吳仁和等六人。

演員班的學生除上課以外，還經常由老師帶領去參觀台視戲劇節目的排演和錄影，並且有優先充當臨時演員的機會。不但學得演劇經驗，還可以賺取演出酬勞。

台視訓練中心的舞蹈班，有高棪、張慶三、黃華雄、林家安、張良智等名舞蹈家任教，並有一間寬敞而三面牆壁裝有鏡子也貼有彈性地板的教室，論設備可以稱得上是得天獨厚。高級電視工程則配備有價值數百萬元的最新電子儀器一百一十四件，每一個學生都有自行操作的機會。授課的多為在台視工程部任職的工程師，實務經驗最為豐富。

台視訓練中心在後來又增設了電視節目管理班、電視行政管理班、節目製作班、電視廣告班等。一九七四年底，因台視本身房舍不夠應用，將訓練中心業務暫停。但在三年多的營運期中，訓練了學生五千五百八十六人，其中有近兩成的學生為台視所留用，但大部分在編制之外。

繼台視之後，在一九七二年十月有華視訓練班的成立。一九七四年四月有中視訓練班的成立。

截至一九七四年為止，培育電視節目及行政管理的大專院校，有藝專和世新的廣播電視科、輔仁大學和文化學院的大衆傳播系，和政大及政戰學校的新聞系。其中又以藝專和世新的廣播電視科較為專業。但三台的訓練機構，訓練時日雖較為短暫，但學生實習的機會卻較多，能使用的設施也較為完備。

演藝人才的培育，除施以教學訓練外，適時給予演出或觀摩的機會，也是培植的方式之一。舉例言之，一九七二年關島中華商會要在二月十一日舉行成立大會，為求隆重及熱鬧，特派代表前來台視洽請派遣歌星支援，台視因而選派白嘉莉、崔苔菁和湯蘭花三人前往參加。她們三人在關島演唱了三天，彼此都感到歡欣鼓舞。這年六月中旬，港九各地豪雨成災。香港早期的有線電視台「麗的映聲」，定於六月二十二日晚上，舉行賑災籌款大會，預定籌得賑款四十萬港幣，邀請台視派歌星六人支援。我獲悉後立即指派青山、婉曲、冉肖玲、白嘉莉、金晶、秦蜜等六人連夜搭機前往，參加義演行列。結果掀起義賣捐款高潮，得款超出預定目標近三倍。「麗的映聲」節目總監張正甫，還為此特地來函致謝。

這年十月，「麗的映聲」決定與台視合作，自十一月份起，由台視逐月派台視基本歌星三至五人，至該台節目中獻唱。這項合作，當然又為台視的歌星，提供了在香港揚名的機會，由是我第一批派遣了秦蜜、劉明穎、張鷗陵和胡亞麗四人，在港停留了四天。十二月又派遣了夏台鳳、鄒森、王波琴、李藍和丁琪五人。這樣的合作，維持了好一段時間。

一九七三年九月，台視又派遣崔苔菁、冉肖玲、邵佩瑜赴歐應交通部邀推廣觀光事業。

電視裡，少不了童星。他們或是歌星，或是演員，能成名一方面要靠天賦，一方面要靠自我的努力。台視早期培養的童星不少，演員如張小燕、石安妮，歌星如鄧麗君、陳芬蘭。在一九七〇年代初期，台視培養的童星即有湯志偉、紀寶如、紀寶如的弟弟紀光龍、李芬雪和李蕙雪姐妹、巴戈、小亮哥、陳凱倫、小丹陽、張玉玲等。到現在，他們都可自稱是電視圈中的前輩了。

在台視首先建立的基本演藝人員制度之下，台視是在它旗下的藝人的家長，家長對旗下的成員不僅要培訓，給予演出機會，也要加以組織並給予扶助，於是乃有台視演藝人員服務中心的成立。在這方面，我個人也費了不少心力從事規劃。

台視演藝人員服務中心，是在一九七二年十一月二十日成立的，以對內團結會員，促進會員彼此間的互助合作；對外接受社會各界委託，代辦各類演出業務，謀求會員福利為宗旨。會中通過「服務中心組織章程」、「服務細則」，及「互助委員會組織章程」，並選出曹健、常楓、田文仲、李睿舟、李虹、魏甦、金石、王孫、岳陽等九人為中心委員。紫薇、青山、石松、胡少安、儀銘、楊麗花、徐露、熊輝華等八人為互助會委員。白嘉莉、洪硫、余天、魏少朋、冉肖玲等五人為互助會候補委員。

一九七四年，台視旗下的演藝人員，全部經由服務中心辦理勞工保險。台視以資方立場，繳納大宗保費。

十一、與欣欣傳播合辦狄斯奈樂園公演

一九七五年三月一日，舉世聞名的美國狄斯奈樂園（Disney on Parade），在台北市的中華體育館，舉行了三個星期的公演。這次公演是由台視與欣欣傳播公司合辦，我個人則直接參與了將該園原有的英語配音的錄音帶，全部改用國語配音的工作，以利兒童和一般觀衆的觀賞。

狄斯奈樂園這次的公演，是在一九七四年十一月自美國出發，到世界各地作九個月的巡迴演出，用以慶祝奠定華德狄斯奈王國的「米老鼠」的四十六歲生日。

米老鼠是華德狄斯奈在一九二七年秋由紐約回好萊塢時，在火車上構想出來的電影卡通人物，最初取名為摩地瑪老鼠（Mormtimer Mouse），後來才經他太太麗玲的建議改名為顯淺順口的米基老鼠（Mickey Mouse），我們再簡稱為米老鼠。

米老鼠卡通片前兩部是默片，一九二八年生產的「汽船威利」才是第一部有聲的米老鼠卡通片，於一九三〇年為華德狄斯奈獲得首座奧斯卡金像獎。從此華德狄斯奈繼續創造了許多著名的卡通人物，也在洛杉磯建造了狄斯奈樂園（Disneyland）。如今世界上已經有了許多狄斯奈樂園，但華德狄斯奈本人在他的有生之年，祇見到最初建造的一個。

狄斯奈樂園公演的團隊非常龐大，單是上台表演的即多達一百二十人，分別扮演狄斯奈所塑造的著名卡通人物，包括米老鼠、小木偶、唐老鴨、糊塗狗、金龜車、白雪公主、七矮人等。該團還攜有一個世界最大的活動舞台同行，這個舞台長一百三十五英尺，寬五十六英尺。連同舞台設計的，還有許多別致的布景、道具、燈光。單是服裝，就有三百多套。

狄斯奈樂園節目長達兩小時半，內容有「歡笑樂園」、「米老鼠音樂會」、「木偶奇遇記」、「糊塗狗與金龜車」、「小壞蛋」、「金鷄舞」、「幻想舞」、「糊塗車走鋼絲」、「白雪公主與七矮人」，和最後的壓軸單元「小小世界」。

這個活動在台灣演出最需要加工的，就是原來使用的英語錄音帶，需要改配國語。這是一項繁複的技術，在台灣其時還找不到適當的廠商有能力和設備承製。為了做好這件工作，我自行率同影片組組長賈墉，在一九七四年元月三十一日專程赴香港，找港方的影視界朋友薦人承包。經過比較的結果，我決定由名滿港九的鬼才黃霑承製。他索價稍高，但他對文學和音樂的素養，使我較有信心。首先他將對白和歌詞的英語部分譯成中文，經我認可後再找適當的藝人分別為各個卡通人物配音。配音者包括影星喬宏和張艾嘉。至於「這是一個小世界」的主題曲，則由我將中文譯文歌詞帶回，由數十位國語歌星作混聲合唱，氣勢活潑雄壯。

這次的演出，相當成功，場場客滿。我不管錢財，台視和欣欣傳播究竟各出資多少，賺進多少，我概無瞭解。我祇為無法購票入場觀賞的人，爭取了最後一場現場實況播出的機會。那次播出的時間，是該年三月二十三日的晚上九時半到十一時，而「世界真是小小小，小得非常妙妙妙」的歌聲，卻在此後流行了許多年。

十二、影片節目滿目琳瑯

即使在華視開播以後，台視的影片節目還是擁有較多的觀衆，像奧斯卡的頒獎典禮、環球小姐、世界小姐、美國小姐、美國少女才藝小姐（Miss America Junior）的選拔等特別節目，還是在台視頻道上播出，年復一年。一九七二年又增加了七月十六日在馬尼拉舉行的亞洲小姐選拔一項，這次參選的，有泰國、新加坡、馬來西亞、香港、紐西蘭、澳大利亞、以色列、關島、夏威夷、錫蘭、印度、印尼，及我國等國家或地區的代表。這個特別節目，在當年的七月二十九日播出，長達九十分鐘。

一九七四年元月，我又訂購了每年元旦在美國加州巴沙底納（Pasadena）舉行的玫瑰花車大遊行（Rose Parade）。這個節目等於我們的元宵燈會，而那些花車爭妍鬥艷、美觀奪目，對我們的元宵車燈的妝點，不無借鏡之處。華航每年也挖空心思，以車燈參加了這項遊行，並每每奪得大獎，對團結旅美僑衆心向台灣，也不無助益，其意義豈止於捧美國人的場，湊個熱鬧而已？

華視開播後的第二年，曾透過管道以較高的價格，挖走了當年舉行的艾美獎。周總對此很不高興，表示要追查責任，是誰弄丟了「失土」？事實上在商言商，誰出的錢多就將節目賣給誰，片商並沒有一定要將某個節目賣給某個客户的義務，原來的顧客也沒有所謂優先承購的權利。周總的不快，充其量祇能說是提高保衛既得利益的警覺。但我個人還是感謝大多數片商，對不願得罪老主顧的道義。

一九七二年中，台視開始播映國語電影片。

電視上要播映祇有剩餘價值的國產電影片，原是天經地義的事，理由是：一、片商對於已在電影院失去票房價值的影片，多少還可以取得電視播映權利金。二、觀衆有免費的國片可欣賞。三、可以激起觀衆到電影院看國片的欲望。四、減少電視台對外片配額的需求和購片的外匯。

在台視獨家播出時期，周總為降低國片商及電影院可能由電視台搶走觀衆的反感，還特別注意到晚間新聞播報的時間，不要與看晚場電影者的購票時間衝突。但當台視與國片商研究國片在電視上放映的事時，後者就是不鬆口。一九六九年十二月十八日，警察廣播電台還邀國片商和台視中視的代表，就國片在電視上放映的問題，舉行了一次座談會，結果仍是各說各話，得不到結論。

一九七二年五月六日，中四組為解決這個爭端，再召集會議協調，終於達成了國片在電視院放映過六年以後，可以由電視台洽購播出的結論，主要還是著眼於讓觀衆有免費在電視上收看國片的便利。這年十一月，台視從香港購到國片一百多部，在每周日播出。

西片方面，台視選播的向來是最叫座的。在一九七一年後播映的影集，有「輪椅神探」（Ironside）、「青蜂俠」（Horny）、「醫門滄桑」（Marcus Welby M.D.）、「納粹戰俘營」（Colditz）、「唐山大街」（Streets of San Francisco）、「功夫」（Kung Fu）、「驚魂懾魄」（Ghost Story）、「七海遊俠」（The Saint）、「明星劇場」（Theater of Stars）、「奧康諾之歌」（The Des Oconnor Show）、「神仙家庭」（Bewitched）等。其中「輪椅神探」的主角雷蒙・布爾曾在一九七〇年五月來台答謝觀衆。

至於兒童所喜歡的卡通，經篩選適合兒童收看的，有新的「大力水手」、「糊塗狗」、「可愛的大熊」、「貓捉老鼠」、「卡通天地」、「啄木鳥」、「小精靈」、「兔寶寶」等。卡通片因為每一部的時間短，內容又饒有趣味，因此每部都預訂可多次重播，並用來填塞其他節目不足的時間，或在播映機件臨時發生故障時應急播用。

在這段期間，台視也播映過一些叫好而不叫座的外片，最具體的例子就是半小時的劇集「小城風雨」（The Peyton Place）。嚴格的說，「小城風雨」不是「劇集」（Series）而是「連續劇」（Serial）。「小城風雨」共有五百一十四集，每周播五集，可播一百又三周。台視是在一九七一年八月九日起每周播出五集，觀衆很多而廣告始終寥寥無幾。播出時間在中午、下午、晚上調來調去，始終無濟於事。但其間一度將時間移與「蔣桂琴的故事」播用，觀衆指責的電話卻響個不停。如是在一九七三年九月終於將該節目播完，證明了我們的廣告客户，絕大多數競逐的還是低俗而又大衆化的節目。

十三、台語節目增多，立委指責

早在一九六三年，台視開播後的第二年，即有觀衆反應，認為台語節目過多，有礙國語的推行。其時台視每天平均祇播出六個多小時，一周為四十三個小時。所謂台語節目或方言節目，祇有台語單元劇、歌仔戲，及台語歌唱節目。在節目使用的比率上，不到百分之七；在時間上每周共計不到三小時。

到一九七二年，即華視開播的第二年，單是台視一家，在平均每周播出約七十三小時中，台語節目為七小時，比率為百分之九・六。假定中視與華視播出台語節目時間相等，三台加起來共有二十一個小時，等於一九六三年台語節目時間的七倍，怎能會沒有人埋怨？

台語節目會增多，一方面是政府使然，開放了三個無線電視頻道；一方面是觀衆的要求使然，他們對台視一台不滿意，希望有兩個台競爭，可以促進進步，有三個台就更好，選擇節目的機會更多；另一方面是廣告客户的利益使然，説台語的觀衆佔絕大多數，由是台語節目的收視率就比較高，廣告的效果就比較大，當然產品賺的錢就比較多，廣告公司拿的佣金也就比較優渥，電視公司的業務也就相對興隆，政府所得的各項税金也就相對增加。這樣一個利益共生的連環圈的周而復始的運轉，始作俑者，怪得誰來？

然而，大義凜然的萬年立委開始説話了。一九七一年三月十七日，那時華視還在孕育期中，立法院教育委員會就召集了一次座談會，邀請座談的對象包括台視和中視的總經理，我也躬逢其盛，討論一切電視問題，主題則在如何減少方言節目。

那次出席會談的立委，就我所記，有穆超、温士源、王大任、王純碧、楊寶麟、李宏基、邵華、張光濤、洪炎秋、汪秀瑞、謝建華、陳洪、傅晉媛、李雅仙、何景寮、趙文藝、莫淡雲等。座談會主席由王大任委員擔任。官方出席的有教育部長鍾皎光、文化局長王洪鈞等。

不出意外的這次座談會實際上是次批鬥會，立委批鬥兩台主管和主管電視台的官員，主管電視台的官員則批鬥電視台主管。兩台的主管都是應邀的客人，身分是老百姓，卻被中央民意代表和負責輔導的官員罵了一整天。

概括老立委在這次座談會中發言的重點是：兩台的台語節目太多了，妨礙國語的推行，必須逐步減少。歌仔戲和布袋戲的內容大多荒唐不經、怪力亂神，應加改進。文化局對電視節目的管理要加強，對新聞的檢查則要從寬。廣播電視法草案，則要快速送院審議。

座談會開完，檢討成果還未見到，半年後華視誕生，台語節目未減反增。由是文化局採取緊急措施，規定自當年十二月份起，三台的台語節目，每天不得超過一小時，並且要分成兩個半小時，一個半小時在白天播出，一個半小時在晚間九時半以後播出。又進一步規定，白天三台的台語節目，不能排在同一個時段重疊，是以其中一台必須每隔兩個月放棄台語節目一次，改播國語節目，按台視、中視、華視的次序輪流。晚間三台也祇有一台可輪播台語節目十天。如此一來，三台節目時間大動，台視則首當其衝。

台視此時原準備在中午時段推出布袋戲「雲州大儒俠」續集，周日則有九十分鐘的布袋戲「六合三俠傳」在播出中。文化局的規定下達，祇好保留歌仔戲，而將布袋戲全部暫停播出，原因是木偶沒生命，不發生沒飯吃或因失業示威的問題。那時候哪裡知道，三十年後布袋戲成了台灣本土化的政治圖騰，史艷文且成了允文允武的總統候選人的化身，而台語也幾乎要取國語而代之？

其次，受衝擊的是廣告代理商。台語節目縮減，土藥商的電視廣告額必定流失。文化局規定台語廣告不得在非台語的節目中播出，使得台語廣告可插足的地盤變小，自然也會減少佣金收益。而台語廣告客户如變更方式，改去製作歌唱節目或綜藝節目，是不是又會增加節目廣告化的嚴重性？比較樂觀一些的則認為推行國語可促進國人團結，減少方言節目的方向基本上是正確的。電視台如果能在其他節目上精益求精，要做廣告宣傳的客户還是會提供廣告。過去有許多精彩的外國影集少有廣告客户問津，今後提供的廣告客户也會多起來。

最感到失落的是布袋戲迷，一下子布袋戲從有到無，他們有好一段時光面對螢幕，覺得茫然。

一九七三年，連教育部文化局本身也消失了，主管的廣電業務又回到了行政院新聞局，文化局僅得年六歲。

十四、華視後來居上的强勢作爲

華視在早期的三台中，小台視九歲，小中視兩歲，年齒最幼。當台視可以吃肉吃魚、中視可以吃飯喝湯的時候，它還在吸奶。但就生存環境的變遷而言，老大穿過木屐，老二穿過布鞋，它一出生就有皮鞋可穿，問題衹在有無購買力而已。

前面說過，華視是以教育部和國防部為兩大支柱而建構成立的，比較起老大的生於陋室，華視真可以說是含著銀湯匙出生的。不過以它小小的年紀，要怎樣和老大老二來爭食電視廣告的這塊大餅，就要靠它自己的能耐。就我個人的觀察，華視能很快的崛起，並且在若干方面後來居上，出身政戰系統的副總經理蕭政之先生，居功厥偉。

副總經理三台都有，但蕭副總得天獨厚。老大台視副總原來衹有一位，後來演變成三位，雖不至於發生三個和尚沒水吃的情況，但畢竟還是三分天下，每一位副總也衹有各有領域。老二中視自一開始就維持兩個副總，各擁的領域也許要比老大的副總大一點，畢竟還是天下兩分。華視早期的總經理和副總經理各一人，一個代表教育部，一個代表國防部，雖是一正一副，名位有別，卻在實際上是一對雙胞胎。蕭政之雖屈居副總，卻與第二總經理無異，對內對外施展起功力來，比老大老二任一位副總都要兜得開，何況還是華視董事，肩上又多兩顆別人看不見的金星。

華視首任總經理劉先雲先生，是教育界的前輩，為人謙沖。除了開會或餐叙，我少有機會與他接觸，但跟蕭副總打交道的機會就多得多。

蕭副總在華視祇待了四年，但在這四年中，吹縐電視界一池春水。

他瞭解三台爭的是業務，節目則是爭取業務的工具，節目要好要靠有硬底子和有名氣的演藝人員，而最快速擁有這類人才的捷徑是利誘。於是他以政戰的策略發展出兩條路線：一是以低姿態爭取廣告客户和代理商；二是以高姿態對付台視，目標是台視最有潛力的演藝人員，同時對中視保持友好或互不侵犯，以孤立台視。

在業務方面，他削價求售，或買一送一，盡量予廣告代理商以各種優惠。在廣告客户方面，他直接拜訪，廣結人緣。若有婚喪喜慶，盡量做到人到禮到。廣為人稱頌的傳説是某南部廣告主老母患病，他親自邀同台北某名醫專程南下問疾。該廣告主意外得此殊榮，簡直是感激莫名。我不主管台視廣告業務，對蕭副總的推銷手法僅止於耳聞，但對蕭副總爭取台視的演員和歌星的強悍，卻是親身領教，莫之能忘。

台視當年與基本演藝人員所簽的合約，是台視有提供演藝人員演出機會與酬勞，並按月發給車馬費的義務，但有約束演藝人員在合約期內，不得以任何方式出現於其他電視頻道的權利。又訂定任何一方如不欲續約，必須在合約到期的三個月以前，以書面告知對方，否則以自動表示續約論。若任何一方違約，對方得依法訴請賠償所生的損失。中視和華視後來也建立了與台視同樣的制度，但華視對中視示好，表示雙方各自所屬的演藝人員可以交流，對台視則採強勢的「策反」行動。

華視的「策反」行動，可分合法的和不合法的兩種。合法的是遊説華視想爭取的台視基本演藝人員，在合約到期的三個月前，以書面表示到期不再續約，然後與華視簽約，於台視合約期滿後對華視履行合約義務。不合法的是，由台視基本演藝人員在與台視合約有效期中，公然違約「跳槽」

華視，如台視興訟發生賠償問題，由華視出資承擔，此即謂之「挖角」。當然，華視從未公開承認過「挖角」，而是台視的基本演藝人員自動「跳槽」。

最早的違約事件，見諸於「電視周刊」的記載的，是台視演員陳雲卿、江南（林照明）、葛小寶和李璇跳槽華視的敗訴，時間是在一九七二年四月。結果陳、江兩人各被判取違約賠償金二萬元，並負擔訴訟費用三分之二。葛、李兩人各被判處賠償金三萬元。一九七三年八月，又有台語演員石英、丹陽、素珠、陳松勇、上官鳴的跳槽華視。而台視台語演員金塗是年的跳槽，我本人還曾出庭控告。前述各人與台視所簽的合約，都是我以台視副總的身分，代表台視所簽。

為求息事寧人，免傷彼此和氣，我於一九七三年初，曾主動與蕭副總通話，希望他適可而止，不要繼續挖角，影響社會風氣。須知挖人之角，人亦可得而挖己之角。己所不欲，曷可施之於人？但他推得一乾二淨，說是台視演藝人員自動投效，華視焉能拒之門外。

既然如此，我就決定以牙還牙。

是年六月，我私下約華視基本演員，當時華視紅牌台語小生石峯，完全按蕭氏手法加以策反，並以書面保證他如因違約而敗訴，台視願代為賠償。不料石峯老實，在蕭副總套問之下，竟然得以將我的書面承諾拷貝存證，於是煮熟了的鴨子，居然飛了。

說實在話，我並非非要得到石峯不可，衹是想讓蕭副總也嘗嘗被人挖角的滋味。其事成與不成，並不是問題的重心。不過，薑畢竟是老的辣，蕭副總破了我的功，並沒有就此對台視罷休。他在一九七五年離開華視回到總政戰部，而華視的副總吳寶華、林登飛蕭規續隨，直至李煥先生於一九七八年中接任中視董事長以後，才因張小燕自台視跳槽華視，鬧得滿城風雨，有損電視界形象，出面邀集三台董事長、總經理等人於一堂，達成互不挖角的所謂「默契」。即使如此，時為華視總經理的吳寶華，還迫使台視總經理劉侃如承諾張小燕飛進華視的既成事實而後已。在這七年當中，自台視轉入華視的演藝人員，除已提及的各人之外，還有崔苔菁、劉文正、常楓、儀銘、楊燕、歐陽菲菲等。中視演藝人員在交流之餘而為華視所吸收的，也不乏其人。由是華視自稱繼台視之後，成為「綜藝王國」。

十五、輿論壓力下三台自律

三台競爭，台語節目氾濫，廣告削價求售，再加對演藝人員挖角跳槽，引起輿論撻伐。先有立院教育委員會召集兩台負責人舉行座談會於前，又有電視學會於一九七二年十一月二十七日舉行三台電視問題座談會於後。前者是兩台主管被邀應答，後者則是三台主動自省聽批。

關於電視學會的組成和功能上的缺點，我將在下一章中說明，這裡先報導這次座談會中所觸及的問題，和後來發生的反應。

這次的座談會，是由周總以電視學會理事長的身分，在台視召開與主持。應邀與會的來賓，有時任國民黨中央黨部副祕書長的秦孝儀、文工會主任吳俊才、中國新聞學會主委曾虛白、立委洪炎秋、張光濤、趙文藝、吳望伋、李宏基、政大新聞系教授徐佳士、李瞻、國大代表兼國語實驗小學校長張希文、幹校新聞系主任林大椿、輔大大傳系主任張思恆、教育部文化局局長王洪鈞、文化局廣電處處長黃曼達、文工會總幹事戚醒波、廣告業同業公會理事長周文同、廣告學者顏伯勤、電氣業同業公會總幹事蕭茂如、英文中國日報社長丁維棟、自立晚報副社長張煦本、中廣節目部主任王大空、新生報總編輯劉成幹、聯合報副總編輯于衡、藝術家后希鎧、音樂家梁在平、政論家毛樹清等。

從表面上看來這次座談會是電視界的自省，以示對各方指責的重視，骨子裡則是周總要藉他人之口，給友台以警惕。因為若沒有中視和華視的參與競爭，則今天電視台的這些偏差都不至於發生。

在來賓的發言中，最先發言也最受人注目的，是黨國元老陳立夫，他老冒雨趕到會場，慷慨情詞。綜合他發言的要點，是美國在沒有商業電視以前，社會上是路不拾遺，夜不閉户；而在有了商業電視以後，暴力橫行。今天台灣的電視業，不幸蹈了美國的覆轍，因此他作三點改革的建議：

㈠三台一律改為公營，成為三個電視網，各有重心，節目配合國策安排。三網之上有一總機構，收回商股。廣告由總機構統一支配，價格一律，在三網輪流播出。另每一接收機每月收取收視費十元或十五元，連同廣告費可肆應節目製作費用及管理費用。

㈡政府應提出一筆捐款，以獎勵優良節目及從業人員，每年一次。

㈢台語節目應維持在百分之十六以內的比例，每日晚間可以台語播報國內外重要新聞二十分鐘。

趙文藝和李瞻主張我國電視應改為公營制。丁維棟則認為三台中應有一台改為國營，兩台維持商營競爭。后希鎧則認為應改為公民營聯合制。趙文藝、張希文、張思恆、李宏基都強調電視的教育價值應高於一切，但三台都較為偏重商業利益，相對的產生了反教育的負面價值。張希文與后希鎧都認為國語應全力推行，方言節目的安排成為國語普及的逆流，至少電視劇可不必以方言演出。于衡則直率的批評電視節目水準越來越差，一台時比兩台的好，兩台時比三台的好，電視節目的競爭，在廣告的壓力下，走錯了方向。周文同則說該年三台的營業額，比先一年每月平均要減少四百萬元，為三台業務響起警訊，但沒說明何以不升反降的原因。

會後三台檢討，改制茲事體大，不是三台本身能改。台視當年籌設時政府即決定採民營制，並非台視自身設定。中視和華視也是因為要採民營競爭方式而先後相繼設立的，如何說改就改？不過華視對陳立夫先生建議的三台廣告統籌分配頗感興趣，認為這樣可免業務競爭。中視覺得可以研究，而台視則表示不可行，否則還要設立中視華視做什麼？祇將原有的教育電視台併入台視豈不更乾脆？再說廣告收入三台平均分享，哪一台還願意作高成本的投資來享相同的報酬率？這在企業理論上是行不通的。

談到華視在業務上的削價競爭、優惠客户，台視認為這是一種自虐的行為。論財力台視早已收回老本，華視開張不久，還在負債時期，如果台視將廣告定價永遠比較華視低一碼，到底誰能支撐得久？中視的立場當然支持台視，認為三台不能自相殘殺，也減少廣告代理商的困擾。於是三台終於達成協議，適度調整全天的廣告量，取消贈播廣告、價格折讓，以及各台自訂的獎勵代理商的辦法，恢復電視廣告的正常作業。

在節目方面，為免輿論及觀衆抨擊，電視學會在次年，即一九七三年五月三十一日，又舉行了一次座談會，由學會的節目研究審議委員會召集人曾虚白先生主持，會中決定由三台節目部門主管會商，起草一項統一適用的節目自律規範，再送會研議。

六月十九日，由我代表台視、張慈涵兄代表中視、李明兄代表華視，聚會於台北市衡陽街的老大昌咖啡室，研商規範的重點，決定置重心於道德作為上，並推定由年紀較長的張慈涵兄主稿。大約一個月後，張慈涵兄將初稿分送我及李明兄過目，定稿後再送與曾虛白先生。電視學會於十月二十二日在第二屆第三次理監事聯席會議中，修正通過這項定名為「中華民國電視道德規範」的自律條文。一九七四年電視學會參加新聞評議委員會，此一規範也在該會於九月一日舉行的第一屆第一次大會中通過，成為該會評議對電視媒體申訴案件的準則。

在事隔二十多年後的現在，這個規範的若干文字有待修改，而現在的電視業的作為也與規範脫節，甚至包括電視學會的本身是否健全在內。新聞評議委員會自成立以來，少有電視觀衆會為本身的權益去向評議會申訴，因此也沒有誰會去注意這些事。所謂電視道德規範，衹是一堆屍骨猶存的條文軀殼而已，要不要去腐重生，是新一代傳播人的議題。

一九七九年十月，我率三台演藝人員所組成的梅花訪問團赴美宣慰僑胞，在洛杉磯曾見及來迎的張慈涵兄，兩鬢已經霜白。李明兄主持華視節目部為時短暫，他離華視後我即未再見到他。一九九九年六月十九日他病逝三軍總醫院，得年七十四歲。走筆至此，不禁愴然。

十六、電視學會的成立與蛻變

前面多次提到電視學會，這個學會的來歷、變遷和問題，現在電視界知道的人恐怕不多，遑論外界。

電視學會是由台視在一九六九年發起，有中視加入才成立，有華視參加才穩定，因此至本篇才來論列。

像創辦電視周刊一樣，成立電視學會是我向周總所倡議的，但兩者都不是我獨有的創見。前者是以美國的「電視導覽」周刊（TV Guide）為範本，後者是以美國的「電視藝術及科學學會」（The National Academy of Television Arts and Sciences）為範本。當然，即使我未倡議，也不見得周總和別人不會想到。

台視開播日起即有「電視周刊」，迄今依然存在，祇怕銷路已不及一九七〇年所締造的突破十萬分的紀錄。電視學會的成立，卻是中視開播以後的事，因為獨木不能成林，有同業才能共襄一個學會的盛舉。

一九六九年十一月十五日，在台視倡導下，開「中華民國電視學會」發起人會議於台視會議室，有發起人四十餘人與會，我亦在其中。會中公推周總為主席，說明發起動機與目標，隨即推選劉家駿、董彭年、李廉、李熙謀、周肇西、錢其琛、張去疑、姚善輝、周文同、梁在平、徐鉅昌等為籌備委員，分別代表電視、廣播、廣告、公關、學術、教育、工程各界，並推周總為召集人，舉行第一次籌備會議，審議了學會章程草案。草案中以研究電視學術、培植電視人才、改進電視技術、發展電視事業為該會設立宗旨。

次年三月十六日，中華民國電視學會舉行成立大會於台北市民眾團體活動中心，籌備委員會召集人周總在致開會辭說，在我國電視事業已奠立了初步基礎的現階段，電視學者和業者們共同籌組學會，目的在群策群力，解決共同面臨的問題，加強國際間的聯繫，使電視事業得以迅速發展，為國家作更多的貢獻。其時主管廣電事業的教育部部長鍾皎光繼之致詞，祝福這一團體今後能對電視學術的研究、人才的培養、技術的改進、事業的發展等方面，有所獻替。

成立大會之後，由中視副總董彭年主持第二次大會，討論並通過了會章。隨即由教育部教育電視實驗電台台長劉家駿主持第三次會議，選舉了理監事。在第一屆第一次理監事聯席會議中又互推了理事長和常務理監事，全部名單為理事長周天翔。常務理事：中視副總董彭年、正聲廣播公司總經理李廉、廣告協會理事長周文同、台視副總張丹。理事：台視副總何貽謀、世新廣電科主任姚善輝、行政院原子能委員會專任委員李熙謀、中央評議委員錢其琛、中視節目部經理翁炳榮、台大教授徐鉅昌、電工器材公會理事長陳茂榜、交大教務長張去疑、警察電台台長段承愈、中視工程部經理石鴻達。常務監事劉家駿。監事：世新公關科主任梁在平、中廣副總李荊蓀、考試委員周肇西、教育電視台推廣科長林德輝。

依照會章，會員大會為最高權力機構，在會員大會閉會期間，由理事會代行其職權。理監事均為無給職，任期二年，連選得連任。在理事會下，設總幹事室及節目、工程、廣告三個研究發展委員會，其章則由理事會訂定之。

在前面所列的電視學會第一屆理監事名單中，仔細觀察可以發現，列名常務理事的中視代表是副總經理董彭年而不是中視的總經理黎世芬，為甚麼是這樣？就我所知，是周黎二人之間有心結，通俗的說，是「王不見王」。黎不便因周倡設電視學會而杯葛，至少他可以不親自出席發起人會和成立大會。但到一九七二年三月第一屆理監事任期屆滿，要進行改選前夕，黎卻放話有意任第二屆理事長。周認為依照會章，連選得連任，黎本人既不在第一屆中出席捧場，他也不欲相讓。由是經過一番運作，周又蟬聯了第二屆的理事長。在這個時候，黎因身兼中廣及中視兩個總經理職務，受人攻擊，而於這年九月一日，辭去中視總經理，遺缺由董彭年升任。

華視在一九七一年十月三十一日開播之後加入電視學會，成為學會第三大職業團體。一九七四年三月，電視學會進行第三屆理監事改選，三台之間達成默契，理事長人選由三台總經理輪流擔任。由是中視總經理董彭年擔任了第三屆理事長，兩年後輪由華視總經理謝又華擔任第四屆理事長。自此以後，每兩年依台視、中視、華視的次序輪流，電視學會的地址也跟著輪轉，常務理事五人也是由三台的總經理及副總經理分擔。當然，民視後來加入，這種情況會略有改變。

依照電視學會原始會章，會員分團體會員與個人會員兩種，凡有關機構及經政府立案之有關社團，經申請並經該會理事會審查通過後，得為該會團體會員；凡對電視事業或電視學術具有研究或貢獻者，或曾在電視有關學校之科、系、班畢業者，成為各電視台所屬之正式工作人員，或各廣播電台、廣告傳播公司、錄音（影）社及電視節目團體之主要人員，經該會會員二人以上之介紹，經該會理事會審查合格通過後，得為該會個人會員。又凡為會員，有發言及表決權、選舉及被選舉權，但在三台把持理監事會後，個人會員的基本權利被剝奪，於是個人會員星散，會務集中於討論三台共通問題，原設有關節目、工程、業務的各種委員會也為之解體。

電視學會為因應這種情況，索性修改章程，會員僅以凡經行政院新聞局核准之無線電視公司（台）為限，排除無線電視公司（台）工作人員以外的個人入會資格。這裡就發生一些問題，值得探討。

第一、現行章程既以無線電視公司或台為會員，第六條又沒有對個人會員申請資格的規定，何以第二十五條又有個人會員每年須交常年會費三十元的條文？現在假定無線電視公司或台的工作人員是所謂的個人會員，為什麼不明文訂入會員資格中？

第二、如果各會員單位的工作人員是所謂的個人會員，他們是不是跟各單位的總經理和副總有平等的選舉權和被選舉權？或是還同過去一樣，理事長由總經理輪替，常務董事按例由總經理及副總分擔，所謂選舉即使有也不過祇是形式，不是總字號的人永遠祇是人頭而已？

第三、過去的電視學會祇是三台協調利害相關的問題，或是利用這個中性或學術性的旗號以對外，要是彼此間有利益衝突，電視學會也扮演不了魯仲連，更別談學會的宗旨的貫徹，和各種任務的達成。如果不服，請逐年列舉除電視年鑑編纂以外外間看不見的成果。

第四、最重要的一點，是個人當年倡議甚至規劃設立電視學會，確實是想集與電視相關的各界人士，尤其是傳播學者專家於一堂，切實做一些有關電視學術研究與傳承的工作，因此個人會員包羅廣泛。我個人甚至希望由傳播界或教育界的人士來領導這個學會，做一些類似廣電基金可做的工作，例如金鐘獎的舉辦，或收視率的公正調查等，電視台祇是出錢出力協助，卻想不到各台領導人拿這個團體來分名位，排斥台外人士參與。當各台領導人大多是從天而降的政治天兵，或是政客們酬庸的受惠者時，我卑微天真的期望註定會落空。

根據人民團體法的規定，我希望電視學會的領導群，認真的研究一下：如果這個學會祇是在求關起門來解決無線電視公司間共通的問題，可否改個名字以職業團體去登記，而把電視學會這個應該是社會團體的機構名稱交出來？這樣你們會比較心安理得，也讓電視學會有個比較像學會一點的生存空間。它，畢竟是中華民國的電視學會！

十七、主持播聯小組，改進播出缺失

在台視的組織體系中，沒有研究發展部門的組織，祇有處理日常作業的部門。這些部門當然也有研究發展的工作在做，但大多是本位的、零碎的、浮面的。初期為緊縮編制，限制人事費用的支出，當然可以理解。但在經營十年以後，業務已有可觀盈餘，就應有較長遠的眼光，就公司整體的發展，作通盤的、深入的思考，消極的是發掘及改進各部門作業的死角，積極的是發揮公司整體的力量，擴展公司營運的效能與方向，這也是現代企管注重的策略。於是我在一九七三年十一月擬了一份在台視「設立研究發展部門構想」的計劃書，呈送周總核奪，他的批示是「提會報」。

所謂「會報」，是台視每周舉行一次的「業務會報」，集各部門主管及公司顧問於一堂，由周總主持，首先聽取各部門主管近周主要工作推動的報告或發生的問題，再經由大家的討論，或逕由周總作裁決。通常他也會在會中陳述他對各部門工作的批評，並主動交代各部門應辦事項。凡發言要點都列入紀錄，應辦事項也編號列管。

我擬的這項計劃在會報中並未詳加討論，周總的裁決是，先就消除現有明顯的工作缺失做起，另擬一個專案計劃。這樣做，當然就沒有修改編制和增添人手的困擾。

在這樣的裁決下，我思考最迫切需要解決的問題，是如何減少播出作業上的缺失。這些缺失是觀衆明顯可以覺察到的，如節目播出的不準時、機件上不時發生的故障、廣告與節目播出時音量的忽高忽低，甚至有錄製好的節目或影片或廣告資料被取錯播出的情形，影響觀衆或廣告客户對台視的觀感及信賴。

以上的這些缺失有時明顯的是作業者一人的人為錯誤，有時是電源的故障，責任不難分辨。但大多數是跨部門的作業，彼此諉過而無是非的明辨與獎懲，就永遠難免缺失的發生。

當我留美研習電視時期，曾在報紙上見過一段報導，一位記者訪問一位在紐約大學進修的日籍留學生，問這位留學生已在日本一家電視台工作過多年，為什麼還要遠道來美研究電視。他答覆的很簡單，說是日本電視畫面在交替時，螢幕上往往會發生瞬間的一片黑暗，他要研究美國電視螢幕上為什麼没有這種情況。

為這樣一個原因去留美，我想這位日籍青年腦子有點問題，但他那種不放過瞬間缺失的精神，令我動容。

我試圖改進已有十年以上歷史的台視的播出缺失，則不僅是螢幕上瞬間一片黑暗的問題而已。事實證明，我主持台視這個工作逾十年以上，而這十多年中播映上的缺失也許有所減少，但並未完全消失。周總在一九七四年的卸任，就直接與播出缺失有關。

話說回來，我後來依周總的裁示，另擬了一份「播映聯合作業研究改進小組」的組織計劃。以播出作業，涉及許多部門和許多人，任一人的疏失都可能造成播出上的缺失，必須要有一個跨部門的功能組織，付予調查、檢討、改進，甚至獎懲的權力，才能收到減少以及預防發生的效果。這個小組，應由節目、新聞、業務、工程等與播出相關的各單位的各級主管參加、定期會商。周總後來批准了這個計劃，小組即由我主持，隔周集會一次，但獎懲問題較大，可以建議，程序上應由有關單位主管簽報，經人事評議會討論，再由總經理核批方可。

這個小組，在台視簡稱為播聯小組，由我主持，如無特別情況，每兩周定期召開一次。如我因故不能主持，則由工程部經理代為主持。會議進行程序，略如業務會報。這個小組的首次會議，是在一九七二年八月十五日舉行。每年開會成果，均加統計紀錄。我在一九八六年六月自台視退休，猶記得是年初我曾向新聞局廣電處建議鼓勵廣告業者將廣告影片轉以錄影帶替代，一來錄影帶畫面較清晰，因為不致使畫面有像下雨一般的刮痕；更重要的是廣告影片一再剪接，聲音部分愈來愈不完整，播出時間也會愈來愈短，影響後面節目播出時間的準確。廣電處不反對這個建議，但沒有放影機可供作對錄影廣告內容的檢查，希望台視能借放影機的設備，就像台視開播前電影檢查處要台視供給十六厘米的影片放映機一樣。台視並無放影機可借，但並不影響台視本身自行將廣告影片轉錄於錄影帶上播放，惟一要做的是業務部必須配合說服代理商不能臨時抽換廣告，工程部的錄影組要增加預錄廣告影片的工作。當我在播聯小組上提出這個構想後，得到業務部和工程部的配合，終於在一九八六年二月實現了這個理想，開三台以錄影廣告替代影片廣告之始。從此電視畫面更清晰美觀，也為後來的播出自動化鋪了路，使得節目和廣告播出時間更得以準確。這是我在台視退休以前對台視所作的最後貢獻。

早些年我聽說在我退休以後，台視播聯小組的存在持續未輟，但不知現在如何？事實上這個小組如診所，如果台視播出作業已經十分健康，這個診所就可以歇業了。

十八、國喪期間三台「失色」

一九七三年中，三台節目接近全面彩色化，每周播出時間都在七十四小時左右。但到歲末時，全球石油產量減少，油價高漲，產生能源危機。新聞局在政府推行節省能源的政策下，規定三台自次年元旦起，周一至周六，每天中午起祇能播一小時。晚間六時起，播至十一時為止。周六及周日，則自中午播至晚間十一時為止，每周共計祇能播五十二小時。因此周一至周六下午六時以前及晚十一時以後的節目都得取消或重作安排，周日中午以前和晚十一時以後的節目也是如此。原來連續劇每日播出者，也祇能在周一至周五播出。

一九七四這一年中，台視和中視減少不少節目支出，但收入減少的更多，祇有華視例外。三百五十集由儀銘主演的「包青天」，讓華視這一年業務豐收。

一九七五年能源危機逐漸緩和，但節目時間的緊縮照舊。台視三月間決定由製作人任寶齡請求旅居紐約的影壇長春樹李麗華，主演國語連續劇「聖劍千秋」與「包青天」對陣，以挽回這一線的頹勢。

李麗華在影壇享譽甚久，和台視許多資深演員熟稔。一九七二年她還主持過台視長達九十分鐘的春節特別綜藝節目「春之頌」，但應邀為台視主演國語連續劇還是第一遭。

三月十九日，李麗華從紐約飛來台北，我曾去機場接她，安頓她住在仁愛路遠東百貨公司旁的華美大廈套房。四月四日為了表示禮遇，我陪她南下高雄，住在中山二路的真好味飯店，準備六日一早去月世界出外景。大約在六日清晨二點以前，我已入睡，突然房中電話響起。來話的是任高雄新聞報總主筆的政大新聞系十四期學長湛先樹，他用緩慢而沉重的聲調告訴我說：「貽謀兄，我們的領袖總統蔣公，已經棄我們而去啦！」

據說台北在當天半夜蔣公辭世時，忽然天象突變，狂風雷電大作，但在高雄卻無異狀。湛兄的來話，對我卻無異青天霹靂，一時說不出話來。我想把這個噩耗告訴隔室的李姐（那時台視同仁都這樣稱呼她），但後來決定還是等到早晨再說，以免影響她的睡眠。

當夜，我幾乎不能再入睡。想到蔣公逝世，整個節目必須重作安排，「聖劍千秋」上檔，定然得延後推出。我決定到早晨仍與李姐去月世界，但不是繼續外景作業，而是對早已在月世界作業了幾天的外景隊同仁，宣布停止工作，立即拔隊北返。

四月六日一早，我約李姐早餐，餐畢我鎮定地告訴她蔣公逝世的消息，她聞言大哭。餐後我是招計程車與她同去月世界的，在車上她一邊哭，一邊訴說蔣公過去曾經如何召見她、愛護她的往事。到了月世界，我召集外景隊同仁先肅立靜默致哀，然後宣布中止作業，立刻全體返回台北。當時大家一片哀戚，為蔣公哭，為國家憂。

四月六日，副總統嚴家淦依據憲法，繼任總統，宣布國喪為期一個月，全國下半旗致哀。三家電視台決定取消一切娛樂節目三天，加強新聞報導，播報記者臂佩黑紗，開播時先默哀一分鐘，所有彩色節目，以黑白播出一個月。

台視在四月六日當天，就立即在第三攝影場設置了莊嚴的靈堂，以供全體員工及附近民眾進入祭拜。當聖劇外景隊返回台視進入靈堂行禮時，李姐竟然哭倒靈前，良久始起，又再度對同仁訴說她緬懷蔣公的往事。

她說她首次見到蔣公，是在一九五三年至金門勞軍時。此後每隔一、二年來台一次，都蒙蔣公召見。據說蔣公非常愛看她主演的電影，尤其是像「秋瑾」和「萬里長城」這類的片子。一九七一年，她先生名演員兼導演嚴俊因心臟病住進台大醫院時，蔣公至為關切，特派當時任三軍總醫院院長熊丸到台大醫院探視，問有無需要協助之處。蔣公日理萬機，對她夫婦還如此關心，怎不令她感戴？

她還記得有一年，她從美國加州剛拍完一部由美國人製片的「中國嬌娃」電影回國，蔣公又召見她，提起她在美國拒拍低胸裝、接吻，和量三圍的事，表示嘉許；同時也對她在加州經常款待當地留美學生加以讚揚，特別要她下次有機會出國，要告訴炎黃子孫，應保持中國固有禮儀。像這樣一位慈祥的國家領導人遽而辭世，怎能不教她痛傷欲絕？

蔣公逝世，其間移靈、奉厝，台視新聞部有全程的報導或實況播出。其他節目，在以黑白播出期間，內容則力求嚴肅。其時中午原播國語連續喜劇「再見阿桃」，改以劇情較為嚴肅的「女傭阿桃」替代。晚間的台語連續喜劇「傻女婿」則改播十五集的「懷德村」，以團結奮鬥、鎮定堅強為主題。晚間國語連續劇「玉琵琶」，則改播臨時製作的「忠孝節義劇集」，以發揚國家固有倫理道德，表現忠孝節義精神為主題。這個劇集包含「緹縈救父」、「節孝雙全」、「義薄雲天」、「趙氏孤兒」、「毋忘在莒」、「光武中興」、「蘇武牧羊」等七個歷史故事單元，每一單元三至四集不等，於每晚八時至十時播出。同一時段，中視仍照舊播出國語連續劇「一代紅顏」，和台語連續劇「再生花」。華視則改播一百分鐘長的「總統蔣公嘉言劇集」，和二十分鐘長的「光復前後」。

至於綜藝及歌唱節目，在國喪前兩周或停播或更改內容。四月十七日恢復節目正常播出後，仍在每周一晚間安排了一個一小時的歌唱特別節目，透過詩歌朗誦和大合唱以表悼念之意，大合唱多由台北市蓬萊國小和國光合唱團擔任。歌曲有秦孝儀作詞、黃友棣作曲的「總統蔣公紀念歌」、「慈光歌」、「與主接近」、「大忠大勇」、「海嶽中興頌」等。

五月五日，三台才恢復彩色播出，「失色」為時一個月。

白色恐怖篇

一、篇首

所謂「白色恐怖」這個名詞是什麼時候開始的，我無從查考，它的意義是指當權者，運用公權力，不分青紅皂白的以莫須有的嫌疑調查、指控、恫嚇、鎮壓、處分當事者殆無疑問。

為維護國家社會的安全，人民的福祉，政府如果以合法、合理的方式來處理這類案件，自不能謂為恐怖。反之，不僅是當事者蒙受不白之冤，也是對人權的侵害。

五〇至七〇年代，政府為反共抗俄，保密防諜，確實發掘了一些中共的潛伏分子，保障了國家的安全，但在執行的過程當中，發生偏差而製造了恐怖，也是不容爭辯的事實。

在台視早期的歷史中，曾三度發生過這種白色恐怖事件。當時為免造成新聞，影響視聽，並未廣為人知。而今事過境遷，也不妨一提，留些史話，故有此一篇。

這一篇之所以放在「三台鼎立篇」之後，是由於一九七四年六月台視第一任總經理周天翔卸職，劉侃如在七月一日接任；而周總的卸職，則與先一年十月發生的一件白色恐怖事件有直接關係。

二、「大陸烏龜」事件

在「一枝獨秀篇」中，曾提及一九六六年四月，台灣廣告公司在台視製作一個名叫「比手劃腳」的節目，由參加現場播出的觀衆分為兩隊，彼此輪流出題，讓對方代表一人依題作象徵性的動作由隊友猜題，然後結算勝負。為引起觀衆興趣及注意，該節目也歡迎觀衆投稿出題，但某題卻引發泛政治解釋，而導致台視一編審去職的事。這件事的經過，大致如下：

某次「比手劃腳」中，一方出了一個題，讓對方代表以動作表現出來給隊友猜，這個題是：「一隻游過海峽來台灣覓食的大陸烏龜」。

這樣的一個題，引起了情治單位的注意，認為其中明顯含有省籍情結，藉此羞辱外省籍人士，分化族群團結，渙散反共復國基地民心士氣的嫌疑。於是派員前來台視進行調查，並囑將該節目即行停播。

經過一番追查，該題原是由一個彰化高中學生投稿提供。問他出這樣的一個題的動機何在，這個年齡祇不過十七、八歲的學生答道：「祇是好玩！」没有任何別的原因，他也不明白有什麼問題。

這個學生也許受到了一番告誡，也許還不明白大人們為什麼要如此大驚小怪，台視負責「比手劃腳」節目內容審查的一位王姓編審，則難脱警覺性不高，疏忽職守的責任，從而為台視所解聘。

這位王姓編審在没有考入台視節目部以前，是一位大專廣電科系教師，年齡比我稍長，忠黨愛國，毫無疑問，卻想不到栽在一個這樣「好玩」的文字遊戲上。在當時的政治環境中，我除了為他惋惜，又能做什麼？

三、「大哥，不好了！」事件

一九七三年十月三十一日，我應友人之邀晚餐，並習慣性地一面進餐，一面收看台視播出的畫面。當天是總統蔣公八十七歲的生日，晚七時半至九時且有欣欣傳播公司委託台視製作的特別節目。依照往例，凡遇特別節目，尤其是像元旦、國慶日、蔣公誕辰這類日子，全天的節目，不能犯不祥的忌諱，更別說有政治上的顧慮。因此，當天的節目，除新聞報導必須現場播出以外，其餘的或為錄影帶，或為影片，都需要事先作安全檢查，以防意外。當然這天的節目，除新聞外我都已事先看過，應可放心。不過在播出時仍是提心吊膽，未敢大意。

時近夜間九時，祝壽特別節目將近尾聲，台視螢幕上播出總統蔣公偕夫人出現總統府陽台上，揮手笑著答謝群眾歡呼的資料影片畫面時，忽然出現一行「大哥，不好了！」的字幕，雖然這行字幕祇停留在螢光幕上一瞬間，我感到有如五雷轟頂，心知大禍臨頭。

不消說得，當我急忙趕回台視時，已是人聲鼎沸，議論紛紛。在我正在查問出事原委時，警總的人員也來到台視，當然還有欣欣傳播公司的人員。

據我所得的報告，是緊接在祝壽特別節目之後的，是歌仔戲「萬花樓」。劇團字幕操作員覺得出現在戲中的第一行字幕即「大哥，不好了！」這句台詞有不祥之慮，原想按鈕將這行字幕在沒疊印在歌仔戲畫面上之前就先淨空消去，如是即可將第二行字幕推進到第一行的位置。在播出時，演員的第一句台詞有聲而無字幕。等說到第二句台詞時，才有字幕疊印上與聲音配合。他沒有想到會擦槍走火，反而將這行字幕播了出去，而更巧的是疊印在最不能疊印的畫面上。

其實這種不當的疊印是可以避免的，在技術上說有雙重的保險：第一重是字幕操作員可以先將字幕操作器上使字幕訊號送往主控室的電路開關關掉，等第二行字幕推進到第一行的位置時，再將開關打開；第二重保險是主控室的操作員，將字幕機發生的訊號與正在播出中的畫面訊號藉電路開關分離，如是即使字幕訊號「溜出」了第一重保險，也可受第二重保險的阻擋而無從播出。

這次操作上的失誤，巧的是字幕操作員未留心察看字幕訊號送往主控室的電路是開著的或未先關上即啟動字幕按鍵，結果原是要避禍卻反而闖了大禍。而主控室的操作員也沒料到字幕操作員會有此神來之筆，在前一節目未播畢、後一歌仔戲還未播出之前就啟動字幕機，以致字幕訊號提前闖過兩關播出。

讀者看到這裡也許會問：既有事先對節目的安全檢查，何不將字幕先疊印到節目上去錄製，就可以一起預作檢查，發現不妥，先行剪除或另行錄製？電視台所以不這樣做，是萬一發生不妥，剪除會使劇情或節目內容不完整，使觀眾會莫明所以。要重錄的話，更是大費周章。最妥善的辦法，是節目在沒錄製以前，就先將一切可能發生問題的地方修改或刪除。然而，就以這次事件的發生為例，祝壽特別節目和「萬花樓」歌仔戲劇情內容並無安全問題，「大哥，不好了」這句台詞字幕如果出現在歌仔戲中，即使不祥，也沒有什麼大不得了，有誰會預先想到字幕操作員竟會因要避禍而闖禍，將字幕疊即上最不能疊印的畫面上？

檢討事件發生的經過以追究責任是一回事，如何善後又是另外一回事。警總人員在歌仔戲字幕操作員工作完畢後就將他帶走清查，而台視卻要繼續面對欣欣傳播公司的指責，因為該公司的董事長碰巧就是蔣孝武。他為給祖父祝壽而獻此一特別節目，卻意外地觸上這樣不祥的霉頭，其盛怒可知。

這晚節目出事以後，奇怪的是周總並沒到公司來，據說是因身體不適早已服藥就寢，即使家中有電話也不接。在公司中應付各方的詢問、警總的調查最忙碌的是執行副總經理李蔚榮兄、台視安全室的人員和我。當天節目播畢後時近午夜，我陪同李副總專誠去位於南京東路及林森北路口的欣欣傳播公司，向蔣孝武說明並致歉。

我個人以往跟蔣孝武毫無交情，也不相識，所以前往，除了陪伴蔚榮兄，也因身為節目部門主管，有責任去向蔣孝武就事出原因作說明及致歉。蔚榮兄則與蔣原有私交，在職務上也可以代表周總及台視經理部門去解說及道歉。蔣孝武在他的辦公室中接見我倆，雖在盛怒中說話，並沒辱及我們。他祇是一再提及當晚周總不應不接他的電話，就是因為這一點他不會與周總善罷干休。蔚榮兄向他說周總決不是故意不接他的電話，而是已服藥熟睡，蔣卻回以「他就是要死了也應該接我的電話！」

當然，台視致歉的意思是表達了，無心之錯也說明了，就是沒能為周總脫厄。

第二天一早，我又與蔚榮兄去周總家中，向他對夜訪蔣孝武的事作了一番報告。他坐在床前，沉靜的聽著。我以事出節目部門，我有行政責任，害他受過，我自請處分。他笑著說暫時不談這個，以後小心點就好了。至於他自己，他自有打算。

後來知道他的所謂自有打算，是以革命實踐研究院受訓學員的名義上書院長蔣公，呈請辭職，但未見有立即的反應。這一件事，在表面上看來是已沉寂下去。

不過，那位歌仔戲團找來的字幕操作員卻在警總被羈押調查了相當時間，證明並沒有什麼政治性的動機和嫌疑而釋放。台視主控室的沈姓工程師，因疏失職務而解聘。

但是，這件事畢竟並未因此而告終。

四、周天翔揮別台視，四年後永訣

字幕的事件發生後半年，一九七四年六月，層峰終於批准周總的辭呈，由時任中央廣播電台主任的劉侃如接任。在形式上，是台視於是年六月十八日舉行股東常會，通過周因健康關係所請求的退休，繼之在董事會中，通過董事長林柏壽對劉侃如繼任總經理的提名。

六月二十六日，台視基本演藝人員兩百多人，在台視攝影場為周總舉行了一次惜別晚會，由張小燕、李芬雪代表全體演藝人員，贈送周總山形綠色大理石一座，上刻「敬獻中國電視事業的拓荒者周總經理天翔，台視演藝人員敬贈」等字，周總則唱「友情」一曲回報。晚會中有歡樂，也有離緒。二十九日下午，台視員工也以茶會惜別，並贈送銀盾。

七月一日上午十一時，新舊任總經理舉行交接儀式，由林董事長監交，台視組長以上主管參加觀禮。交接儀式完成後，周總在員工列隊歡送下離去。

七月四日上午，中國國民黨中央委員會祕書長張寶樹在中央黨部，以「實踐獎章」一枚，頒給周天翔，表揚他拓展國家電視事業的貢獻。

周總以健康關係請辭，倒也並非虛語。一九七〇年三月某日，他曾突發心臟病被送進宏恩醫院，經電擊後始恢復心跳，病癒後體力即不如從前。他離開台視後又集資創立敬業電子公司，任董事長兼總經理，生產電子數字錶，開國內高級精密工業的新紀元。由於日夜操勞，竟於一九七八年十月二十日因腦血管阻塞逝世，祇享年六十一歲。

我在一九六二年入台視服務，到一九八六年中退休，共歷時二十四年又半，輔佐過三任總經理。在這二十四年又半的歲月中，有一半以上的時日是與周總相處。而在這三任總經理中，周總是唯一與我沒有舊交的。我能受知於他，固然是因緣際會造成，但我能竭智盡忠於他，也是由於他善能用人所致。

我至今還不知道當年周總被遴選為台視籌備處處長的經過。單憑他畢業於湖南大學電機系、曾在哈佛研究的學歷，以及曾任台糖駐英駐日代表、台灣省檢驗局局長的經歷，甚至是由於他是俞濟時先生的女婿，和官邸有密切的關係，都不具有說服性的理由。但很明顯的，決策者是選對了人。

我最服膺他的，是他有開拓國家電視事業的目標和決心，而不是在求名位或謀黨國公職的跳板。這個目標和決心，正與我留美研習電視的動機和過程相契合。不過，若是他官僚氣重，對人頤指氣使，動輒羞辱部屬，或是事必躬親、不重分層負責、充分授權的企管精神，我隨時都可能拂袖而去。然而，他能知人善用，充分授權。在他任內，我掌台視節目部十二年，他很少否決過我的簽報，也很少干預過我對部內人事的異動升遷。絕大部分的台視員工是通過考試進入或升等，即使是至親好友，誰也休想向他薦才舉賢。

他重視儀表，經常著西服、打領結、吸雪茄、喝啤酒，一付英國紳士派頭。少不了的還有英國紳士的幽默感，拉近他與部屬和演藝人員的距離。什麼時候該嚴肅，什麼時候該輕鬆，他拿捏得很準。

他生於一九一七年五月二十六日，長我七歲半。每逢他的生日，台視各部門主管和顧問，都會聚齊在他位於台北市仁愛路空軍總司令部對面台糖公司所配的宿舍中，為他慶生稱觴。這個聚會，也是他的主要幹部，能和他的夫人俞杭先女士以及他的二男二女可以晤面交談的時候。

在他的辦公室中，最珍貴的東西，是牆上掛著的他與總統蔣公的合照。他處世的格言，則壓在他辦公桌上的玻璃板下，他親筆寫下的十六個大字：「理直氣和，義正詞婉，境由心造，事在人為。」我觀察他的言行，大都能符合他自守的格言。

不過，他畢竟並非聖人，是褒是貶，因人而異。我與他個人之間，也有一些小事情值得一提。

在台視開播後不久，他的岳母即俞濟時夫人病逝，台視同仁二十多人，曾於俞老夫人出殯之日，去俞府設在榮總的靈堂拈香致奠。公祭完畢等待啟靈前有一段空檔時間，台視同仁曝曬於烈日之下，無處避蔭。這時我曾不經意的向台視同仁表示，大家這次來行禮，是基於私誼而非公務，周總應在這時出來，向鵠候於烈日之下的同仁，以孝屬的身分致意才好。我這樣說，並無指責周總之意，相反的卻等於代周總向同仁致歉，體諒他們前往執紼的熱情和辛勞。

但是不知道是那位同仁，竟將我說的這幾句話轉告了周總，於是有一天周總召我到他辦公室，一邊喝著啤酒，一邊質問我說那些話的用意何在。我老實的回答他是說了這樣的話，用意祇是代他向前往送殯的同仁表示撫慰。如果他認為我無權代表，我願意向他道歉，但並無惡意。

他聽我說，沉吟了一下，喝了口啤酒，然後對我說：「我知道了，謝謝你。」我退出了他的辦公室，這件事就到此為止。

前面提到，一九七〇年三月某日，他因心臟病突發昏倒，被送宏恩醫院急救。我聞訊也趕到宏恩醫院，焦急地在病房外的走廊上，等待急救的結果。醫生認為必須進行電擊以恢復心臟的跳動，但其時宏恩沒有這項設備，祇有緊急外借。經電擊後周總果然起死回生，但運送設備的人不知怎的卻到走廊上問誰該給付設備運送的錢。我聞言立即問他運費是多少，他說兩千元。我隨即不稍遲疑，在袋中掏出兩千元給他，也不問收據。事後我沒有對任何人提過這件事，直到今天。兩千元事小，但能為他盡這點棉薄，至少是不虛到宏恩問疾之行。

一九七一年我以四十萬元賣掉在永和永利路的房子，再向合作金庫貸款五十萬元買下台北市瑞安街一所有五個臥室的六樓房屋，原因是距離台視和內子到新聞局辦公較近，四個孩子大了也不能再擠在一間房子裡。一九七四年十月逢我五十歲生日，台視主管來到我家慶生，周總是第一次光臨寒舍。其後某日他召來安全室毛專員祖貽，要他調查我買房子的錢從哪裡來。前保密局局長毛人鳳先生的長公子毛祖貽當場回報他說，不用查了，他早就知道我買房子的錢是如何來的。

這件事是毛專員親口告訴我的，時在周總過世後多年。但即使我知道這件事時周總還健在，我也不會去怪他。他有責任和權利知道部屬廉潔不廉潔，他查了以後當會對我更放心，有益無害。

大概是在台視初購錄影設備的時候，購價約八百萬元台幣的設備是他自己在美國決定的。於是有一天他也一邊喝著啤酒，一邊告訴我如果他想發財，他可以在購置台視的設備上大賺其佣金，但他不會昧著良心去做。我默默地聽著，不知道該說什麼。因為換成是我，我根本就不會說。他在台視做了多年的總經理，住的還是不及我家寬敞的台糖所配的平房宿舍，難道還不足以說明他的清廉嗎？

他在離開台視以後，似乎從未回過台視，我也不曾去過敬業電子公司或他家中看過他。我最後一次見到他夫婦倆，是一九七八年五月在我因公赴舊金山所住臨近中國城的假日旅館。某日我在旅館用早餐，看到周總夫婦姍姍前來，我當即起身前迎，邀他倆與我同座。周總面色清癯，談到筋骨有些痠痛，我還特別介紹了一家華人設在舊金山的脊椎診所，建議他不妨前往看看。這頓早餐自然由我請客，未料到五個月後，他就與世長辭。

一九八一年十月初旬，俞濟時先生有一天忽來台視找我，說是已定是月十六日，在台北市濟南路華嚴蓮社，為周總逝世三周年誦經追思，希望我至時能前往參禮，尤其盼望我能寫一篇紀念性的文字，配合登在中央日報上。

俞老先生要我來寫這篇文字，可能是知道他的女婿對我有知遇之恩，我不會拒絕；也可能知道我曾在中央日報工作，報社老同仁不會不登。總之，我為老人家的言辭感動，答應遵辦，但中央日報登與不登，我不敢保證。

這年十月十六日，我去了華嚴蓮社行禮，也送了花籃。我以「悼周天翔先生」為題的短文，也在當天的中央日報副刊中登了出來，償了我對俞老先生的承諾，也為我向周總的英靈，這位中華民國電視事業的開拓者，致了最後的敬禮。

以下是這篇短文的文字：

悼周天翔先生

何貽謀

是電視，使我認識周天翔先生；是周天翔先生，使我踏入電視界。

民國五十年的十月，我剛從紐約州雪萊克斯大學修畢廣播電視的碩士學位，重回美洲日報擔任編輯，接到周天翔先生的來信，問我是不是願意返國服務，擔任台視的節目部主任。周先生是因其時任中央文工會主任的謝然之老師的推介而與我聯繫。在此以前，我們彼此是陌生的。

我留美學的是電視，學電視也是為了能回國發展電視事業，因此毫不遲疑的我接受了周先生的使命，在五十年的最後一天返抵國門，五十一年元旦便向其時設在台北南京東路一段的台視籌備處報到。

大約是在元月三號，我第一次見到了周天翔先生。大約是第二次與他談話的時候，他開始考我，出了一個簡單而又不容易答覆得完整的題目——什麼是電視。

也許是我答覆得還不錯，他一向嚴肅的面部開始對我有了友善的笑容。此後他又出題目，測驗我的英文程度，結果總算還令他滿意。據別人告訴我，他說我是其時同事中英文程度最好者之一。

這些，祇是說明周天翔先生在用人方面，是十分慎重的。他不信任八行書，也不論親朋故舊，他要用的人必須有真才實學，否則寧缺無濫。因此，在他主持台視十二年的歲月裡，用人絕大部份是經由公開考試掄才。我個人向他推薦而承他接納聘用的，也祇有前台視節目部副主任的鄭炳森先生。

凡是認識周天翔先生的人，可能都有一種印象，那就是與他相處不易。就我個人與他相處的經驗而言，我覺得他的個性是謹慎的、固執的、精明的、不苟言笑的。在另外一方面，如果他信任某個人，或者是喜歡某個人，他是輕鬆的、幽默的、誠懇的、推心置腹的。這種個性，是他的長處，也是他的短處。前者使人敬畏他，後者使他為人所蒙蔽。但是，有多少人在待人處事方面能盡善盡美？我追隨周先生十多年，到今天我仍然認為他是我畢生之中最值得敬佩的一位長官。

民國六十三年周先生卸職離開台視，一方面是因為他健康欠佳，一方面是因為節目上發生了一點差池，他引咎而辭職。就後者而論，我在行政上要負的責任要比他更多。可是，他從沒因此而疾言厲色的責備過我，在他離職以後與我多次碰面的場合，也仍然是有說有笑，不存絲毫成見。然而，我對他因此所生的歉疚無日能忘，對他的感念也是歷久彌深。

蓄平頭、抽雪茄、打領結，是他外表的典型標誌；「理直氣和，義正詞婉，境由心造，事在人為」這四句話，是他待人處事的座右銘，也是他與台視同仁共勉的指針，今天周天翔先生的音容已渺，但是我相信他那典型的外表，和那四句與同仁共勉的話，依然還會顯現在台視同仁的眼前，響在台視同仁的耳中。

七〇年十月

五、「東方紅」事件及其他

周總離開台視以後，台視的噩運並未就此終了。

一九七四年的十月，在戒慎恐懼的心情下過去後，以為應該可以平安度過這一年，卻不料又出了事！

這年十一月二十四日，是國民黨建黨八十周年紀念日，台視製作了一個慶祝性的特別節目，在當天播出。不料，用為該節目的背景音樂，竟是中共的國歌「東方紅」！

這個節目是事先經過安全檢查的，連我自己在內，也不知道背景音樂是「東方紅」，如果知道，那才真有一查的必要。巧的是，「東方紅」從沒用為配樂，而它的首次出現，竟然是在國民黨建黨八十周年慶祝節目中，不僅國民黨大惑不解，就是中共也不見得領情。

這件荒唐的事究竟是如何發生的呢？經過調查，才知道又是一件無心之過。原來負責為這個節目配背景音樂的楊姓音效，求好心切，企圖在新近自國外購進的一批環境音樂唱片中，找出旋律接近東方樂風的樂曲來為這個節目配樂，結果喜出望外，竟然給他找到了，就是那首「東方紅」。於是中共的國歌被播出了，在台視自己製作的為國民黨慶祝建黨八十周年的特別節目中！

當節目在播出時，就有音樂界的朋友給我電話，問我為什麼在這節目中配這個樂曲。我說中共的國歌難道不是抗日時期傳誦的「義勇軍進行曲」嗎？他說這個也是，曲名「東方紅」，歌詞是唱來歌誦毛澤東的。

我接話後，知道一波未平，再波又起，即行查究，找出這張唱片來看，它上面明明用英文標明是National Anthems，即各國國歌，而「東方紅」即 Anthem of China，但為楊所不識。

不消說得，警總人員又聞風而至，進行調查，我是最先被傳問的一個。我說明節目是事先經我作過安全檢查的，台視安全室的人員也有參加，但都不知道背景音樂是「東方紅」，除非經常偷聽所謂「匪播」，而我們是都不會去聽「匪播」的。捨此之外，能經由什麼管道去知道什麼曲子是「東方紅」？至於楊姓音效本身，他也是無心之過，否則如思想有問題，責任可以查明，後果可以預知，這樣做如飛蛾撲火，又有什麼價值與意義？一個節目的錄製，涉及許多的專業人手和過程，我不可能在每一個節目未成型之前，去過問每一個參與其事的人的工作細節，祇能盡可能的去做好品管的工作，但百密一疏，仍然難免，實覺惶恐。這次事件的發生，祇能說是又一次的意外，如果要作什麼處分，我願意承當。不過，基於這次錯失的發生，我要求有關方面能放寬一些有關大陸的資訊，讓傳播人多有一些有關大陸的常識。至少，要舉行一次講習會，讓從事大眾傳播的人，知道什麼樣子的曲子，是中共的音樂。

楊姓音效又為警總人員帶去問話，總算在經過一段時間後予以釋放，但也失去了台視的工作。

國民黨黨工會在這次事件後，確實曾在中廣舉行了一次講習會，教人辨識禁播的中共歌曲，我也到場聆聽。

捨此之外，當年電視節目上，還有許多政治上的禁忌。例如日語、日文、和服、日本歌曲、共酋照片，中共國旗，類似中共國花的向日葵圖形等等，都不能出現在電視上。在國外所從事的現場轉播，為避免意外出現主張台獨的人物、旗幟或口號等趁機闖入節目中，也要採先錄後播的延遲措施，以便篩選。

對於台語廣播劇節目，警總在戒嚴時期，曾策動民營廣播電台組織了一個「台灣省廣播節目協進會」來從事節目審查。對外來說，這是業者的自律組織，對內來說，總幹事以下的執事人員全由警總派任，執行審檢職務。台視開播以後，台語電視劇劇本及新編歌仔戲劇本都需要送這個單位審查通過才能播出。一九六八年八月，這個單位擴大改名為「中華民國廣播節目研究改進協會」，審查工作照舊。直至一九七三年文化局撤銷，廣電事業由行政院新聞局主管，始將此項工作移轉至新聞局。至於廣播及電視所有播出節目的監聽和監看，則由警總所設的簡稱為「電檢處」的單位負責，而彙總在警總定期召開的所謂「廣播安全會報」中提出報告和檢討。這個會報例由警總一位副總司令主持，各廣播電台和電視台的節目部門及安全部門的主管出席。我曾多次參加這個會報，聆聽主持會報的副總司令的訓示。會場的氣氛往往是肅殺的，檢討的範圍也不僅止於台語的節目而已。

至於歌曲，不分國語或台語，凡列在禁唱名單上的，都在不能演唱或播出之列。

台視在前述接二連三的發生「無巧不成書」的誤失事件後，更有令人如臨深淵、如履薄冰之懼。我曾對友人開玩笑說，我這份工作，是將自己的頭，提在自己的手上做，隨時都有忽然間被人拿走了的可能。

總結來說，其時國家處在動亂時期，大眾傳播媒體中，確實也有共諜俄諜的存在，當局採取防範措施，原也無可厚非。不過情治單位在執行上有時候也不免矯枉過正，造成所謂白色恐怖，使得傳播業者人人自危。以台視發生的三大事件而論，「大陸烏龜」事件是泛政治解釋造成，「大哥，不好了」事件是因避禍而惹禍，「東方紅」事件則是無心之過，台視固都難逃疏失之責，但有關單位在處理上也不無偏差或過於嚴峻。

相對於解嚴以後至今，電視上的百無禁忌，是不是又以別種恐怖取代了白色恐怖，值得國人深思。

浮光掠影篇

一、篇首

總統蔣公逝世後，副總統嚴家淦依據憲法繼任總統，國家的歷史展開新頁，也給電視界帶來一些激盪。最明顯的是：威權統治不若以往嚴峻，白色恐怖也逐漸消失於無形，於是三台競逐業務上的利益，彼此間的折衝尊俎，爾虞我詐的情況就更較以往為烈。

於一九六七年設立並接管全國廣電事業輔導業務的教育部文化局，在一九七三年奉命撤銷，廣電事業仍歸行政院新聞局管轄。移交的重要遺產，有文化局時期所草擬的「廣播電視法」。此法經立法院通過及總統明令於一九七六年元月八日頒布施行，算是國家首次有管理廣電事業的法律。諷刺的是：在法律明文的規範下，廣電事業的競爭較過去更是肆無忌憚，最明顯的是非法營運的有線電視台，即俗稱的「第四台」，也就在這個時期中開始萌芽滋長。

我在一九七二年中繼廖祥雄之後重掌台視節目部，迄一九七九年中交卸職務與李聖文為止，七年中又身歷這一段變局。其間既要在節目上與友台作攻守上的決策，又要應對業務收入與傳播理念間的衝突和壓力，天人交戰，身心俱疲。本篇即在追述自總統蔣公辭世以後，至一九七九年四月我辭卸台視節目部經理兼職的七年中，如何以節目應對這段時期所面臨的挑戰。浮光掠影，僅舉要點敘述。

二、「聖劍千秋」擊敗「保鏢」

「聖劍千秋」在作業期中雖因國喪而暫時中輟，但卻反而減低了上檔時間的壓力，得以從容準備，精益求精。

國喪期三台以黑白播出在一九七五年五月四日終止，次日即恢復彩色。台視就決定聖劇在五月六日晚八時首播，並在五日晚上八時，借「銀河璇宮」時間，推出「聖劍千秋之夜」的特別節目以加強宣傳。

這個特別節目是由廖煥之企劃，顧英哲導播，孫越主持。節目一開始由聖劇全體演員合唱由謝鵬雄作詞、翁清溪作曲的主題曲，繼之是李麗華與藝人和影迷閒話她的從影生涯，和一些趣事。

在李姐從影的一些代表作中，有不少膾炙人口的插曲，也就由參與聖劇的演員或歌星唱出。計有李黛玲和胡鈞合唱「新茶花女」中的「天上人間」，王慧蓮唱「魂斷藍橋」中的「桃花堤上春風軟」，吳靜嫻唱「戀之火」中的「第二春」，陳彼得和李慧慧合唱「花月良宵」中的「桃花紅」，張鷗陵唱「西湖春」，拜慈藹唱「故都春夢」中的京韻大鼓「大西廂」，李姐自己則唱「風雨牛車水」中的「琵琶怨」壓軸。

此外，還有武術表演，及介紹聖劇的演職員。演員有黃宗迅、田文仲、馮海、張鵬、萬傑、胡鈞、康弘、陳彼得、余松照、司馬玉嬌、李虹、李慧慧、張鷗陵、鄭仲達、王孫、高崇霄、張英頎、嚴重、金劍等人，孫越也在其中。職員有製作人任寶齡、編劇趙玉崗、策劃陳為潮、導播趙振秋、史邊城、戲劇指導范守義、常楓、美術指導林保勇、武術指導游天龍、音效指導李義雄等人。在這個過程中，都以相關動態畫面穿插，使得節目生動。

五月六日，星期二，觀眾期待良久的聖劇終於播出，共計播出七十七集，廣告集集滿檔，華視長期領先的「保鑣」為之相形見絀，被迫換戲。

香港無線電視台在聞知李麗華與台視簽主演聖劇合約時，就向台視洽購了香港地區的播映權，後台視一個月在港配粵語播出。紐約的華語電視也在七月一日開始播出聖劇，造成台、港、美三地同時都在播聖劇的局面。

聖劇播畢後，台視在七月二十一日下午特別舉行了一次茶會聯歡，會中劉總以題有「敬業樂群，影視之光」的獎牌，送與李姐作永久紀念，李姐則以永為台視的一員作答。參與聖劇的演職員則盛讚她一絲不苟的專業精神，和毫無大明星的傲慢的謙沖風範。

李姐在錄完聖劇後，又為台視國劇研究社錄了「拾玉鐲」和「六月雪」兩個戲碼，做表唱工毫不含糊，不愧出身戲劇世家，與名坤旦言慧珠同為武乾旦朱桂芳的高足。

一九七七年九月李姐來台拍影片「紅樓夢」，又為台視主演了十月在周日晚間新推出的一小時國語單元劇「四方客棧」，飾客棧的女老闆林大娘，為該劇打響了第一炮。

三、「澎湖伯遊台灣」害我遊澎湖

同年在台語電視劇方面，國喪後推出喜劇「傻女婿」也有相當豐碩的收穫，到九月十五日才由另一喜劇「澎湖伯遊台灣」接替。但不料此劇播出一周後，卻引起澎湖觀眾的不滿，經我親赴澎湖進行協調，並變更劇名及修改劇情路線後才告撫平。

「澎」劇是由台視台語演員吳帆製作，林文啟編劇。劇情是指澎湖西嶼沙港一年過花甲的漁翁澎湖伯，中得巨獎，其子阿牛媳婦阿琴事親至孝，勸目不識丁的雙親往遊台灣本島。澎湖姆怕暈船，不欲遠行，乃由外甥秦老實陪同出遊。澎湖伯因不識字，旅遊偶有所得，以圖畫代字傳信。信到之後，由澎湖姆鄰居李卜吉代為解讀。但李卜吉解讀每每有誤，因而發生種種趣事巧事，引起觀眾哄笑，而澎湖伯本身卻是誠、樸、正、直，好打抱不平，僅是不得其法，弄巧反拙。在他遊台的過程中，就便介紹台灣各地的風景名勝、民俗文物，澎湖伯僅是穿針引線的主人翁而已。

在演員的安排方面，陳國鈞飾澎湖伯，阿匹婆飾澎湖姆，劉劍海飾阿牛，谷青飾阿牛妻，陳剛飾秦老實，李佩菁飾秦老實妻，老鼠飾李卜吉，童星蔡富貴飾澎湖伯之孫阿貴。

此戲播出之後，澎湖觀眾卻大起反感，函電交至，認為該戲有辱澎湖人，要求台視道歉停播，頗出台視意料之外。鑒於情勢的嚴重，連續劇又不能輕易中輟，於是我自己決定親赴澎湖一行，與地方各界意見領袖進行溝通，協商解決之道。我個人早在一九五〇年間主管中央日報地方記者期間就曾去過馬公，寫了一篇「漫天風沙澎湖行」的特稿，讚揚澎湖軍民。

九月下旬，我搭機赴馬公，在舊日中央日報同事時為中央日報駐澎湖記者梁新人兄的陪同和指引之下，拜訪了澎湖縣長呂安德、議長許紀盛、國民黨澎湖縣黨部主委陳哲燦、書記長萬興華、澎湖日報張社長、婦聯會總幹事、中視駐澎湖封姓記者，及若干位縣議員，除代表台視表示歉意也說明並無惡意之外，也願聽取改正意見。

總結他們的反應是：澎湖人的共同特徵是淳樸、誠懇、慷慨仗義、冒險犯難。主人翁出生地的沙港，是澎湖文化的發祥地，一般的沙港居民智慧都相當高，而「澎」劇筆下的澎湖伯所顯示的造型，是正面少，負面多，因此不為澎湖觀衆所認同。他們認為台視可以不遽然停掉這個戲，但應改變澎湖伯的塑形，使他的形象正面多，負面少，並且不必在劇名上，強調澎湖這兩字。為了補償澎湖人所失去的尊嚴，建議台視派記者去澎湖，作一系列的報導，以宣揚澎湖的建設和各方面的進步。

這是一次很理性的溝通。我當即承諾接受他們的建議，將節目名稱改為「好阿伯」，從而修正劇情，但基調還是以喜劇呈現。新聞部分我無權作決定，但相信台視當局應可接受，不過無論做什麼，都得容許台視有點作業的準備時間。

當我返回台北後，立即將劇名改為「好阿伯」，並修編其後的劇本。至於新聞報導，則是將近一年以後的事。次年八月，台視新聞部派記者范葵、攝影記者鄭明義去了澎湖訪問，在九月初作了十二天的特別報導。這類的系列訪問報導，後來也及於其他各縣市。

四、提「里長伯」構想，創「周日劇場」

一九七六年十月，我得「好阿伯」台語連續劇的啟發，產生了「里長伯」劇集的構想。當時的環境背景是多方面的：第一是當時中午及晚間自周一至周六有台語連續劇或歌仔戲或布袋戲，未上連續劇的台語演員，長時間無戲可演，我有為他們尋求演出機會的責任。第二是白天及晚間有每天各播半小時的限制，而台視剛好周日白天沒台語節目，可以有排一個半個小時台語節目的空檔。第三是里長為基層公務員，事務繁而待遇低，有予以表揚和鼓勵的必要。第四是可以配合台視的後台老闆台灣省政府的需要，推行省府的地方基層自治行政。

於是我請來本職是國校教員的外省籍台語節目製作人楊維琳女士，告訴她這個構想。骨子裡是宣導基層行政，但不能硬生生的說教，必須以戲劇方式演出，寓教於樂。劇集的中心人物是固定的，如里長伯本身和他的家人，其餘則不固定可容他人上戲。每次有一個主題，主題的內容可以由省政府新聞處提供。「里長伯」劇集演得差不多了可以換別的劇集和中心人物，但主旨則不能更動。

楊女士接受了我交付的任務，終於在是年十一月二十八日推出了「里長伯」，由陳國鈞飾里長、莊麗飾他的太太、震洋飾他的兒子，潘莉飾他的女兒。編劇群中包括在省新聞處供職的張與魁先生，藉為製作人與省新聞處聯繫的橋樑。由於這個劇集是在周日白天播出，節目部的企劃徐斌揚又給它加了個「周日劇場」的總名稱，無論劇集怎麼換，總名稱則可以不改。

「里長伯」這個劇集在製作人楊維琳、導播顧輝雄、黃國治、戲劇指導陳聰明等人的努力之下，演出相當成功。次年五月十八日，手傷初癒的省府主席謝東閔，特別在中興新村召見「周日劇場」和台視另一節目「今日寶島」的演職員。當天由我帶隊前往，接受謝主席的嘉勉和參觀台中港的建設。一九七八年，「周日劇場」以「里長伯」獲頒教育文化類優等金鐘獎。是年二月「里長伯」改由「仁愛鄉」接替，共播出六十三集。

我於一九八六年自台視退休時，「周日劇場」還在演。此後因少看電視節目，不知這個節目的存廢榮枯。一九九七年元月九日，楊維琳女士在台視舉行了一個茶會，慶祝「周日劇場」播出二十周年，特別邀我到場參加，才知道這個節目一直還在播出，感到無限的榮幸和安慰。

五、「周三劇場」與「兒童電視劇」

「台視劇場」在一九七二年十一月推出以後，至一九七五年依然風靡觀衆，祇是工作人員換了班，由其時任編審的熊廷武負責策劃，龐宜安、湯鑫章任導播，金石戲劇指導，陳博文負責美工。跟以往不同的是拓寬戲路，包含喜劇、推理劇等，並對外公開徵求劇本，將演員不定型，及大量使用外景。原來製作台視劇場的班底，如陳為潮、趙振秋、史邊城等，則轉而負責製作新開的周三劇場。

「周三劇場」是名演員勾峰，與我長女黛娜聯合製作。首次播出的戲，是由陳莎莉、江明、李偉、張冰玉、吳桓、韓甦等演出由趙玉崗編劇的「心網」，在一九七六年八月十五日晚間首次播出。是日為周三，故名曰「周三劇場」。

這個戲的特色，是專演緊張、懸疑、推理的刑案。固定的編劇還有丁衣、王中平、徐斌揚等人。原則上是每次演完一個故事，如果一集演不完，則分上下集演出。自首次播出以後，也收到十分叫座的效果。

我因自己的女兒涉入製作，為了避嫌，完全將她當成一個獨立的製作人對待，但別人卻不如此想。記得其時在台視以製作夏玲玲主演的「香格格」而名噪一時的製作人章君穀先生，曾私下向勾峰和黛娜情商借「周三劇場」時間數周，推出他自己製作的戲。到時候他不想交還時間卻為勾峰和黛娜所拒時，卻至我辦公室要我勸說。我告訴他此事於我無涉，時間要借要還，既是他們私人間的協議，就應由他們私人解決。在我的立場，祇要「周三劇場」能維持水準逐周播出就行了。後來章先生未達成願望，據說還責我偏袒自己的女兒，真是有口難言。

黛娜在台視製作節目，這不是第一次，因為她學的是兒童保育，故對製作兒童節目有偏好。一九七五年七月，她又製作了周四播出的半小時「兒童電視劇」。

台視在開播之初即有兒童電視劇，但時常演演停停。原因是台視早期沒有錄影機，兒童參加演戲，經常唸白或表情有誤，即無從改進。唸白不熟記即不能演，熟了又如同背書，說來不自然。加上學童功課重，沒有太多的時間排演，因此結果不夠理想，大人和兒童都缺乏收看的興趣。一九七五年，台視不僅已有錄影設備，且節目已全盤彩色化，兒童用產品也較前多樣而豐富，可以以兒童節目用為廣告媒介，是以具備較以前大好的製作條件。

雖然如此，黛娜仍不敢掉以輕心，除慎選葛蕾、湯志偉、趙婷、蔡富貴、小亮哥、石安妮、樊祖輝、李芳雪、李蕙雪等童星作為她的基本小演員以外，並聘請國內對兒童教育有研究的學者擔任顧問。例如兒童心理學家鮑家聰教授、名作家嚴友梅女士就是她經常請教的對象。嚴女士為她立下十二條選擇劇本的準則，即是：一、合於兒童生活與經驗。二、能啟發兒童想像力。三、能適合兒童興趣。四、能訓練兒童思考力。五、能使兒童獲得安全感。六、能培養兒童合群的習慣。七、能啟發兒童愛人和被愛的觀念。八、能暗示兒童去做值得做的事情。九、能滿足兒童的美感。十、能引起兒童工作和遊戲意念。十一、能培養兒童適應環境能力。十二、不掩飾兒童活潑本色。

這個節目的導播是黃以功、史邊城，戲劇指導是王宇。推出的時間是一九七五年七月二十四日周四下午六時，第一個戲名為「說謊的孩子」。這個兒童電視劇和「周三劇場」，都在台視播出了一段時光。

一九七八年七月，台視新闢了幾個兒童節目，其中包括黛娜製作的兒童劇集「奇妙時光」。這個劇集是以卡通化或戲劇化的人物來表演小朋友感到興趣的故事，以達到寓教於樂的目的。編劇者是她奉以為師的作家嚴友梅女士，戲劇指導為范守義。

在該劇的第十五集中，黛娜為配合兒童牙齒保健運動，在劇集中曾特別製作了一個「小牙精」的故事，不著痕跡的教小朋友如何保護牙齒的常識，為此台北市青會和牙醫公會不約而同的在一九七九年三月，派代表向黛娜贈送錦旗以表謝意。

一九七九年六月十日，黛娜又在台視推出了一個名叫「一二三到台視」的節目，時間是在周日的下午，每周邀請兩百名國小六年級以下的兒童到台視作節目中的來賓，並分組參加團體遊戲，參觀特技表演，以及觀看淺近有趣的影片，如唱片的製作過程、自來水的過濾程序、書籍的印刷與裝訂等。

這個節目是由從來不曾搭檔過的乾德門與李烈主持，被稱為「門兒叔叔」的乾德門個子魁梧，但聲音富於表情，許多小朋友都很喜歡他扮演「小歡樂」怪模怪樣的語調。李烈則是一副頑皮女孩相，一直很受小朋友的歡迎。節目中介紹特別來賓的表演，和訪問影視明星等，都由她擔任。

六、三台的「聯播租界」

台視、中視、華視三台都有官股或黨股，但民股畢竟略佔多數，所以對外都號稱民營。但在威權統治時代，所謂民股，並不發生任何制衡作用，官股或黨股可以決定一切。從一九七六年元月起，國防部總政治作戰部長期徵用三台周一至周五晚九時至九時半的時間聯播反共意識強烈的連續劇，而且還要以國語、台語、客語輪播，就是一個典型的例子。

這個問題不發生在聯播節目的內容上，而是發生在以強制提供電視上的特定時間並且要三台聯播的方式上。一個民營的電視台卻沒有對自己合法經營的自主權，能說是合理的嗎？

這種現象在中華民國的電視史上我無以名之，姑名之曰「聯播租界」。

一九七六年元月十二日，三台首次在晚九時聯播「寒流」。這個連續劇有六十集，由總政戰部監製，中國電影製片廠攝製，朱嘯秋製片，趙群、夏祖輝、陳國章、徐一功聯合導演。到九月六日國語版本播完，又連播台語版。

同年十二月十二日，繼「寒流」之後播出「證言」，內容係根據「蔣總統祕錄」改編，分為三部分由三台各自分工製作。

一九七七年九月十二日，三台又繼「證言」之後，聯播六十集的「風雨生信心」。十一月中，「河山春曉」繼之。一九七八年二月十二日「煉獄兒女」接演。其次又相繼有「這一家」、「艷陽天」等劇。到一九七九年二月二十七日，又重播「寒流」，三台可以國語、台語、客語播出。

同年七月三日，「租界」易地，進入三台周二至周六晚八時至九時的傳統國語連續劇時間，播出每集一小時的「西貢風雲」。台視是以台語播出，另兩台是以國語播出。到十月十一日，三台聯播時間又移到周二至周五晚九時至九時半，四天中由三台及藝工總隊各自負責製作以中外名言為主題的半小時單元劇一集，到什麼時候以什麼方式結束，我已不復記憶。因一九七九年三月以後，我已不掌台視節目部。在這段時間印象較為深刻的是，除各台不能自行決定聯不聯播或何時聯播，連三台的基本演員不能上他台演出的約束也為之解體。

這種三台奉命聯播同一節目的方式，也使得時任中國國民黨黨史委員會主委的秦孝儀先生躍躍欲試，於是在一九七八年決定由台視為首籌製一名為「大時代的故事」的叙史節目，在一九七九年元旦起每周一晚間九時播出，至一九八一年年底為止，三台各輪流製作四個月。台視這個首製的責任，就落到我的頭上。叙述的史實，是從中法戰爭起到黃花崗之役。

我為這項任務，組成了一個工作小組，成員包括節目部副理李聖文、製作人兼編劇張鳳岐、企劃盧履誠、顧問丁中江、李雲漢、另一編劇黎光亞、導播史邊城、美工林保勇、音效李義雄。需要文字資料或圖片可由黨史會提供，但節目的中心人物主持人，則由台視自行物色。

為找這個主持人，我和聖文兄走訪了好幾位預定的對象，條件是口齒清晰而熟知革命建國史實，但沒有一位如願。正在為難之際，秦孝儀先生自己為我解決問題，他說就是李聖文好了。聖文兄首先謙辭，最後祇好如命。此後在輪到中視及華視製作時，聖文兄的主持人身分不變，一直主持了三年，穩健持重，受到各方好評，新聞局在台視初播期中，曾專函台視嘉勉。

台視首期實際上製作了二十五集才由中視接手，中視播出第二十六集時，台視又以台語播出了該節目的第一集，手法與總政戰部播「寒流」時如出一轍，姑名之曰「第二聯播租界」。「大時代的故事」結束以後，似乎才終止了這種「治外法權」。

七、「你關心的事」我有關心

一九七八年七月某天，我參加友人一次大宴親友的喜筵，等到一條全魚上桌時，同桌的客人包括我在內，已經飽得無法下箸。環顧四周鄰桌，情況大致相同。在魚以後，照例還有別的菜、湯、甜食和水果，想必大部分都浪費掉。飯店如何處理這些廚餘我沒有概念，就算台灣富足得沒有人會賴別人的殘菜剩飯果腹，至少非洲每年還有成千上萬的人餓死。相形之下，我覺得國人在吃的方面大有「縮食」的必要。吃的習俗如此，別的生活方式方面何徒不然？由是孕育了在衣食住行育樂等方面宜加移風易俗的社教節目構想，並想好了節目名稱為「你關心的事」。

次日，我邀請了時任台視節目部顧問的儒將鈕先銘先生，前中廣節目部主任王大空兄、前「電視周刊」主編張力耕兄，就我的這個構想交換意見，他們都表示贊成。次一步是考慮由誰來主持。在曾任過台視節目的主持人中，我認為曾任益智節目「分秒世界」主持人的傅影兄，論口齒、台風、學養應是最適合的人選。我徵求傅兄的意見，他也欣然同意。於是在是年的八月十三日晚十時，長半小時的「你關心的事」播出首集「沒有影子的殺手」，討論空氣污染的問題。

這個節目在形式上是每次討論與觀眾日常生活有關的主題，主持人首先說明單元的主題是什麼，並以影片輔助呈現，然後訪問與主題有關的政府官員及學者專家，提出具體解決或改進的途徑。這個節目的製作人是鈕、王、張三位，徐斌揚策劃，陳振中導播，周棟國攝影，王曉寒編寫腳本，傅影除主持節目外，也參加腳本編寫。

由於節目播出後，各方反應良好，且期望討論更能深入，因此在當年十一月五日起，將節目延長為一小時，並歡迎觀眾提供他們所關心的事。時間延長後，導播換為趙耀。

我個人對於這個節目，相當重視，每次播出以後，都集會檢討，並發掘可以研討的問題，範圍擴大及於家庭、婚姻、節育，甚至生男生女如何可以達成願望。

一九七九年十一月十二日，教育部部長朱匯森，以社教獎章頒給傅影、徐斌揚、趙耀三人，表揚「你關心的事」對社教的貢獻。一九八〇年三月三日起，這個節目又延長了十五分鐘，並自周日移至周一晚九時半黃金時段播出。

八、魏景蒙自編自扮「中國人」

新聞界前輩，曾任行政院新聞局局長的魏景蒙先生，在一九七九年春，忽然興起了要在台視製作並主持一個名為「中國人」的理論性的社教節目，闡述要有怎樣的涵養和修持，才不愧為一個中國人。

時任國策顧問、並為經國先生的智囊的魏三爺（魏先生友人對他的尊稱），怎麼樣也不會想到在他身故以後，政治圈對中國人另有解釋，甚至將生於中國大陸上的中國人並不當人，而作這樣想的人，更不認為他自己就是中國人。

魏三爺如果九泉有知，當悔花上年餘時間做此節目，何苦來哉！

在魏先生策劃並主持這個節目的時候，我剛卸下兼台視節目部經理的擔子，由副理李聖文兄接棒。為了使李能充分施展他的新猷，我刻意規避過問節目行政，因此這個節目在錄製過程中，我從未參與，也不識魏先生找來的製作人王策。但魏先生的平易近人以及他的詼諧幽默，使我印象深刻；居高位卻不吝上電視現身說法，且前後錄製經年，更令我敬佩。

這個節目是在當年五月開始進棚錄製的，半小時一集，共錄了十三集。魏先生自己寫腳本自己主持，製作人實際上祇為他找資料和處理一些事務性的工作。在錄製過程中，魏先生十分專注認真，稍有不如意，他會指揮導播湯生重來，直到他認為滿意時為止。

八月間某日，當魏先生正在凝神準備錄影時，他的外孫女調皮的張艾嘉突然拉著她的媽媽魏淑娟進入攝影棚，分立在他的背後扮鬼臉，當攝影師站在前面拍照時，他才警覺女兒和外孫女竟然悄悄前來探班。他又是高興，又是嫌煩，口中嘟囔著斥張艾嘉不要與外公搗蛋，又叫場務清場。祖孫三代演了一段觀衆看不見的「中國人」橋劇。

次年，一九八〇年三月十九日下午，魏先生邀了嚴前總統家淦、故宮博物院院長蔣復璁、立委吳延環、高雄市市長王玉雲、新聞界前輩曾虛白、阮毅成、閻奉璋等友好，到台視來看他已錄好的

「清明上河圖」和「大同小異」兩集。他從「清明上河圖」點到中國人對生活的態度，又引用「白蛇傳」和「三國誌」的典故來引出「大同小異」的主題。嚴前總統等在座諸人都看得入神。

在「中國人」這十三集中，魏先生既講述又訪問。應邀受訪的有趙麗蓮、錢穆、吳延環、謝東閔、劉延濤、王藍、何浩天、陳立夫、葉公超等政要、學者、名人、專家。自然也到名勝古蹟地區出外景，遍及金山、宜蘭、竹山、嘉義、蘆洲、內雙溪等地。片頭中可看到松、竹、梅、稻田、炊煙、牧童、扁舟、瀑布等景物，如國畫中的山水。

魏先生英文造詣極深，對中文書法尤自成一格。談到文房四寶的紙、筆、墨、硯，更是眉飛色舞，如數家珍。這四寶中，台灣濁水溪中石頭製成的硯，算是一寶。台視名譽董事長林柏壽先生於當時贈送給故宮博物院的文房四寶中，即有濁水溪石製成的石硯，並呈現在有關硯的一集中。

一九八〇年八月三日，這個節目終於在台視周日下午六時半至七時推出，前後播了三個月。它是台視唯一在播出前完整錄好的一套節目，也是電視台至今唯一闡述怎樣才算是一個優秀的中國人的節目，值得身為炎黃子孫的我們深思並引以為榮。

兩年後，魏先生因病身故，享年七十六歲。

九、魏海敏介紹國劇，郭小莊宿願得償

台視自停止國劇電視化的嘗試以後，電視國劇研究社失去了工作重心，平時仍得仰賴軍中國劇社輪番演出，祇是為了將就播出時間，作些過場的增刪而已。在這期間有兩事較為突出，值得一

提。

一件事是在一九七五年五月十日起，推出了一個三十分鐘的節目「國劇介紹」，首集由其時在台的李麗華主持，其後則由海光國劇隊的當家青衣魏海敏小姐接手。開播之日，陳立夫先生曾以文復會副會長的身分，致詞說明推出這個節目的意義。

就我個人記憶所及，對國劇作介紹，似是應中華文化復興推行委員會所作建議而製作，三台均然，目的在增進國人對國劇常識的瞭解，培養國人對國劇的愛好和鑑賞。

在節目的設計上，是以兼容趣味性與教育性為原則。在方式上則有解說、示範、訪問及信箱問答等，穿插以圖片及錄影片段，使表現活潑生動。

播出的第一集，就是「跳加官」。有許多觀衆都看過「跳加官」，沒有唱詞，祇是扮演「加官」的人，戴面具、著蟒袍，隨武場的伴奏起舞，亮出吉祥詞句。但在「國劇介紹」的節目中，美麗的魏海敏小姐就會以行家的身分告訴觀衆，「跳加官」代表迎賓，通常是由男女主角扮演。身上所穿的是「加官蟒」，是在紅素緞上繡以海水金邊，周身全加藍邊，不過有時也可以普通用的「紅蟒」代替。加官的面具在後台不可朝天安放。扮演的演員一旦將面具拿在手中，便不得再與他人交談。他要在出場時才能將面具戴上，一下場便得取下。這些，都是國劇中的行規，不經介紹，觀衆很少知道。

另一件事是出身於大鵬劇校的郭小莊小姐，終於得償宿願，在台視重演的「人面桃花」一劇中，扮演杜宜春一角與劉瑛小姐對戲。

台視於一九六三年開始以實景演出所謂「電視國劇」的「人面桃花」時，郭小莊尚在大鵬劇校就讀，當時她就曾希望有一天她也能演這齣戲。不料十四年後，她在菊壇卓然有成，台視為完成她的願望，特於一九七八年的舊曆春節，重以當年型態，演出「人面桃花」，以她飾女主角杜宜春，和原演小生崔護的劉瑛唱和。劉瑛其時原居美國，為了郭小莊心願，特別專程返國，成為菊壇佳話。演出之日，國畫大師張大千伉儷也臨場觀賞。此次演出，仍由李明德導演，惠群導播。

郭小莊此後致力於「雅音小集」的創造和演出，人所共知。「雅音小集」的創意及收穫，大致可與「電視國劇」相比，一言以蔽之，是「吃力而不討好」。大凡傳統藝術，要改革是相當不易。

十、歌唱節目持續推陳出新

國喪之後，歌唱節目雖然恢復，但聽歌的人心情久難平靜，多少影響興致。台視的招牌歌唱節目「群星會」就明顯地受到這種影響，而在一九七五年冬暫時告停，直到次年四月中才回復播出。再生的「群星會」，在內容上免不了有所變革。在選曲方面，以令人懷念的藝術歌曲和曲詞清純的民謠歌曲為主。每一首曲子，都由音樂指導關華石和翁清溪重編套譜。流行歌曲方面，製作人慎芝則要求歌星重新演唱，不用錄音帶播放而予人以千篇一律的感覺。

在這時候，台視又簽了一批新歌星，有洪小喬、李黛玲、吳秀珠、楊小萍的妹妹楊雅卉、陳彼得、談小怡、馬雷蒙、李珮菁、詹明英、金燕玲、王幸玲、鳳飛飛、金妮、黃亞浪等人，在群星會和其他歌唱節目中獻唱。

一九七七年五月，為表揚關氏夫婦為台視製作「群星會」十五年所作的貢獻，我特代表台視贈給關氏夫婦獎牌各一面，應邀在場觀禮的，有台視演藝中心主任委員曹健，慎芝的好友孫越、秦蜜、吳静嫻、張瑠瓊等人。

歌壇常春樹紫薇，在國喪以後為台視製作了一個新的歌唱節目「晚安曲」，由張小燕主持。一九七六年年底，她不幸在台北自己的家裡摔碎了右胯骨，進宏恩醫院動手術。後來雖能行走，卻從此出門離不開拐杖。

原名胡以衡的紫薇這一摔，年不到半百就要依杖而行，讓台視人提高警覺，興起了為她製作專輯的念頭。因為她在流行歌壇的二十多年走唱生涯，也就是台灣流行歌壇和廣電流行歌曲節目興衰的歷史。而由她和她提攜的弟子紫蘭、紫茵、紫韻等所組成的紫家班，也是名噪一時，卓具實力，於是鬼才陳君天，在一九七八年下半年又挑起了這付擔子，將紫薇的一生和成名的歌曲，濃縮在一小時的特輯之內。

一九七九年七月，行政院新聞局局長宋楚瑜，頒給她獎盤一面，表揚她以歌聲勞軍及製作高雅歌曲節目以淨化社會風氣的貢獻，由時任新聞局廣電處處長戚醒波代為致贈。

一九八〇年春，紫薇與服務空軍的夫婿黃致璋，赴紐約探視她已出嫁的女兒黃海霞，曾應紐約海外互助聯誼總會、福建同鄉會及中國同學會的聯合邀請，主持了一次「紫薇之歌」晚會，門票每張十二美元，收入全部作為聯誼會的活動基金，紐約僑衆都為她的義演，表示由衷的敬意。

我個人和紫薇夫婦之間，也有多年的私誼。

先「晚安曲」在國喪後推出的新歌唱節目，有風格獨具的古裝歌唱喜劇「花月良宵」，與前此推出的「莫忘今宵」類似。「花月良宵」中演出的第一個戲目叫「金鑲玉」，由向羊編劇，插曲有數十首，鳳飛飛、楊欣、藍毓莉、張英頎等人主演。繼「金鑲玉」之後有「巧緣」、「梅龍鎮」、「王寶釧」、「釵頭鳳」等戲。

其時台視歌唱節目最受人注目的，應推「翠笛銀箏」主持人的更換。原來的主持人是崔苔菁，但在一九七六年春崔因待產請辭。這個唯一以出外景錄製的歌唱節目，與崔原密不可分，由是由什麼人來接她，成了我所要面對的難題。

經過一番研究，決定暫時由九位台視基本歌星輪流主持。這樣做有兩個目的，一個是可以由九人中挑選最適合的接替人選；另一個目的，是期待崔在生產以後能重回主持。就在這段期間，有人想取崔而代之，有人表示並無願望，有人甚至猜測該節目的導播黃海星，私底下可能為一特定人選運作。一時傳説紛紜，迫使海星為文在電視周刊上公開説明析疑。

我在獲知崔苔菁產後已確定不再返回主持「翠笛銀箏」時，就斷然決定由王孟麗取代。我所以選擇王孟麗，一是她是參加台視第五屆歌唱比賽脱穎而出的嫡系基本歌星，二是她美麗、活潑、富有青春氣息，而又不忮不求的。海星表示接受我的選擇，而王孟麗則完全覺得意外。

一九七七年九月十五日，台視推出一個以演唱中西民謠為主的「跳躍的音符」，由甫自淡江文理學院外文系畢業的楊祖珺主持。製作人謝美祝選中楊為主持人，是因她能彈一手好吉他，並擅長中西民歌。這是一個以年輕人為主要訴求對象的節目，特別注重音響效果。參加演出的民歌好手，有胡得夫、吳楚楚、朱介英、吳統雄、陳屏、張桂明，及韓正浩夫婦等。次年六月，主持人改由菊壇青衣祭酒顧正秋女士的掌珠任祥接替。

一九七七年十二月十日周六晚九時，一個大型的跨國的歌唱節目出現，節目名稱是：「大螢幕

──東京、台北、香港」，簡稱「大螢幕」，主持人竟是在中視以演「家有嬌妻」而聲名大噪的「嬌嬌」──張琍敏。

張琍敏最早上電視，是在一九七〇年七月在中國文化學院戲劇專修科就讀時，曾與後為影星的同學孫嘉林，在台視參加電視劇「梅嶺之春」的演出。其後又擔任「秋菊」劇集的第二女主角，飾演井洪的表妹。該劇集的導播龐宜安正擬推介她為台視基本演藝人員時，卻為她的老師王生善搶先將她薦入中視。直至她在一九七七年十月與中視滿約後，才有機會轉與台視簽約。台視為表歡迎，特在十一月二十四日舉行記者會，宣布她加盟台視，並將主持一個大型歌唱節目的消息。

顧名思義，「大螢幕」是一個在三個不同的地點──東京、台北、香港三地，利用衛星作同步接續演出的節目，在當時是一項創舉，一小時的節目製作費用也相當的龐大。東京部分節目的主持人是翁倩玉，在香港部分節目的主持人是姚煒，而由張琍敏在台北總其成。是年播出以後，廣受觀衆歡迎。一九八〇年五月，她又為台視主持了「百花宮」。

一九七七年中，台視還有一個歌唱節目在八月二十九日晚間問世，那就是由瞇瞇眼陳蘭麗所主持的「彩虹屏」。

提起陳蘭麗，熟識她的不僅是她有別具魅力的瞇瞇眼，並會想起她唱的招牌歌曲「葡萄成熟時」，和她那象徵串串葡萄的婀娜手勢。

「彩虹屏」雖同是歌唱節目，但不同的是這個節目特別著重和聲跟舞蹈。在和聲方面，有「原野三重唱」及四部女聲的配合；在舞蹈方面，也有好幾個知名的舞蹈團為她助陣。此外還有「夜景」的特技拍攝，和她個人設計的新裝與配件。

在陳蘭麗主持「彩虹屏」之前，原已有一個名叫「美麗的星期天」的節目在主持。，「彩虹屏」推出以後，她就更為忙碌。直到她跟台視演員「安公子」楊洋結婚以後，才退出演藝圈。一九八〇年五月四日，先於張琍敏主持的「百花宮」播出的一星期，台視推出了由王夢麟所主持的「大世界」。

「大世界」是在周日下午六時至七時播出的民歌節目，由莊元庸女士製作。其時校園民歌流行，歌廳裡也演唱這類曲調簡單、詞句易學的歌曲。王夢麟所寫所唱、帶有俏皮趣味的「雨中即景」和「阿美阿美」兩首民歌，膾炙人口，因此製作人也就邀了他來主持了這個屬於年輕人的節目，同時這個節目也就成了民歌手發表新作和演唱的園地。

王夢麟祇主持了這個節目兩個月，便改由蔡琴接棒。王為什麼交棒得如此快速，其時我已不掌台視節目部，不悉其詳，祇是這個節目為蔡琴奠定了她日後走紅歌壇的基礎。

十一、革新綜藝節目，貫徹寓教於樂

國喪期間，國人心情多不平靜，但電視上停了娛樂節目，耳根上倒落得清淨。但事過境遷，不到蔣公逝世一周年，電視上的噪音又起，尤以綜藝節目為然。

歌唱節目以歌唱為主，配舞為輔，祇要慎選歌詞，動作得體，不至於惹人反感。而綜藝節目涵蓋各種表演型態，表演者若是口不擇言，輕舉妄動，負面效應就會相當嚴重。

平心而論，我個人是十分在意綜藝節目的社教功能的，不過在業務競爭的壓力下，收視率的高低，往往就代表了一個節目的市場價值的高低，台視綜藝節目的製作人，為了本身的利益，也往往會遊走於市場訴求和節目規範之間，試圖找到一個安全的平衡點。

一九七七年十一月，我決心就台視當時播出的綜藝節目作一番檢討，而治本的方法，則是籌劃或採用新的綜藝節目的方案，並貫徹寓教於樂的鵠的。

會當其時在華視主持節目多年的侯麗芳小姐約滿加盟台視，而原為台視初期節目部編審組組長羅朝樑兄，以鈺聲傳播公司董事長的身分來洽台視，擬推出一名為「十步芳草」的綜藝節目。我認為由侯來主持「十步芳草」，應該是一個良好的契合，和一個自我革新綜藝節目的開端，於是就在當年十二月十八日，星期天下午三時，推出了半個小時的「十步芳草」。

這個節目原分三部分：第一部分是表揚好人好事，以促進社會的溫暖與和諧；第二部分是邀請外籍人士參加表演，以促進國民外交；第三部分是由主持人訪問影星歌星及表演，以增娛樂氣氛。

跟張琍敏一樣，侯麗芳初上電視，是五年前在台視綜藝節目「歌唱家庭」中任助理，一年後主持台視的「奇妙時間」。此後她即進入華視，先後主持了四個社教節目。她畢業於世新廣電科，雖然能歌善舞，但較富進取心與書卷氣，主持社教節目，足予人以信任感。

侯麗芳主持一小時的大型綜藝節目，是在一九七八年九月二十五日推出的「和你在一起」。這個節目是由光啟社製作、童亦慶策劃、江吉雄導播，足足籌劃半年以上才慎重推出。內容包括侯麗芳和電子攝影機小組深入全台各鄉鎮訪問的「吾土吾民」，邀請明星表演的「嘉賓時間」，由名歌星演唱拿手歌曲的「一歌一景」，及有旋轉舞台和現場觀衆的「與你同歡」。

次年，一九七九年，侯麗芳又先後主持了兩個大型綜藝節目。一個是在五月二日推出的「銀河星光」，由葉天健製作，童亦慶策劃。內容包括六個單元，以訪問各行各業的觀眾，侯麗芳與孫越演出象徵人生百態的短劇，及由模特兒展示服裝為特色，另一個是在十二月七日晚推出的「周五大家見」，由邱復生、俞曉佩製作，謝鵬雄策劃，竺強導播。內容分為介紹名勝古蹟的「驕傲的回顧」，由觀衆報名競賽的「以才會友」，台視演藝人員表演的「歌舞天使」，由觀衆表演的「親不親故鄉人」，以及時漏網新聞剪輯成的「一周趣聞」等五個單元。

一九七八年十月一四日，楊小萍主持的「花團錦簇」首次推出。這是一個一小時的綜藝節目，但有兩大特點：第一，它不是每周一次，而是每月一次。所以如此，是楊小萍堅持重質不重量。每月一次，較有充分時間準備，處處求其精美；第二，是節目中有一個單元，叫做「感性時間」，邀請楊小萍記憶中最深刻最難忘懷的人物，到節目中接受訪問。例如第一集中被邀的就是關華石和慎芝夫婦。他夫婦倆是於一九六七年在台北統一大飯店中初識時為舞蹈團編導的楊小萍，進而培養她的歌藝，帶領她上「群星會」第五百次的播出，使她自後得以揚名歌壇。

楊小萍這種實事求是，不尚虛華和飲水思源的精神，使得「花團錦簇」這個綜藝節目，得以煥發光華。

一九七九年八月，由葉天健製作，孫越、陶大偉及以在章君穀製作的連續劇中，飾演「香格格」而成名的夏玲玲所聯合主持的「小人物狂想曲」，又為台視的綜藝節目創造了一種新風格，他們三人以快節奏的喜劇諷刺人生百態，令人回味無窮，也為台視贏取了一九八〇年的最佳綜藝節目金鐘獎。

十二、青年歌唱比賽與新人獎

一九七五年六月，台視與中國時報及利台紡織公司再度合作，舉辦全國青年歌唱比賽，就台視而論，以比賽掄歌星，此次為第七屆。

這次比賽，試唱、預賽、初賽分別在台北、高雄、台中三地舉行，複賽、準決賽及決賽則集中在台視作現場實況播出。

十一月五日決賽結果，第一名為吳惠美，第二名為李慶雄，第三名為陳瑋齡，第四名為吳美和，第五名為趙倍譽、黃屏、楊思隆、張璐及張鳳英，分獲金星獎一座，獎牌一面，及一萬元至五萬元不等的獎金。新聞局副局長甘毓龍，中國時報社長儲京之及我在場頒獎，影星林青霞、秦漢、林鳳嬌、傅聲、徐楓應邀觀禮，台視歌星崔苔菁、鳳飛飛、姚蘇蓉、余天、歐陽菲菲在場表演拿手歌曲。

在獲獎諸人中，其後在演藝界較有成就者為陳瑋齡、趙倍譽及張璐。吳惠美歌藝最好，但易於緊張，因此未能在演藝界出人頭地。

一九七五年五月，台視推出一個名叫「新人獎」的節目以發掘優秀的歌唱人才。這個節目採季賽方式比賽，每季有十三周，參與比賽者先行試唱淘汰，選出優勝者二十四人參加該季比賽，再優勝者按名次由台視給獎，並得簽為基本歌星。一年結束後，台視簽下四季冠軍王培倫、張建苓、李麗華、楊懿芹等人。

一九七六年五月「新人獎」邁入第二年，辦法上略有修改。經試唱後選出的二十四人，比賽改採循環制，每四周作一循環，每季共有四個循環，也即每人可以在節目中出現三次，以三次得分累積分數作為得獎的根據。另每季只取冠軍一名，簽為台視基本歌星，其餘二十三人均視為優勝，都可獲贈獎牌和獎品。

這一年祇舉行了夏季和秋季的比賽，分別由徐偉和林在培獲得冠軍。不過，這一次的「新人獎」的優勝者中，有兩位後來比較出類拔萃：一位是王芷蕾，走紅歌壇；另一位是楊貴媚，以演技著稱影視界，並獲最佳女主角金馬獎。邵佩瑜的妹妹邵佩玲和馬瑜鴻兩位小姐，也列名在秋季賽的優勝者中。

十三、兩度參加亞洲歌唱大賽

一九七六年年初，香港「麗的電視」總經理黃錫照致函與我，邀台視參加該台於是年五月十七日舉行的第一屆亞洲業餘歌唱比賽。

我前此去香港訪問「無線電視」時，黃錫照先生曾以該台行政部主管身分接待我，算是舊識，於私於公，我對他的邀請，都應該捧場，於是在劉總的同意下，我覆函諾許。

依照麗的所定的辦法，是在亞洲各國或地區找一家同意參加的同業舉行業餘歌者的選拔，以兩名優勝者代表該國或地區參加在香港舉行的比賽。除參賽者外，尚要推介一名評審和一位職業歌手前往，往返機票和在香港的住宿等都由麗的負擔。各地選拔參賽者的實況要錄影，事先送交麗的播映，麗的也會將在香港決賽的實況錄影，贈送給各參賽台播用。

台視在是年二月間公布了這項參賽的辦法，三月二十四日就二千三百二十五名報名者中選出的最佳十名，作公開的角逐，最後選出十七歲的周雅芳和十九歲的江美麗二人，為參加亞洲業餘歌唱大賽的代表。

周雅芳是台北市籍，以「她的眼睛像月亮」及「嚮往」兩曲奪魁。她出身於音樂家庭，父親曾為「群星會」早期的樂手，母親是與洪一峰、紀露霞同時期的歌星秋萍。江美麗是台中市籍，商專肄業，拜師黃旭光學歌，比賽時唱的曲子是「一朵小花」和「記得有一天」。

比賽結束後，台視聘請關華石夫婦，對她倆在歌唱技巧與儀態上施予個別指導，也請其時為台視大樂團的團長翁清溪，為她們編寫大賽時二十九人樂隊用的套譜。職業歌星方面邀請了楊燕小姐，由我自行帶隊前往。

不料在申請入港簽證方面，碰到了香港政府的阻礙，幾乎無法前往香港參賽。

香港政府顧慮中共的反對，坦率的表示不能由周、江二人以中華民國參賽代表的身分入境，必須改用私人的身分。主辦大賽的麗的電視事先沒有料到會有這樣的顧慮，但又不能不有周、江二人的參加；因為其時決定參賽的，除香港本身外，祇有中華民國、日本、韓國、泰國和菲律賓。號稱亞洲業餘歌唱大賽，祇有五個國家和一個地區參加，已經稱得上寒傖，如果再少一個中華民國，陣容萎縮得更難看還在其次，主要是像香港這樣的華人社會，竟然除周、江二人外，沒有與賽者在會中唱中文歌曲，豈非笑話？

麗的電視為了應對這個變局，一方面積極與港府交涉，一方面研擬補救措施。他們打算萬一我等不能入境，就由台視在五月十七日大賽當天晚上，利用衛星將周、江二人在台北歌唱的片段插入，全部費用由麗的負擔。這項補救措施台視同意照辦，並做好實施的準備。

稍後消息傳來，麗的為求這第一屆的亞洲業餘歌唱大賽能順利進行，決定放棄參賽者代表國家或地區的計劃。例如無論會場或是所有與會人員，都不懸掛或佩帶各國國旗及任何具有代表性的標誌，甚至連介紹各地代表出場時，都使用「來自某某城市」的措詞。目的也就在使這個具有國際性實質的歌唱大賽，完全予以私人化。麗的用心良苦，我們的決定是：如果我們得到的待遇與他國代表團完全相同，我們仍可參加，否則祇有退出。

終於，港府在麗的的保證下，在五月十三日發出了入境許可，由麗的在十四日以首班航機帶來台北，我和周、江及楊燕四人，於十五日飛抵香港。

經過十六日的一番排練之後，十七日晚八時大賽在香港巨型夜總會碧麗宮如期登場，六個與賽的「地區」代表進行角逐。結果香港的歌手盧維昌獲得冠軍，漢城的李世珍獲得亞軍，馬尼拉的李露意獲得季軍，漢城的姜貞愛獲得殿軍，江、周二人與東京、曼谷的歌手獲大會頒給優異獎。

大賽末了，主辦單位宣布參賽各地的電視台負責人，已經組成了一個永久性的亞洲業餘歌唱比賽籌備委員會，並且決議今後每年都將舉行一次比賽，而次年的第二屆仍在香港舉行。

為了使我們的選手，能在第二屆的比賽中有較好的成果，我曾在一九七七年元月邀請國內各大專院校音樂科系主任及教授，舉行了一次座談會，就如何改進選拔及訓練工作，以期贏得理想成績等項問題請益。討論結果，獲致四項共識：一、參加國際性的歌唱比賽，選手的聲樂修養不容忽視，音色和音量的要求應該從嚴。二、為強調動作表情等舞台演出效果，造成熱烈的現場氣氛，所選定的藝術歌曲，必須加以適當的改編，才能符合要求。三、服裝及化妝應做特別的設計，以表現我國文化及精神特色。四、選手宜經過較長時間的訓練再行出賽。

是年三月初，麗的召開了一次記者會，宣布第二屆亞洲業餘歌唱比賽，於五月十六日在香港大會堂舉行。參加比賽的地區增多了汶萊和雪梨，職業歌手的演唱則取消。

同時在台視，則已選出了蔡敏和黃正勳二人為代表。蔡敏二十五歲，實踐家專音樂科畢業，任教於光仁小學，曾獲全省女聲獨唱社會組第一名。她準備參加大賽唱的歌，是鍾梅音作詞，黃友棣作曲的藝術歌曲「遺忘」。黃正勳十九歲，中國文化學院音樂科肄業，師事聲樂教授唐鎮，也偏好搖滾樂。蔡、黃二人選出後，曾受訓練兩個月。

五月十四日，蔡、黃二人在台視節目部副理李聖文的率領下飛赴香港報到。十六日晚八時大賽中，蔡唱「遺忘」，黃唱「風從那裡來」，結果馬尼拉兩位代表分獲冠亞軍，蔡敏獲季軍，黃正勳則在殿軍之後。

自此以後，台視未再參加亞洲業餘歌唱比賽，也可能在第二屆之後即不再有第三屆。即使有，我也不主張再參加，原因不在台灣選手未獲高分，而是經過這兩屆比賽之後，我相當懷疑不同的文化傳統，究竟能否放在同一個天秤上來衡量高低的問題。

十四、華美斷交，藝人籲團結自強

一九七八年十二月，美國卡特政府，決定於一九七九年元旦，與中共建立外交關係，斷絕與中華民國邦交。消息傳來，朝野義憤填膺，矢志團結一心，發起自強運動。

台視劉總曾為此召集會議，商討如何應變。我在會中建議，由新聞部籌劃一系列的「國是座談」，逐日在晚八時原國語連續劇時間播出。在播出中的國語連續劇「吾愛吾家」延後一小時。其他節目有的暫停，有的變更內容。綜藝歌唱節目以演唱愛國歌曲和淨化歌曲為主，辭意含蓄，意境高雅的流行歌曲為輔。避免穿著打扮過分暴露，演唱動作誇張，布景道具豪華。這項建議，在會中獲得共識，即行照辦。

十二月十八日起，台視新聞部製作了一系列的「國是座談」節目，分別就「三中全會特別報導」、「外交與國際現勢」、「國防與社會安定」、「經濟發展」、「民主與法治」、「全民努力的方向」等單元，邀請專家、學者、青年代表、學生及各界人士共同討論，提出意見。

台視演藝同仁，則不僅在表演上遵守公司規定，並且自動自發的在沒有腳本，沒有排練的情況下，臨時錄製了一個六十分鐘的「台視藝人暨工作人員團結自強晚會」特別節目，由公司安排在十七日晚六時原「歡樂宮」時間播出。

參加這個節目的，有國台語演員、歌星和國劇、地方戲名伶等，在李睿舟，侯麗方聯合主持之下，全體合唱「中國一定強」、「團結就是力量」、「自強歌」、「誰能忽視我們的力量」、「風雨生信心」、「偉大中華」等十多支愛國歌曲。演員崔福生、吳桓、節目主持人傅影、楊小萍、國台語雙聲帶演員貝蒂、梅芳分別以國語、台語表示她們內心的感受和意見。大家除了簽名熱烈響應自強救國運動之外，同時每人捐出一日所得，連同此次節目演出酬勞，一併捐作愛國基金。最後全體一致通過上電蔣總統經國電文，表達竭誠擁護中央政府的赤忱，由演員乾德門當場宣讀，成為節目中的高潮。

「歡樂宮」節目主持人張琍敏因事未能參加晚會節目，聞訊即囑家中將她最近演出所得三十二萬八千元送交台視，全數捐作充實國防基金。

繼張琍敏之後，楊麗花捐出三十萬元，陳蘭麗省下辦嫁妝的錢捐出二十萬元，歐陽菲菲捐獻日幣三十萬元，楊小萍姐妹捐獻十二萬元，一位匿名的歌星捐獻了五萬元。另外，「大千世界」節目主持人李睿舟，也在節目中宣布成立「台視觀衆愛國捐款專案小組」，在郵局設立專户的帳號，並於每周在節目中公布上一周捐款人姓名和款額以資徵信。

這月二十六日，台視演藝中心發起的台中愛國募捐活動，在台中街頭進行了一整天，參加的台視演員有鄒森、夏台鳳夫婦、曹健、錢璐夫婦、王孫、余松照、梁燕民、魯直、高鳴、劉德凱、李烈、恬娃、沈雪珍、葛蕾等四十多人。中視演員劉引商和關毅也自動加入行列。這次募得的捐款，將近二十萬元。

一九七九年元旦晚上十時半，台視又播出長達一小時的特別節目「我們屹立在太平洋上」，由李睿舟和姜鳳書聯合主持，侯善顯製作。節目內容以新編愛國歌曲的演唱為主，而以三軍陣容和藝人街頭勸募愛國捐款等影片片段穿插。參加演唱的有萬沙浪、張琍敏、張琪、原野三重唱、閻荷婷、楊燕、青山、吳秀珠、馬瑜鴻、林在培等人。

同一天晚上，全國各民衆團體在台北一女中活動中心舉行了一個自強團結愛國晚會，由台視董事長許金德主持，三家電視台及學生代表負責表演節目，李睿舟、李景光、張小燕代表三台主持義賣活動，情緒至為熱烈。

在演藝人員帶動之下，全國一時風起雲湧，掀起一陣愛國捐獻熱潮，感動了所有人們的心。

十五、熠熠紅星二三事

這段期間，台視紅星個人成就與生活，多彩多姿，本節以集錦方式記述。

鄧麗君在一九七四年應日本波麗多唱片公司之邀至東京灌製唱片，以泰莉沙‧鄧之名在電視上以新人姿態和日本歌星角逐。第一支歌曲「不知今夜或明天」成績就表現不差。第二支歌曲「空港」唱不到一個月就擠入前十五名排行榜內，並以這首歌獲得新人獎，是她踏入歌壇八年來最大的收穫。

一九七八年秋鄧麗君回國度假，破天荒的嘗試演劇，在九月三十日播出的「台視劇場」的「天涯常念舊時情」單元劇中，飾演個性堅強、身世坎坷、一度流落戲班學戲的少女，與男主角江明對戲，演出不俗。

是年十二月十六日晚上，她在新加坡萬金夜總會演唱，有去自台北的觀衆，利用間奏時間，靠近舞台前面對鄧悄悄的說：「美國決定與中共建交，為表現愛國情操，請唱『梅花』。」當時她愣了一下，差點把正在唱的一首歌詞忘了。後來她請來熟知該曲的新加坡樂師為她伴奏，勉強唱出她聽過卻從沒選唱過的「梅花」。

她在回憶時說：「我把歌詞唱得前後顛倒，幸虧那群愛國的台灣同胞，自動地站起來助唱。當唱到『巍巍的大中華』時，我唱得特別大聲而且激動。」

此後她趕回台北，二十七日專誠到台視，將一張五十萬元的支票交給劉總，作為愛國捐獻，是台視演藝同仁所捐獻的最大的一筆。

本名林秋鸞的歌星鳳飛飛，於一九七五年加盟台視，並主持「我愛周末」的綜藝節目，日益走紅。

鳳飛飛打扮自然，俏麗帶點憨氣，讓人覺得親切，她喜愛戴形形色色的帽子上台，故有「帽子歌后」之稱。她的帽子有似解放軍帽者，經常有觀衆來信或來話指責。我個人即接過此類電話，感到困擾。

但她帶給台視的困擾並不止於此。一九七七年三月二十五日，她以存證信函通知台視，表示合約期滿不再續約。事實上她與台視所簽的基本演藝人員合約，早已在三月十日滿期；且依合約規定，一方如不欲續約，應在合約期滿兩個月以前以書面提出，否則視同續約。鳳飛飛如不欲續約，應在元月十日以前提出才算，否則即屬違約。因此在鳳飛飛執意求去之下，台視祇有備文向行政院新聞局申訴，請求仲裁。新聞局仲裁不見效果，台視乃正式向台北地方法院依法提出控告，獲法院裁定准予假處分。

這宗案子的幕後力量是中視。中視以優厚條件爭取鳳飛飛轉台，因此鳳飛飛有恃無恐。由是在有力人士斡旋之下，台視當局決定放人，撤回訴訟，讓鳳飛飛去中視，主持中視的「你愛周末」。

一九七五年十月七日，陳莎莉事前毫無跡象，突然宣布喜訊，決定與印尼一華僑富商訂婚。我曾接到她訂婚的喜柬，也參加了她訂婚的喜筵。但事隔不久，又聽到她解除婚約的消息，令人感到一頭霧水。

陳莎莉進入台視演戲甚早，她的前夫黃弗才是一位熱門音樂歌手，常上台視演出。後來他倆離異，黃弗才遠赴美國求發展。有一次我在舊金山唐人街假日旅館的電梯中，碰到一位青年對我打招呼，自稱他是黃弗才。我定睛一看，他頂著一頭蓬鬆的獅子頭髮，如果不是他招呼我，我還真的認不出他就是黃弗才。

一九七七年年底，陳莎莉跟車軒結了婚。

車軒進入台視較晚，但他說老早就認識我，因為我在六十年間租屋居於台北牯嶺街時，他就住在我家斜對面。我稚齡的小女兒莉娜，就常去他家玩耍，受他逗弄。

陳莎莉跟車軒結婚，並不出人意外，因為那是他倆多年交往的結果。婚後，他倆居於台北東豐街一棟大樓，曾邀我前去打過一次小牌。後來這棟大樓我常去，不過去的是同樓前正聲廣播公司董事長李葉先生的家，常與大華晚報社長耿修業先生、中興紡織公司董事長胡希汾先生在李府手談，直到李葉先生過世為止。自然，莎莉和車軒都是忙人，我不會無故就便去他們家串門子。

後來莎莉步鳳飛飛的後塵去了中視，車軒卻一直留在台視，兩夫妻在不同的電視台效力，應是明智的抉擇。

想不到這對夫妻，最後也走上仳離之途。

七十年代台視的台語電視劇捧紅了兩位諧星，一個是胖而憨厚的石松，一個是瘦而刁鑽的劉劍海。這兩位，等於是台視的勞萊和哈台。

劉劍海原服務於廣播界，一九七一年進入台視參加台語電視劇的演出，以演反派見長。在台語連續劇「傻女婿」中，他演倪敏然的兒子，以一口幾可亂真的福州腔台語與倪敏然媲美，笑痛觀衆肚皮。但想不到他在結婚時，卻擺了我這個證婚人一道，使我幾乎證不下去。

他結婚於一九七七年四月十九日，地點在台北市中華路紅棉大酒樓。除新娘林志芳和家屬外，婚禮的執事和來賓，多是台視人。他事前邀我為證婚人，我自然答允。

在婚禮進行中，一切如儀。當司儀井洪高呼「請證婚人宣讀結婚證書時，我打開了結婚證書準備宣讀，卻幾乎暈了過去。原來擺在桌台上的兩份結婚證明書，全是空白！

其時新郎劉劍海站在台下，我不能走下去問他，但是又不能不宣讀，也不能亮出空白的結婚證書來令人訕笑，失去莊重。於是在情急之下，衹好向背後的主婚人臨時問資料，在口頭上為結婚證書「填空」。結婚證書「宣讀」完畢，我像小學生歷經了一場大考。

證婚人宣讀的結婚證書竟是未填的空白，這種事你可曾聽說過？

劉劍海婚後曾對人說：「結婚比排戲、錄影還要緊張、辛苦，幸虧一生只有這麼一次。」顯然的，在婚禮的準備上沒有什麼人去為他分勞，以致會出這麼大的紕漏。

也許，空白的結婚證書被「宣讀」並非佳兆。這樁婚姻維持一段時間後就告破裂，就我所知，劉劍海也沒再結婚。是不是他怕有那第二次？

崔苔菁的媽媽，於一九七七年五月應菲律賓華僑舉辦菲華小姐選拔大會之聘為評審委員去馬尼拉，崔苔菁和妹妹崔愛蓮也同時應聘為特別來賓同行。母女三人在馬尼拉，度過愉快的四天，備受僑胞的熱忱款待。

同月二十八日，崔苔菁應台視之派，飛往漢城參加台視姊妹台韓國文化放送電視台所舉辦的第一屆歌唱大賽為特別來賓，演唱流行歌曲「梅花」，我旅韓華僑為之振奮。

孰料崔苔菁自韓國返台不久，即因與台視約滿轉入華視，丟下「翠笛銀箏」一時乏人主持。其後，張小燕繼之，藝人以轉台展示實力。

「美麗的主持人」白嘉莉，一九七七年六月赴印尼登台演唱，八月底就和印尼的華裔木業巨子黃雙安結了婚，從此也就消失於螢光幕上。關心她的人都為她祝福，但一下子在螢光幕上就不能經常看到她，令人惆悵。

白嘉莉從許多方面去看，都不同於一般的藝人。她的成名是漸進的，憑實力的，不靠人情的拉拔，也不賴宣傳的浮誇。她待人謙和、彬彬有禮，處事則相當圓融，進退有序。她能在名聲輝煌燦爛的時候急流引退而遠離塵囂，甘為商人婦，實在需要勇氣與智慧。

由於工作上的關係，我與白嘉莉有過多次的洽商和應酬，從她的談吐和舉止上，我欽佩她的氣質和涵養。

就在她結婚的當月初，她在印尼結束演唱歸國，過境香港，她就迫不及待的掛了一個長途電話到台北，對其時「賽洛瑪」和「薇拉」兩個颱風對台灣所造成的災害表示關切，並準備將她在印尼演唱所得兩萬美元酬勞捐出來救災。

自後每當國內有災害，她每多關懷與奉獻，更不用說對台視新聞部在印尼作業時的協助，和演藝同仁到印尼的關愛與接待。

一九七七年十月，低音歌后大名鼎鼎的影壇前輩白光來台公演，陳君天特別趁機找她製作了一個節目，名為「白光之夜」。白光在節目中先後唱了六首歌曲，並接受關華石和慎芝夫婦的訪問。

白光本名史詠芬，河北良鄉人。一九四二年拍她主演的第一部電影「桃李爭春」。抗戰勝利後拍「柳浪聞鶯」，膾炙人口的「秋夜」、「我是浮雲一片」、「湖畔四拍」都是這部電影中的插曲。她曾經拍過一百部以上的電影，灌了一百多首歌曲。

她在台視錄影時，老友慎芝和莊元庸都前來幫忙，協助她練歌、選曲和化妝。錄完影後，她就趕往高雄，開始她一連串的旅行演唱活動。

她於一九九九年八月二十七日逝於大馬，享年七十九歲。

歐陽菲菲於一九七八年四月十六日，在東京澀谷區中華國際基督教會，與日本千葉縣一家精神療養院院東的獨生子式場壯吉完婚，十八日在東京的高輪王子大飯店舉行盛大的宴會，亞東關係協會駐日代表馬樹禮、日華文化協會會長宇野精一等三百多位貴賓參加。

台視在日本的姊妹台富士電視公司，曾派員到結婚典禮上及婚宴上鉅細不遺的錄影，並在節目中報導。

式場壯吉本身經商，對室內設計專精，對服裝也很講究。特別愛好跳舞、唱西洋歌曲，和菲菲的愛好非常接近。

菲菲婚後仍繼續歌唱生涯，但在自己的國內獻唱的機會自不比以前的多。

歌仔戲名旦青蓉，於一九七八年元月二十八日，與台視導播趙石堯在台北空軍新生社結婚。我被邀證婚，介紹人為洪硫及雷鳴。矯鴻才及許秀年任男女儐相。

青蓉是在參加台視台語連續劇「傻女婿」的演出時，與該劇導播趙石堯相識，進而相戀結合。趙石堯是台視資深導播，「傻女婿」能創下兩百多集紀錄，他居功厥偉。

一九七八年十月，香港紅星蕭芳芳在台視為羅文所製作的專集中，展現了她的舞藝，表演了一段狄斯可。舉手投足，說明了她深厚的舞蹈根基。台視導播黃以功知道她的演技不凡，打算為她編一個在劇中擔任電視女導播的單元劇在「台視劇場」中播出，企劃龍思良則計劃為她籌劃一個專集，以充分展露她各種演藝才華。

由是一九七九年二月她再度來到台視，主演由夏美華特別為她所編的單元劇「網住一片情」，充當一個徘徊於事業與婚姻之間的電視台女導播蘇迪珍，類似電影「螢光幕後」中，對事業滿懷理想，卻忽略了個人感情生活的費唐納薇。

這個戲在是年三月三日「台視劇場」時間中播出，得到很高的評價。

接著她又應黃以功的力邀，接下連續劇「秋水長天」中女主角的戲。這個戲為了將就蕭芳芳的方便，斷斷續續的攝製歷時近年，到次年七月才推出。一九八〇年三月二十日是她的生日，也是她將完成她扮演的部分，我代表劉總，向她致贈紀念銀盤一面，表揚她的敬業精神。

一九八一年，「秋水長天」獲四項金鐘大獎，包括蕭芳芳的最佳女演員獎、胡家瑋的最佳兒童演員獎、黃以功的最佳導播獎，夏美華的最佳編劇獎。

就在一九八〇年六月二十二日，蕭芳芳和我的老友張正甫在香港結了婚，張正甫是早年任香港「麗的映聲」電視台節目總監時我與之結識，此後在公務上彼此經常來往，友情維繫至今。

一九八〇年二月，沉寂多時的楊麗花，為重整旗鼓，又羅致好友，重新組成了「台視歌仔戲團」，並由節目部經理李聖文在記者會中，將一紙三年的團長聘書，面交楊麗花。當天晚間，台視在國賓飯店設宴慶祝，台視董事長許金德、總經理劉侃如及台視各部門主管，都到場祝賀，應邀與宴的，還有郭美珠、柳青、青蓉、李如麟、高玉珊、吳梅芳、小鳳仙、洪秀玉、洪秀美、尤添義、呂福祿、劉文雄等人。

楊麗花在會中表示，台視歌仔戲團，今後將致力於歌仔製作和演出水準的提高，舊劇本的整理與新劇的創作，以及設立歌仔戲演員訓練班，公開招考，培植新人。這些措施，台視都答允全力支持。

其時，楊麗花另有一項收穫，是與名醫洪文棟交往，已到難捨難分的地步。一九八三年三月二十六日，他倆結婚於台北圓山大飯店，賀客盈門，堪稱極一時之盛。

大美人胡茵夢加盟台視，是我離開台視節目部經理職務以後的事。在此以前，她是祇在電影上求發展的。

她與台視簽約於一九七九年十月，正當她與李敖結婚不久。簽約之後，台視綜藝節目製作人紛紛找她上節目，大世紀公司的邱復生，則為她籌劃了一個叫做「昨日、今日、明日」的綜藝節目由她主持。也有人要為她錄製一個十三集名叫「茵夢湖」的專集，節目具有娛樂性、知識性和美感。這些節目後情如何，缺乏資料查考，我祇知道她在一九八〇年七月間參加了台視國語連續劇「碧海情濤」的演出，和田文仲對戲。碧劇以後，她出現於台視的機會並不多。

她跟台視的緣份，似乎跟她和李敖的緣份一樣的短暫。

節目外銷篇

一、篇首

三台節目外銷，始於台視，時在一九七一年，外銷的對象，是香港的同業。就個人而言，是始於我。從議價、簽約、交運全由我決定，由台視節目部的影片組執行。

節目外銷，是台視節目在自用之外附增的價值。當時衹想到如此可讓海外的僑胞，有國內的電視節目可看，根本沒有顧及業務上的收益，甚至預算中的收入，沒有節目外銷所得一項，直至節目外銷的收入穩定且繼續擴增。

一九七五年四月，先總統蔣公逝世，寰海同悲，僑胞對祖國的關懷，反應在對台灣新聞的報導和一般節目的收看上，尤其以美國各地的僑胞為然。再加上三台在這一年中對擴展海外市場的激烈競爭，這一年節目外銷的總和，達二千四百多個小時，為一九七四年的三倍半，一九七一年到一九七四年總和的兩倍多。

根據行政院新聞局的統計，三台在一九七六年到一九八〇年，節目外銷每年平均在三千個小時以上。自一九七一年到一九八〇年的十年中，三台節目外銷的總和逾二萬小時。如以類別分，最多為連續劇，次為單元劇與綜藝節目，再次為特別節目與新聞集錦等（詳見中華民國七十年新聞年鑑中拙著「十年來電視事業的發展」）。

至一九八〇年為止，三台節目外銷的地區，已自香港及東南亞擴展至關島、夏威夷、舊金山、洛杉磯、紐約、波士頓、多倫多等華人集居的地區。若以國家而論，則以美國為三台節目外銷的最大市場。

為統一向美國各地供銷節目、開拓市場，並免除三台彼此間的競爭，新聞局協調三台，共同集資於一九八〇年在舊金山成立「國際視聽傳播公司」（International Audio-Visual Communication Inc.），由三台輪流派任總經理經營，以示公允。其餘地區，則仍由各台自理。

本篇的內容，在追述個人如何開始台視的節目外銷，自後如何擴展市場的歷程，以迄在一九七九年我辭卸節目部經理的兼職為止。

二、香港是節目外銷發祥地區

一九七一年五月，台視推出國語古典歌唱劇「花月良宵」，一炮而紅。消息傳至香港，無線電視台節目負責人來台視訪我，洽商購買這個節目中的「三笑」單元四集，試測港人對收看台視節目的反應。這宗交易無前例可沿，我參照外片售港片的價格，以每半小時七十五美元成交。若就彩色節目製作成本來說，這個售價是低廉的，還包括運送出口的費用在內，但其時祇覺得能外銷就不錯，根本没考慮到成本利潤。

我在給當年主管廣電事業的教育部文化局的報告中，強調電視節目外銷，有五項意義符合國家的利益，即：一、發揚中華文化，促進國際瞭解與文化交流。二、充實僑胞精神食糧，進而增進僑胞個人與僑團的團結。三、反映自由祖國在各方面的進步，促進僑胞對自由祖國的向心力。四、對抗中共對僑胞的統戰陰謀。五、經由國語的發音和字幕的說明，便利僑胞學習國語，消除地方性的隔閡和家庭間的代溝。當然，文化局開始准許國內電視節目的出口外銷。

香港無線電視台在購得台視節目後，雖得到觀衆的歡迎，但由於工程規格不同，必須經過轉換器變更規格，而該台自行裝配的轉換器不夠理想，彩色失真，由是改購台視的連續劇「向日葵」劇本，自行製作以粤語播出。香港麗的電視不甘示弱，也在一九七二年向台視訂購劇本，掀起劇本的爭奪戰。在這段時期，中視和華視自然也成了港台光顧的對象。

一九七四年，港台解決了轉換器的問題，又改向三台訂購國語節目，必要時改以粤語配音。這年的下半年，香港第三家電視台佳視成立，也加入了向三台訂購節目的陣容。和台視的第一筆交易，是台視的連續劇「伐紂」。

一九七五年，是台視和港台交易最熱鬧的一年。無線台搶先購得了影后李麗華在台視主演的連續劇「聖劍千秋」，佳視則一口氣訂購了「台視劇場」、「玉釵盟」、「宋宮祕史」、「忠孝節義」、「春愁點點」、「遙遠的路」、「再見阿桃」，和「金玉緣」八個節目。

一九八二年，中視引進港劇「楚留香」，造成三台在三年中的港劇熱；其後港星又在三台連續劇中獨領風騷一段不短的時期。如果與七〇年代中港台對台劇的熱衷相對照，誠令人有十年河東，十年河西之感。

三、節目銷美，洛杉磯及夏威夷領先

台視節目銷美，始於一九七二年六月。其時有馬福全先生，組織「中華海外傳播公司」（Chinese Overseas Mass Communication Company Ltd.），租用洛杉磯二十二號頻道電視台時段每周一次，播出向台視訂購的連續劇「神州豪俠傳」和「群星會」。每週一次原不太適合於播連續劇，不久即停播「神州豪俠傳」而以「歌星之夜」及「翠笛銀箏」取代。但到是年年底，就無法支撐下去而宣告停播。

一九七五年，原香港麗的電視台總經理鍾啟文，與友人在洛杉磯合組「玉樹公司」（Jade Tree Production Inc.），再租二十二號頻道時段，播出向台視訂購的「晚安曲」、「皆大歡喜」、「翠笛銀箏」和「群星會」等，但也祇維持一段短時間。

夏威夷中華總商會在一九七二年十一月間，開始籌劃開闢一個華語電視節目，由當地的僑團出資經營。負責人李潤先生致函台視，訂購了「群星會」、「歌星之夜」和「翠笛銀箏」三個節目，於一九七三年三月四日起，在夏威夷第二號頻道星期天中午十二時半至一時播出。

這半個小時，是一個現場節目，主持人為黃玉田小姐。台視的三個歌唱節目，係分散穿插在節目中運用，每次使用歌曲三、四支。節目播出相當時間以後，廣受好評。但也因經營不易，維持時間不長。

四、劉恕與紐約的華語電視

在海外經營華語電視最為成功的，首推紐約的劉恕兄。

劉恕是已故國大代表、「新聞天地」雜誌在台負責人劉竹舟先生的公子，台視初期西洋歌曲亞瑟小樂隊的領隊亞瑟，我母校雪城大學廣電研究所的學弟，這在前文已經介紹過。他的成功，是他年輕，具有專業學養和實務經驗，更重要的是他有百折不撓的毅力。

一九七二年，他在紐約與友人合資成立「大家傳播公司」，購買三台的節目，在向紐約一家超高頻無線電視台購買的時段中播放。但也由於營運困難，不到半年即停止營業。可是劉恕並不氣餒，接著又集資組織了「華語傳播公司」（Sino Communications Group, Inc.），向紐約市一家名叫 Tele Prompter Manhattan 的有線電視公司購買時段，於一九七三年七月開始播出華語節目，節目則購自國內三台和香港。

其時經美國政府核准，在紐約市高樓大廈林立的曼哈頓區經營的有線電視公司共有兩家。除 Tele Prompter Manhattan 公司以外，還有一家叫做 Sterling Manhattan 公司。前者營業區域在曼哈頓的北區，後者則在南區。紐約市華人集中所在地的「唐人街」雖在南區，但 Sterling Manhattan 公司在「唐人街」一帶尚未敷設線路，因此「華語傳播公司」先和 Tele Prompter Manhattan 公司建立了主顧的關係。

Tele Prompter Manhattan 公司在全美的有線電視系統中可以說是最大的一個，擁有訂户逾一百萬家。每家訂户每月僅繳付訂費美金九元，但可以經由專用電線，收到二十四個電視頻道，其中包括紐約市以及鄰近的康涅狄克州各電視台的節目，而不受高樓大廈或山嶽的阻擋影響。而「華語傳播公司」所租用的J號頻道，也就在這二十四個頻道之內，其播出華語節目的時間，為每天晚間八時至十時。亦即每周播出華語節目十四個小時。

「華語傳播公司」設址於紐約市運河街（Canal St.）二四一號二樓，其地距離「唐人街」很近。協助劉昶處理日常工作的，為出身幹校政戰班的林榮培君。所播放的節目，係由該公司自備四分之三吋規格的卡式錄影帶，寄交國內三台將所租購的節目錄好，再寄回給該公司播用。排好了節目，再兜攬廣告，每周一次的將錄影帶和廣告整理好，送交 Tele Prompter 公司依照預定的次序播放。

一九七四年四月九日晚上，劉、林二人曾陪同我至曼哈頓區的一七九街，參觀 Tele Prompter 公司播放華語節目的情況。在一間狹小的機器房中，一位年輕的工程人員，同時負責四個頻道的節目和廣告的播出工作。因為操作各種機器的祇有這麼一位工程人員，因此華語節目部份的廣告，是一連串相銜接起來的廣告卡片，在放映機上作無聲的滾動。當節目上所留的廣告空檔過了，廣告立即停止轉動，繼續播出節目。在兩個小時的播出時間中，一長串的廣告可以周而復始的轉動若干次，也就是每個廣告可以至少有一次以上的播出機會，但不論出現多少次，也祇收出現一次的廣告費用。

據劉昶說，廣告費用是預付的，因此不怕廣告播出以後收不到錢。而且，廣告是一周作一次安排，即不能隨時加入，也不能隨時抽出。像這樣單純而嚴格的廣告作業，倒頗使我這個來自國內的電視台的人，感到十分羨慕。

論開支，劉恕每天要繳付 Tele Prompter 的時間費是美金四十五元，節目租費是美金一百二十元，再加上節目運費、人工費、房屋租費等項，每天所費應在三百美元上下。據他表示：自開辦以來，除開支以外，尚能略有盈餘。而最值得安慰的是，在收視區域內收看華語節目的訂户，日形增加，為數約在四千户以上。每户若以三人計算，則每天收看華語電視節目的觀衆，應不下一萬二千人。

五、舊金山華語電視四家爭雄

一九七三年九月，旅居舊金山的陳澧先生，組「泛太平洋國際公司」（Trans Pacific International, Inc.），擬租當地第二十號頻道電視台時段，播出華語節目，且向台視訂購了十三集的「群星會」。後因有陳立鷗教授成立「美亞電視傳播公司」（Amasia Enterprise Inc.），也要經營華語電視，於是陳澧先生放棄原定計劃，改與陳教授合作。

陳教授早年卒業於柏克萊加州大學，其時在舊金山州立大學任教。一九七四年元月二十七日，他在向舊金山二十號頻道租用的時段中，首次播出了他定名為「華語電視劇場」（Chinese Television Theater）的華語電視節目。

舊金山的二十號頻道，呼號是 KEMO-TV，收視範圍包括整個大舊金山市區。「華語電視劇場」是在周日晚上十時至十一時半播出，共長九十分鐘。陳教授為解決節目供應問題，早在一九七三年十月就返國向三台接洽，以每半小時三十美元的租金，租用他所挑選的節目錄影帶，往返運費，都由美亞公司負擔。為了吸收國內的廣告，還與欣欣傳播公司簽訂代理合約，由欣欣傳播公司代理國內廣告業務。此外他還在香港選購了國語片及粵語片，以充實節目內容。至於港台的電視節目，因規格不同，無從利用。

稍後於陳教授在舊金山經營華語電視的，是青年僑領吳豐堃、吳豐義昆仲。他倆投資組織了「海華傳播公司」（Overseas Chinese Communication Inc.），在舊金山有線電視第六號頻道租用了自周一至周五晚間每天兩小時的時段，於一九七四年四月中，播出華語電視節目，台視也以大批節目供應。

其後繼海華而起在舊金山經營華語電視節目的，還有黃偉成先生的「天祥」，和前台北中華廣播電台董事長黃約翰父子經營的「中華」，分別在有線和無線電視台，每周共播出三十多個華語電視節目。這四家公司在舊金山競爭得火熱，在台北的三台對舊金山的外銷市場的爭奪，也就更為熾烈。

一九七六年七月，我趁參加中美電視研討會之便，到舊金山一行，特別與陳教授、吳氏昆仲和黃偉成先生研商，為維持這三家老主顧於不墜，也使舊金山的華語電視節目能持續播出、台視能佔外銷市場優勢，決定台視以供應節目記帳、現金資助播出時間的購買費等方式予以投資。

是年九月，美亞、海華，和天祥三家，在台視資助下，移師舊金山第二十六頻道，使居住在舊金山及近郊的二十萬華人，每天都可以收看到台視所提供的新聞報導和娛樂節目。

為保障台視這項投資，加強彼此間的合作關係，及美西新聞的專題報導，一九七七年二月，台視派新聞部經理李文中為駐美特派員，常駐舊金山。

一九七八年五月，美國聯邦通訊委員會決定給予美國少數民族優先承購電視台或廣播電台的權利；一九八〇年又發生舊金山二十六號頻道擅自將華語電視節目移出晚間黃金時段的事情，於是有後來華人經營和擁有第六十六號頻道電視台的出現。

六、外銷市場逐漸擴展至東南亞

在東南亞地區，菲律賓是台視節目外銷最早的市場。一九七四年九月，旅居馬尼拉的僑胞施榮輝和董尚真兩位曾至台視物色節目，以便菲台播出，利於僑衆觀看。經挑選後，決定訂購「翠笛銀箏」，後來在馬尼拉的第十三號頻道播出。次年元月，又訂購了「群星會」與「歌星之夜」。此後不久馬尼拉電視台本身發生主權移轉問題，節目的供應和播出都一度告停，直至一九七七年才恢復。

一九七九年，有線電視在菲流行，引起播出我國電視節目的熱潮。是年台視與菲律賓僑商太平洋廣播公司訂約，授權該公司在菲境獨家代理台視節目從事有線電播映以及錄影帶租賃業務。由於菲島僑民以來自我國閩南地區者最多，因此一向外銷不被看好的楊麗花歌仔戲也脫穎而出，成為最受僑衆青睞的節目。

此外，透過正義之聲總經理施友土及國泰廣告代理商張嘉慰的傾力經營，台視的連續劇和綜藝歌唱節目，也先後在菲律賓的第七和第十三號頻道播出，評價甚高。

台視節目外銷泰國，始自一九七五年八月。緣在六月間泰國第三頻道節目部經理蒲拉差，來台參加第一屆亞太地區電視會議，因他與我曾在西德電視研討會上相識，特來台視拜會。其時台視正播出「聖劍千秋」連續劇，他對該劇大感興趣，聽我說香港無線電視台已訂購該劇，將有與泰國電視同一規格的錄影帶可用，於是他就當場訂購，再向香港無線電視台借用拷貝。

另外在一九七五年十月，曼谷的「泰國電視中心公司」也向台視洽訂綜藝節目，轉換成十六厘米影片供泰國電視台播映。並定自次年起，由台視每年至少供應一百集半小時歌唱節目，以「翠笛銀箏」、「群星會」、「皆大歡喜」、「大家開心」等節目為主。

一九七六年中，台視節目外銷東南亞地區又增加了新加坡。這一年中因為華視添購了「標準轉換器」，並可供他台租用，便利了國內三台對東南亞等地區節目的外銷。

一九七七年，關島也成為三台節目外銷的市場。

退休前後篇

一、篇首

一九八六年六月，我在台視副總經理任上退休。本篇所謂退休之前，係自一九七九年四月我交卸台視節目部經理兼職開始。所謂退休之後，係至一九九〇年三月參加有線電視法起草工作之時為止，前後歷時十一年。

我一九七九年所以請辭兼職，係基於兩個理由：一是我從台視籌備時期就掌節目部，至一九七九年已是十七個年頭。一九七一年我曾推薦廖祥雄為台視節目部副理，次年後即擢升他為經理，但他不習慣層級倫理，在台視前後不及一年，即拂袖而去，我因而又兼掌節目部。但長期兼職，使部屬不能逐級升遷，足以影響士氣。二是在三台惡性競爭及三台高層人士的任命，政治考量高於專業的情況下，我已心灰意懶，萌生轉業之念。辭去兼職，祇是企圖脫身之始。

我個人對於運用電視的理念，原是偏重公視化的。我期待電視能促進資訊的流通、教育的普及，和公衆利益的維護。電視台本身的經濟利益，比較起來應是次要的。因此在節目的安排上，我祇問觀衆需要什麼，社會需要什麼，而不是廣告客户需要什麼或不需要什麼。

這種「莫為己甚」的觀念，顯然反應在我的性格上。當我任中央日報發行課長時，上級為增漲報紙銷數，強迫各地分銷單位要增銷若干指定的報份，不足之數就由分銷單位自行承擔。事實上多銷一份報紙，分銷單位就多一份進帳，豈有不盡力推銷之理？如今不顧各地客觀環境，任意指定增銷份數，強迫分銷單位承受，何異揠苗助長？我進諫不成，祇有請辭，調回編輯部。

我的不擅經商，猶有可說；向來精打細算的周總，在節目的安排上，理念卻也與我相同。台視初期節目排上象棋、圍棋、高爾夫球教學等節目，是他的堅持；組成交響樂團，推出「交響樂時間」和「你喜愛的歌」，是他的授意。他自己不看國劇，卻組國劇研究社，每週排國劇兩次，還贊許電視國劇的創作，直至受到反對壓力始止。

在台視是獨家的時候，廣告客户別無選擇，台視樂得在節目政策上，走全然自主的路線。台視初期的節目表，確實不遜於公視。但當中視、華視相繼出現後，業務競爭使得節目的安排全然改觀。對廣告客户來說，可以透過廣告公司或節目製作人左右三台節目的存廢和變更節目的內容。對三台來說，廣告客户成為衣食父母，而觀衆卻淪為廣告公司和三台逐利的犧牲者。

在三台競爭的歲月中，我看到演藝人員跳槽的無情，友台挖角的不義；我看到某些人上干天怒時的誠惶誠恐，事過境遷後又故態復萌，惟利是圖；我看到為爭收視率，堂堂的傳播業者，竟會睜眼説瞎話，謊報數據欺瞞觀衆，也看到隨時可假觀衆之名，為逞一己之私作藉口。社會上所有的近狎邪僻，為謀利而捨義均可見於電視界中。

一九八〇年，我曾一度想趁三台所辦周刊虧損之時，以退休金所得，承接三台周刊，辦一份獨立於三台之外的電視周刊以服務觀衆。但這一構想，得台視劉總、中視梅總的贊同，卻為華視所拒。後來學長大華晚報董事長耿修業先生也表示反對，認為以三台實力之厚，尚難支撐一份周刊的經營，我如何能以戔戔之數的養老金孤注一擲？於是我祇有打消這個念頭，另圖良策。

一九八一年六月，劉總卸任，石永貴接掌台視。我對新人新猷，別有一番憧憬，兼之石總是我學弟，也不好在他初來時求去，引起誤會，於是又祇好委身任去留。

在這段期間，節目部的行政，我刻意避免過問，以免貽人以不欲放手之譏。在石總勇於任事的作風下，副總實際上也祇能辦些交辦事項。

一九八四年，我再度請辭退休，但在石總及友好懇勸之下，又延緩了兩年。當我在一九八六年執意退休時，已是第三次，石總見不可留，終於同意。其時我年已六十二歲，距屆齡退休祇差三年，然而就是三年，我也沒耐心等待。

雖然如此，我在交卸台視節目部經理兼職，到正式退休離職為止，仍然為台視做了一些事情，自認堪值一記。

一九八七年，我應文化大學新聞系主任鄭貞銘兄的介薦，至文大新聞系任專任副教授。既無名利的徵逐，也沒案牘的勞神，一年復一年看到學生入學又畢業，我開始瞭解何以甚多學長和同事在出國深造以後往往投身教育，相對地我也開始質疑學電視與做電視是不是走錯了路選錯了行？

話雖如此說，到一九九〇年新聞局徵召我參加有線電視法的起草工作時，我又欣然應命。一九九五年年屆七十，再在文大退休時，又因緣際會參加了民視的籌備工作。這些在後面再分篇敘述。本篇祇寫到我參加起草有線電視法的前夕為止。

二、求退休辦周刊，未能如願

依照台視的退休辦法，凡員工年屆五十歲，服務年資滿九年時，即可申請自動退休。一九七九年我已五十五歲，在台視的服務年資也滿十八年，當然其時我已有資格可以申請自動退休，問題衹是在退休以後做什麼。

會當其時三台各自所辦的電視周刊，由於另有獨立的雜誌競爭，一份看三台，比三台各自吹捧的周刊佔優勢，由是三台自辦的周刊，每下愈況。台視的周刊，在中視周刊未出刊以前，曾創下突破十萬份的紀錄，但銷數自後逐年下跌，到一九七九年所剩不及一萬份。中視和華視的周刊，情況猶不及台視周刊，據說每年平均虧損都在台幣八百萬之譜。我當時就曾構想：如果能將三台的周刊聯營，育樂並重，則可以一舉解決三台本身的需要，又可以減免觀眾訂閱的負擔，有三台的支撐，也可以免除其他同質刊物競爭的威脅。由是我當年二月間擬定計劃，先行探索三台副總的反應。

我的計劃見諸下列文字：

籌組公司出版單一電視周刊之構想

一、緣起

隨台視、中視、華視三台之先後成立，有台視之「電視周刊」、「中視周刊」，及

「華視周刊」之出版，各自為其所屬公司，擔負宣傳任務。在台視一家服務期間，「電視周刊」曾創下逾十萬份銷數之紀錄。惟自「中視周刊」、「華視周刊」相繼出版以後，電視觀眾或各擇所好，訂閱三者之一，或索性全然不訂，以免不能得兼。由是三台之周刊形成滯銷，而外界所辦之「三泰電視周刊」、「電視綜合周刊」，以及「觀眾雜誌」等乃應運而生。迨至近年，三台周刊經營益形困難，外界刊物消長互見。迄今猶存之「電視綜合周刊」及「你我他」兩家，就其銷路及業績觀之，似均已駕凌三台周刊之上，是則三台周刊是否仍宜繼續維持，長期虧損，殊值思量。

自訂戶之立場以觀，訂一台之周刊，不能得知三台節目動態，如訂三台周刊，又不合經濟原則，因是三台周刊之發展前途，殊為有限。自三台本身以觀，周刊銷路既不可能增長，收入必定相對減少，雖云三台周刊之賠累，可視同各台本身宣傳費用之支付，但如將此項費用轉用予其他方式之業務推廣，或更為經濟而實惠。

益有進者，今日三台以外之電視刊物，其主要內容，在影視歌星之生活動態，男女私情，與乎三台節目及人事更迭之報導與臆測。所刊廣告，亦多流產、移膜之類。既不足以積極增進任何一台之應有利益，更不足以為電視業者與演藝人員，對社會建立一客觀而公正之形象。

基於前述諸因，深感今日我電視界及社會之迫切需要者，實非三台分辯、壁壘分明之周刊，而係一類似美、日 TV Guide 之單一電視周刊，持客觀而公正之立場，為電視界及社會人士之共同利益而服務。

二、經營型態

⑴前述單一性之電視周刊，擬由三台及熱心電視事業之人士，共同投資經營，合組一獨立性之公司。

⑵三台投資之資金相等，但三台資本不超過該公司總資本百分之四十五。如是則三台對該公司具有相等之權益，而不失去該公司之獨立性。

⑶該公司出版之周刊，其編輯與言論方針，由三台透過該公司之董事會共同認可。

⑷三台原有訂戶，自該公司周刊創刊之日起，予以移轉。

⑸該公司得視業務發展情形，逐步辦理收視率調整、節目製作，及其他為電視界與觀眾服務之業務。

三、具體利益

⑴三台停辦各自之周刊，投資於該獨立公司，既可藉單一之電視周刊推廣業務宣傳，復可免除自辦周刊之長期虧損，並進可因此項投資獲利。

⑵三台既屬該公司股東，自可予該周刊以業務性之便利及保障，使之獨步市場，不虞類似刊物之競爭。

⑶三台可移宣傳經費，各自作其他經濟實惠方式之宣傳。

⑷經由公司之周刊，不僅宣傳三台節目及活動，且可溝通電視界及觀眾間之需要與瞭解，使之成為雙方交換意見之園地。

⑸經由該周刊，可使優良從業人員及演藝人員獲得鼓勵，並維護其職業尊嚴與個人尊

嚴。

(6)該周刊可成為三台發言或電視界發言之印刷媒體，從而樹立及鞏固電視在我國大眾傳播媒介中之威信。

(7)該公司多元性之發展，可使電視公司、從業人員，及社會大眾均蒙受利益。

四、個人願望

貽謀服務國內電視界，十有八年。就個人多年工作經驗及觀感所得，深覺此項構想，足以切合三台及社會當前之需要。為求實現此一願望，如承三台當局首肯，及傳播界先進與友好之贊助，願於公司組成之日自台視退休，以非電視公司從業人員之身分，從事此項有助於我電視界及社會大眾之工作。甚盼鼎力支持，期能有成。至於組織公司具體計劃，容於三台原則同意支持以後，再行循序辦理並請益。

這項計劃，我最早是與台視的劉總交換過意見，如果連他都不贊成，我如何能得到中視與華視當局的支持？劉總原則上贊同，當然還要看中視和華視的反應。

中視和華視的副總，對這個計劃都表示首肯。他們都不是作決策的對象，樂得在口頭上送個順水人情。我當然明白這種情況，但如果有他們相助，至少可以減少一些阻力。

此後我去訪中視的總經理梅長齡，梅總表示中視周刊確有虧損，正計劃暫停發行，於七月份起，改以綜合性雜誌取代（此即中視其後出版的「掃瞄線」月刊）。如果我確有意退休獨立整合三台的電視周刊為一家，他樂觀其成，但盼以書面正式提出，以便研商。

有了梅總口頭的承諾，我認為可行性大增，一方面以私人身分備函致中視董事長楚崧秋先生和梅總，也備函致華視董事長易勁秋先生和吳總經理寶華，希望能得到他們的惠許。此外我也拜訪了新聞局副局長甘毓龍兄，期望必要時他能出面協調。甘副局長與我有私人交誼，他贊成我的計劃，但不贊成我退休，要我三思。不過不退休，就不能獨立辦這份雜誌，其中是沒有相容性的，何況我原是要為退休謀退路？

華視方面，我沒有私人預先去口頭請託過，因為我預感在華視方面多少會遇到阻撓。一來在華視蕭副總政之任職期間，不擇手段向台視挖角，我與他公私之間都有些情結；再來我對總政戰部長期佔用晚九時至九時半的所謂聯播時間並不認同，風聞總政戰部主任王昇將軍對我並無好感。如果屬實，則華視不點頭，自在意料中。

果然不出所料，華視易董事長和吳總，同在四月一日給了我覆函，除了客套話以外，易董事長在函中說明，以「公司出版社人事甫經更動，刻正積極加強各項業務中，目前停辦周刊，恐有困難。倘僅需就投資方面略盡棉薄，屆時當可提請董事會考慮。」吳總在函中則覆告「此事幾經研商，多數意見表示目前階段，本台周刊暫不宜有所變更，尚待緩商。」濃縮兩函要旨，僅得兩個字：「免談」。

就在我與三台洽商過程中，中央日報記者潘大芸寫了一篇特稿刊於是年三月十二日，結論是：「無論如何，三家電視周刊合併對讀者來說都有利無害。那時讀者只要花原來的代價，便可享受三台的動態報導，總是一件樂事。在大家樂觀其成之下，各電視台似應放棄本位主義，通力合作，早日促成電視周刊合併之事。」

在華視覆函否定之後，潘大芸又寫了一篇特稿，登載於四月九日的中央日報，報導華視雖然反對，但我煞費苦心，還在奔走進行。次日中央日報又發表短評，認同我的做法，但強調獨立性的重要，不要依賴任何一台的投資。民生報在五月二十七日，還利用第十版半版的篇幅，以「電視周刊何處去？」為題，對這類刊物的營運及未來的方向，作了詳盡的分析，結論是如果三台的周刊都能循我揭櫫的方向邁進，「則三台周刊的存在，仍具有積極意義。」

平心而論，這些記者的報導或評論，全然非我操作的結果，甚至與他們了無私交。事情辦成了猶有可說，辦不成豈不是白費功夫？因此從頭至尾，我是低調處理的。

坦白說，沒有華視的支持，我如果要辦電視刊物，還是可以照辦。當年獨立於三台周刊以外的「電視綜合周刊」及「你我他」，又何曾在創刊之前徵詢過三台的意見？問題祇是在市場上多了一種同性質的刊物，就多了一重發展上的阻礙，何況華視不參與，中視和台視的參與也就不會太積極，其結果很可能祇是在市場又多了一種電視刊物而已。

我在政大的學長、中央日報時期的老長官、時為大華晚報董事長的耿修業先生，當時曾力勸我打消從台視退休，以退休金作基金孤注一擲的念頭。他說辦雜誌什九虧損，至於無底，而退休金一生祇領一次，且為數有限。當火盡薪絕時，如何善後？於是我祇有放棄退休辦電視刊物的打算，沒有目的的等待未來的歲月。

時至今日，人事全非。除了台視的電視周刊還在勉力維持出版，保持不使中輟的傳統外，當年其他的電視刊物早已煙消雲散，而為新一代的刊物所取代。

三、促成廣告錄影化

一九八五年，我國電視已進入二十三周年，初期電視廣告圖片雖為影片廣告所大量取代，但影片廣告任由客户臨時託播或取消，接剪頻繁；每次接剪必定得將廣告影片斬頭去尾，因而聲音部分前後均被剪除，形成不完整的落後現象。廣告客户和代理商均見怪不怪，我看在心裡卻感到很不自在，認為必須廣告錄影化，以取代廣告影片。

是年元月三十日，我將廣告錄影化的構想，首先在我所主持的台視播聯小組會議中提出，由在座的各單位主管研討。這項變動，最受影響的是業務部，因為要實行這個計劃，第一是客户必須同意將廣告自影片製作改為錄影製作；第二是廣告客户必須守託播的時限，不能臨時任意抽換廣告。因為錄影廣告必須由電視台預先按播出次序錄成一卷操作，不能像影片一樣可以任意剪接。這在三台業務競爭熾烈的當時，想要客户聽從台視的安排自非易事。其次是工程部，因為：第一、工程部錄影組增加了錄影廣告預先依次錄存的工作；第二、增加了錄影機的負荷。不過在交付討論的時候，由於這是遲早要改進的工作，大家在原則上都不反對，祇是細節要詳細研商。於是我在會中裁決：由畢總工程師家湘召集工程部、業務部及資訊中心主管，組成專案小組，作成近程及遠程計劃，報奉核定後再逐步展開作業。

這件事我後來在口頭上先向石總報告，他自然表示贊同。其次是在行政院新聞局廣電處舉行的三台聯席會議上我公開提出，希望友台協同推動，也希望廣電處予以支持。其時廣電處處長曠湘霞表示樂觀其成，但廣告錄影帶視同廣告影片，依法必須先行送檢，該處並無錄放影機，希望台視能借錄放影機一台應用。這使我想起台視在籌設時期，其時新聞局電影處處長屠義方也向我要台視借與一台十六厘米影片放映機，以供該處檢查台視影片的情景。

這件事前後經過一整年的研商與準備，終於在台視同仁，尤其是業務部與工程部通力合作之下，帶強迫性的在一九八六年二月一日正式推行，一方面向廣告客户及代理商遊説廣告影片改為錄影帶的好處，一方面將廣告影片悉數先行拷錄播出。不久友台相繼響應，廣告錄影化終於在當年促成。自後廣告影片不僅在三台絕跡，且進而使廣告運行制度趨於健全，節目播出控時更趨於準確。我為促成這項改革頗為自滿，但距我自台視退休已不及半年。

四、提前退休，揮別台視

一九八六年六月十六日，我自台視退休，時年六十二歲，距離六十五歲屆齡退休，提早三年。前文已經交代過，我在電視界工作愈久，就愈感厭煩。這個曾經使我遠涉重洋、寤寐以求的行業，竟然成了我立求解脱的淵藪。

我個人原不求名利，台視一開始就聘我為節目部主任，原已出於我意料之外。在美國學電視之時，我即得知在美國的電視台，如果要從基層爬到節目部主任的位置，至少要費時十年，我以初出校門，即能做到台視的一級主管，為國家的電視事業披荊斬棘，夫復何求?但想不到一個新興的傳播事業，領導人竟然多是空降部隊。這種以公器酬庸門下，門下以公器圖利主子，原是官場文化下的產物，而今竟公然浸溶於講求專業與理念的新興傳播媒體之中，十分令人沮喪。

我這次的請辭退休，可以說是我強使石總批准的。為免引起外界的注意，我刻意低調處理。雖然已在六月十六日離職，我仍然主持了十七日周二下午召開的播聯小組第三百三十次會議，會後向與會同仁握手告別，感謝他們十多年來對我和該小組的配合與支持，改進了不少播映作業上的缺失，前面提及的促成電視廣告錄影化就是一例。從十六日到六月底，我依然每天到辦公室整理公私物品和文件。各部門同仁或送我紀念物品、或設席餞別，全是在無聲無息下進行。我最後揮別台視，祇有台視大廈的冰冷的牆壁，與我默默相對。

在我離職以後許久，還聽說台視董事長許金德送了我好幾百萬慰問金，以酬庸我對台視的貢獻的傳言。我必須藉機在這裡再次澄清，我的退休金祇有任由台視人事室或財務部計算的三百多萬元，沒有一分錢來自許董事長或董事會的賞賜。後來退休的員工，據說台視當局會發給一面銀盤以資紀念，我是甚麼紀念品也沒有。

對於這些，坦白說我並無怨懟。人情冷暖，原本無常，我既決心要離開，得失原已不在考慮之列，祇是離開台視時的心情和初進台視時的心境全然不同，使我惆悵。

五、受聘文化大學專任教職

一九八七年八月，我自台視退休一年之後，因時為中國文化大學新聞系主任鄭貞銘兄的推介，受聘為該系的專任副教授，從此又展開我生平另一階段的歷程，直至一九九五年一月底再自文大退休為止。

我於一九六二年進入台視任職後，原本就斷斷續續在一些大專學院兼課，講授有關電視的課程。前文曾提過，最初是一九六二年在謝然之老師的介薦下，受聘於政工幹校為兼任副教授，為該校學生班第九期講授電視課程。後因台視籌備工作繁瑣，未接受延聘。次年又因謝老師的召喚，受聘於文化學院，為該院新聞系第一期的學生授電視課，但也止於該年的上半年。到下半年因學長王洪鈞兄掌政大新聞系，邀我為母校母系服務，於是又應政大之聘兼課，直至一九六六年元月。

一九七九年四月我交卸台視節目部經理兼職，較有餘暇，於是又在政大恢復兼課。至一九八五年時，我一度曾每周奔波於政大、文大、輔大、藝專之間。即使在文大專任時期，也曾在輔大及藝專兼課，直至一九九〇年為止。

作為文大的專任副教授，我每周必須上十個小時的課，課目包涵大部分新聞系的課程。其中採訪寫作一課，我規定學生隔周交一次作業，一一批改評分。此外，還要擔任導師義務，與學生進行課外的溝通。論待遇不及我在台視年收入的三分之一，但用不著在台視時經常關心某些節目收視率的高低、廣告的多寡、那些語言污染了大衆、那些舉措又得罪了誰。校園雖不是全無是非的清淨土，但對我這個從電視界移植過來的人來說，簡直是回到了伊甸園。

文大的新聞系，有兩項傳統是我在政大新聞系所不曾經驗過的，那就是學生中的「家族制度」和師生之間的「薪傳儀式」。所謂家族制度，是新聞系每一年級挑出一位學生，四個年級的四位學生結成一個家族，當四年級家族成員畢業了，一年級新生成員又加進來，他們之間互信互助，老生不寂寞、新生不孤獨，男女家族成員之間，甚至可以擦出愛的火花。這個傳統，可以說勝過導師制度。「薪傳儀式」是在迎新會中舉行，每年一度，新聞系師生彼此之間點上蠟燭，許上獻身新聞事業的誓願。當我在一九八七年首次參加這項儀式時，燭光搖曳中思潮泉湧，我想起了初入政大為新生的情景，想起了在一九四九年在內戰炮火下畢業來台，想起了在中央日報服務的歲月，想起了久病過世的馬老師星野……最後是問我自己，還算不算一個新聞人？不知不覺間，熱淚盈眶。

也許就是這種情懷，使我在一九八七年至一九九五年之間，年逾花甲還每月駕車往還於台北市區與陽明山華岡校區，不以為苦。學生在各方面的成長，我不僅可以看得到，甚至可以觸摸得到。

六、爲陳哲芳籌辦有線電視，雷大雨小

一九八七年十一月二十四日，好友游國謙兄突然來了一通電話，說是耐斯洗髮粉公司老闆，時為監察委員的陳哲芳，受國民黨中央黨部祕書長李煥之託，籌組有線電視公司。陳委員本身對如何籌組有線電視公司了無認識，託他找行家，是以他則大力推薦我，希望我能慨助一臂之力。我答覆原則無問題，但陳委員我素昧平生，必須當面溝通。於是他初步約定二十六日晚間與陳委員餐叙，確切時間及地點再見告。

二十五日晚間，游國謙來話，告陳委員約二十六日中午餐叙，地點在台北市來來大飯店十七樓。次日我依約前往，游在來來飯店大廳候我，同至十七樓。大約二十分鐘後，陳委員偕同耐斯公司協理沈崇崧來，游為我等介紹，我以一九八二年所寫「有線電視在我國開辦之可行性」，及一九八四年所寫「有線電視節目取向及來源」兩文影本送與陳委員參考。陳委員首先謙稱他不懂有線電

視，純係受黨中央之命辦理，甚盼我能匡助，代為規劃。我則答以規劃不難，但先須瞭解中央意向。是以我希望能先與李祕書長一談，就政策問題交換意見。陳委員則說還是先請我擬一計劃綱要再說，我答應在十二月二十日以前擬好交他。

繼之我與他談及行政院曾就籌辦有線電視事組過專案小組，小組也在結論中提過宜先設示範區試辦，但未明指示範區應設何地。個人認為示範區宜設何處值得研究，文大新聞研究所可提供此項服務，但必須有經費支助。陳委員說經費如在二十萬左右，他可以隨時支付。

這天的談話，彼此都很高興。游國謙在飯後送我回家，又在我住處聊了一陣。他說陳委員急著要計劃綱要，希望我能儘速提出。我則與他提到正在籌辦電視學院，但有理想而錢難籌。游則說籌款之事他可效勞，因他與許多財團負責人熟稔，應沒困難。而且如辦有線電視，必需甚多人才，兩者並行不悖，相互為用，他也願將此事告訴陳委員，請陳委員資助。此後我又提到校地的物色，游又說他有友人在松山山上擁有土地二十八公頃，但不知作何用途。倘能用為校地及有線電視台址，堪稱理想。

這一天的交談，看來似乎收穫不少，雖僅止於言辭，也足以令人鼓舞。第二天，我以電話致曾繁籐博士，告知有財團願投資有線電視，前此行政院建立有線電視系統工作小組所印研究報告彙編，如有存書，盼能見贈一套，送游國謙先生轉交，以供該財團參考。再如文大新聞研究所受委託就有線電視示範區作評估研究，也盼他參與指導，這些他都答應照辦。

此後我又順便在電話中問他，行政院於民國七十四年接受工作小組研究報告以後，何以竟沒下文？他感慨地告訴我後來主持該小組的政務委員費驊在陽明山因車禍去世，行政院孫運璿院長中風，繼任院長的俞國華怕惹是非，新聞局局長宋楚瑜又對有線電視的開辦表示冷漠，因此沒有積極推動。

十二月三日，我與游國謙通話，知有線電視研究文獻他已收到。我告以文大就示範區作評估研究事，據聞來不及向國科會提出申請，如無國科會支助，陳委員答應提供的經費二十萬顯然不足，我問是否可由陳委員撥助五十萬元，將來列為有線電視公司的開辦費開支？游說他可向陳委員進言，應無困難，結果再告。但計劃綱要，則盼我盡速草擬竣稿覆命。

十二月七日，我將計劃綱要擬就，親自送往陳委員在台北的辦公室，由他的祕書收轉，但久無後聞。至二十二日我電游國謙探詢消息，游告陳委員現在嘉義，他可在次日專程赴嘉義一行，至少可以知道他對辦電視學院的意向如何。

如是又是一長段時間，游國謙了無消息，撥電話也找不到人。十二月二十九日我按捺不住，逕電陳委員的助理沈協理崇崧。沈告我陳委員近來頗忙，且已出國，但在元旦以前可歸。

一九八八年元月五日，我終於與游國謙通上電話，得悉陳委員出國是為考察有線電視，元旦之前是否業已返台他亦不知。我所擬的計劃綱要陳委員已看過，並加註意見分送有關方面，但不知下文。另外他曾往嘉義多次，與陳委員胞兄研究投資電視學院事，因陳家係由陳委員之兄理財。陳兄原認為沒有必要，後又表示可以考慮。究竟作何決定，尚有待進一步研商。

一周之後，這年的元月十三日，發生了驚天動地的事情——蔣總統經國病逝，李登輝繼任總統。由此可以理解，為什麼我寫的計劃綱要在陳委員分送有關方面後沒有後文？為什麼陳委員的任務不解而除，連帶文大的有線電視示範區研究計劃，和我籌建電視學院的夢想都因受影響落空？

「人亡政息」這句成語，應驗在行政院建立有線電視系統工作小組上，也應驗在我的築夢上。

七、放言批評政府廣電政策

一九八八年八月十日，我接到「黃河雜誌」來函，邀我參加該刊於八月十二日在台北市許昌街基督教青年會所舉行的座談會，討論大傳媒體所具有的問題。

這時是我應聘為文大新聞系專任副教授的第二年，我在文大認識「黃河雜誌」主編黃重憲兄，他也在文大新聞系教課，因此在召開這個座談會時也邀請了我，分配在廣電組。

我對政府的廣電政策原有許多意見和期盼，過去因在台視服務，有所顧忌，而今超然獨立，且屬學術討論，即可放言高論，不懼是非。於是我不僅欣然受邀，並且決定在會上將胸中塊壘，一吐為快。

是日出席會議的，有大傳媒體業者，也有大傳媒體學者，和主管官署的官員。發言輪到廣電組，我被推首先表示意見。

我一開始發言，就批評政府沒有對廣電事業給以應有的重視，以致問題叢生。我舉實例以說明我的論點，不僅我們的廣電事業落後於先進國家，甚且落後於中共。其次我論及報禁業已開放，何以廣電頻道還不能開放？何以公視遲遲不能設立？何以電波頻道不能重新分配？

最後我提出十項改進之道，以供政府及業者參酌。這十項的重點是：

㈠政府應盡速檢討廣電政策，使適應國家社會當前需要和時代潮流。而頻道的開放，是其中最重要的一環。
㈡政府對公營廣播電台應設法合併或減少，中廣應改為公營。
㈢應盡速開放地方廣播電台，並嚴格審核執照換發。
㈣積極鼓勵專業性廣播電台的設立。
㈤盡速成立公共電視台，並訂定在若干時日之內，使其規模超越任何民營電視台。
㈥應鼓勵民營地方性有線電視台的設立。
㈦對廣電事業負責人，應切實審核資格，不能淪為對「政治棋子」的酬庸。
㈧積極發展通訊衛星科技，必要時研製及發射通訊衛星。
㈨督促改革廣電事業的職業團體及學術團體，使充分發揮其應有的功能，如廣電事業協會及電視學會。
㈩朝野致力提昇我國廣電事業在國際上的地位。

在我發言完畢後，相繼發言的有正聲廣播公司的節目部經理郝士英，和藝專廣電科主任馬國光，他們都為我的建議呼應。我這次發言的全文，「黃河雜誌」以「廣播電視事業應該加油了」為題，在該刊七十七年九月號刊登出來。

事隔兩年，情況依舊，而地下電台及第四台有增無減。一九九〇年十月二十七日大衆傳播教育協會假師大舉行年會，我在會中提案，籲請政府開放廣電頻道，並作口頭論述，提案在會中通過，交新任理事會處理。但再過一年，竟然連理事會的動作也無下文，真正做到議而不決，決而不行。一氣之下，我從茲不再參加該會年會，自動取消會員資格。

不過政府後來畢竟採取了行動，釋出了若干廣播及電視頻道，提供業者申請，也加強了對廣電執照的申請和換照的審查。我不敢說我在這方面有什麼貢獻或影響，但政府能多少聽從民意做該做的事，總是令人欣慰的。

八、兩度爲新聞年鑑寫電視歷史

一九九〇年九月十五日，剛剛忙完有線電視法的起草工作，我接到中國新聞學會來函，邀我為該會籌備出版的民國八十年的新聞年鑑，寫十年來電視事業發展概況。

新聞年鑑原是台北市記者公會在民國五十年開始出版的新聞事業史實刊物，十年編印一次。民國五十年時中華民國尚無電視事業，因此到民國六十年出版的新聞年鑑才有電視事業的史料記述，執筆的是時任台視顧問，原為大華晚報總編輯的齊振一。到民國七十年的新聞年鑑要編寫時，齊振一兄已移居美國，執筆寫十年來電視發展史不知怎的便落到我的頭上。因此為中國新聞學會的新聞年鑑寫近十年來的電視發展史，對我來說應是第二次。

為中國新聞學會執行這次年鑑編印工作的是時為國語日報社長羊汝德。接信後隔天我跟羊社長通了一次電話，請教一些有關問題。他告訴我字數在一萬到兩萬之間，希望在年底以前交稿等等，於是我便將這個任務承擔了下來。

在此後的一段時間中，既忙於教課，又忙於有線電視法草案的公聽、釋疑，到次年三月十二日才竣稿，文長逾三萬字。

我前後兩次為電視寫史，雖限於字數，仍力求巨細靡遺。參考的資料，有歷次出版的電視年鑑、三台大事紀，和其他的一些資訊，包括政府在輔導與管理方面的措施、有關法規的更張等等。自信是做到公正與公平。所不同於電視年鑑的，是既述史實，也帶褒貶，是非曲直，留待讀者檢驗。

此外，我個人頗為得意的，是在兩次文後，都加上一段對今後電視事業發展的臆測。這些臆測是以事實為根據，再加上主觀的忖度而來。例如在民國八十年新聞年鑑的拙文中，就有如下的文字：

> 綜覽最近十年來我國電視事業的發展，在各方面均較十年前跨進一大步。十年前本年鑑對電視事業發展所作展望，可謂絕大部分均如預期，令人欣慰。茲就目前已有跡象，預期今後我國電視事業可能的發展如下：
>
> (1)公共電視台將在「公共電視法」完成立法後建立。其節目或在已分配的超高頻頻道上播出，或租用衛星頻道播出，勢將不再寄三台籬下，而自立門戶，訊號涵蓋整個台、澎、金、馬地區。
>
> (2)在「有線電視法」完成立法程序後，可望於兩年之內，在台北市首先出現有線電視系統，然後高雄市、台中市及其他台灣省屬縣市繼之。屆時政黨、財團、地方派系等將在設台

上發揮其影響力。地方電視廣告業務將應運而生，電視節目供應事業亦將更形發達。

(3)社區共同天線業者在有線電視台設立地區，將移向鄉區發展，亦將有部分業者投入有線電視台或周邊設施行業。「第四台」則面臨生存威脅，如何轉業宜及早策劃。

(4)三台面臨公視尤其是有線電視的競爭，新聞節目將成滿足觀眾主力，娛樂節目將力求精緻。已籌備多時的多聲道立體聲，可望在近年內實現。戲劇節目以國語、閩南語雙語發音，將會更受觀眾喜愛，次為國外影片的原音與國語雙語發音。

(5)接收衛星節目將逐漸普遍，小耳朵、中耳朵將取特高頻、超高頻電視天線而代之。至於「高畫質電視」在台灣地區的發展，目前似仍言之過早。

(6)無論電視業如何發展，錄影帶及錄影機、碟影機市場仍將繼續成長，因收看節目由觀眾自己主導的特性未變。至於配合高畫質電視而形成的新型錄影機系統，在前者未形成市場以前，不可能提早在台問世。

(7)隨著有線電視的開放，收看衛星節目的人口的增加，高畫質電視的問世，國內電子工業將再度起飛，以產品行銷國內外市場。

(8)電視事業的發展，將需要更多的從業人員。預料電視科技人才、經營管理人才、節目製作人才，將在大專院校積極培養。目前未設廣電科系的大專也將先後申請設立，以應未來電視台、電視節目製作公司以及廣告公司的需要。

(9)交通部電信總局的通訊衛星策略如果順利進行，則在民國九十年以前，可望將無線電視訊號，經由衛星發射，供海峽兩岸觀眾直接收視。國科會的衛星研究計劃，自目前情形觀之，似與電視事業尚無關連。

⑽海峽兩岸電視方面的交流或互惠活動，端視今後兩岸關係如何發展而定，變數甚大，未可蠡測。如朝向令人樂觀的方向發展，將會在目前已有的基礎上，向前大步邁進。

以上的十項預測，跟近十年來台灣電視的發展有無相符之處，讀者當可加以比較衡量。

九、無端被提名，競逐金鐘特別獎

一九九二年十二月某日，我在文大突然接到台視節目部企劃賈玉華小姐來的電話，說是日前在新聞局召開的一項會議中，通過在次年的金鐘獎頒獎典禮中，授我以特別獎，希望我將有關資料，寄與她收轉。

我知道金鐘獎獎項中有特別獎一項，但對頒這一獎項的有關規定並不清楚，其次是我對獎不獎並不在意，因此在電話中，我衹對賈小姐說我並不認為我有接受這一獎項的資格，期望有關方面另作考量。

過了不久，賈小姐又來電話，說提名我為特別獎受獎人的，是台視總經理王家驊，如不接受提名，是拂逆了王總的好意，勸我還是將有關資料寄去。說到資料，台視並不難尋找，所以要我自己提出，無非是給我為自己美言的機會。於是我利用了一九九三年元旦假日，簡單地提供了個人基本資料，寄給了賈小姐。

二月二十八日，金鐘獎提名入圍者揭曉，候選特別獎入圍者有楊麗花小姐，也是王家驊所推薦。楊麗花在上一屆被推薦入圍但未得獎，這次是王總決心將她送上壘，而提我應祇是陪襯而已。

這年的金鐘獎頒獎典禮，是在三月二十日晚上舉行，且為廣播與電視分開舉行的首次。楊麗花終於被授以特別獎，但她不滿她參與台視演出的歌仔戲未入圍，憤而拒絕當場受獎，改由王家驊代領，相當諷刺。

楊麗花得這屆金鐘獎的特別獎，我私下為她感到高興，儘管她個人反而氣憤她演的歌仔戲未得獎。但是我何辜，根本就沒有一丁點意思去得這個獎，卻平白落得個不入圍的窩囊下場？王家驊先生究竟是一番好意，還是不在乎他推薦的人，入不入圍的難堪？

檢討這次鬧劇，應該先怪賈玉華小姐沒有將這個獎的授獎過程弄清楚，逕說新聞局的會議中已決定了得獎人。其次是怪我自己對這點也不清楚，才在勉強之下提供了資料。剩下的問題是：如果這個獎果然是在獎勵對廣電有特殊貢獻的人，請問這特殊貢獻究竟是什麼？又如果有關機構都可接受每個單位推薦兩個候選人，而得獎的祇有一人，那麼不入選也不入圍的被推薦人，憑什麼要去接受被評審為非具特殊貢獻或其貢獻不如人之恥？評審委員會又根據什麼標準來公正衡量得獎的人？

就拿我跟楊麗花來說，我們雖同為台視服務，但我是聘僱人，楊小姐是被聘僱人；我是台視節目部主管，她是台視歌仔戲團長；我不會用楊小姐於台視節目部，因她不擅長節目行政，同樣的我不會唱歌仔戲，要給她跑龍套都不夠資格。如果說都對電視事業有什麼貢獻，那也是各有千秋，原本放在一個天秤上去秤，就有些不倫不類。我不瞭解評審委員怎樣可以將橘子和蘋果分個高下？

楊小姐拒不親領特別獎，雖然有些意氣用事，但平心而論也不能說毫無道理。如果連她主演的歌仔戲都不夠資格入圍，那她又有何光彩可以她對歌仔戲的貢獻來領這個特別獎？

我個人參加過金鐘獎或什麼獎的評審，也擔任過授獎人，坦白說獎也罷評審也罷，那都是一場鬧劇。金鐘獎的開始，我就拒絕參加，周總也持同樣看法，因為做好節目是應該的，天天都應如此，而不是為了要得獎而刻意去做可得獎的節目。這樣的節目即使得到獎，又有什麼光彩？後來是因為有政治上的考量，才勉強參加了金鐘獎。到石永貴掌台視時期，甚至要我主持一個專案小組，每周集會研討如何為得獎而得獎，我的無奈也祇有藉提前退休而解除。

那次金鐘獎頒完以後某天，擔任評審委員會主任委員的王洪鈞兄坐我的車子離開文大下陽明山，在車中他主動提到金鐘獎特別獎的事，言辭間表示對我的未能得獎愛莫能助。我則笑著答以楊麗花得獎，實至名歸。但早知道有今天，我當年應該拜師去學唱歌仔戲，而不應遠涉重洋去學什麼撈什子電視了！

他也笑了，但笑得話難接下去。

十、襄助緯衡設台，遭逢喪女之痛

一九九三年八月十一日，「有線電視法」施行。新聞局隨之公布了「有線電視節目播送系統暫行管理辦法」，限原有非法營業的第四台，也就是新聞局所稱的「有線電視播送系統」，於是年十二月八日以前依法辦理登記，否則喪失合法申辦有線電視系統的機會。而如果登記之後不依法申請設台核准，則在各該地區有合法設台者開播之日，即須停止播送、結束營業。由是自一九九三年八月份起，第四台紛紛辦理登記及申請設台工作。

在這段時間，我因為曾參與有線電視法的起草，被各方視為諮詢的對象，包括台灣省政府新聞處、光啟社、各大專院校，當然也有第四台業者。而正式被聘為顧問，則是鄭貞銘兄所介紹的在台北市萬華地區營業的緯衡傳播公司，時為一九九四年四月。

緯衡公司係李錫欽先生夫婦在一九八〇年所創辦。我隨鄭貞銘教授及沈慧聲教授於一九九四年四月中前往參觀時，初次瞭解到所謂的第四台，在行政及設備上已具有相當不錯的規模，而且與萬華的地方機構，也有相當程度的互動。李氏夫婦寄望我們能協助該公司，做好設台的申請工作。我們原計劃在是年暑假期中全力投入，卻不料我旅居洛杉磯的么女莉娜忽發現罹患胃癌。雖於五月間動手術割除胃部，卻又發現癌細胞業已擴散，奄奄一息臥病醫院。由是我不能不向李氏告假，於六月二十九日赴美探疾。

七月中，莉娜病無起色，我又不能久留，於七月中旬返台。八月十四日上午我接洛杉磯家人來話，知莉娜已於是日病逝，但李氏夫婦早定於八月十五日邀我等赴港考察九倉有線電視台兩天，我不能再因私事啟齒不往。於是我含悲赴港，於十六日深夜回台，十七日我再度赴美。

九月一日我自美返台，暑假將滿，而我對李氏鮮有貢獻，在取得鄭貞銘兄的諒解後，我專誠往訪李氏請辭顧問職。他一再慰留後終於同意，並盼望有必要我仍能襄助。

十月間，李氏將營運申請書以快遞寄至文大與我過目，盼我提供補充意見。我翻閱經營理念部分，已採用我在洛杉磯探小女病情期間所擬七條，感到十分快慰。也對營運計劃部分加註少許意見，傳真至緯衡供李氏參考。

緯衡後改名為聯維，正式成立為有線電視系統，深得訂户歡迎。外賓來台考察有線電視，聯維如同香港的九倉，成為台灣有線電視系統的展示櫥窗。

此後兩年，每逢尾牙，李氏夫婦都柬邀我及鄭、沈兩教授參加，我也欣然願往。他倆夫婦熱情、謙和，也許是他們經營有線電視系統有成的主要因素。

有線立法篇

一、篇首

台灣地區多山，三台的電視訊號，受山巒的阻擋，使許多低漥地區，形成接收不到電視的死角。除了部分地區由三台設立轉播站予以改善外，部分地區交通部容許民間設立社區天線，以傳送三台訊號。這些社區天線業者後來不以徵收收視費用為滿足，進而非法傳送本身所具有的錄影節目，由是就成了所謂的「第四台」，在七〇年代，無形中蔓延滋長。

第四台的節目，對長期收看三台節目的觀衆而言是異數，滿足了他們好奇的願望。有政治目的的第四台，也藉機突破了無法依法設台的藩籬，利用電線傳送他們的呼聲。於是第四台在台灣，又成了剪不斷理還亂的另類媒體，向公權力悍然挑戰。

就在這種情況下，台灣出現了有線電視，也構成了社會問題。直接受到衝激的，是主管全國廣電事業的行政院新聞局，從消極的取締不成，進而積極的想到立法管理。

政府的立法，往往是落在既成的事實之後。當台灣出現無線電視時，其時並無廣電法。「廣播電視法」的頒布，是在台視開播十四年之後，而此法並不適用於有線電視。新聞局能想到先為有線電視立法，再將第四台納入管理，至少是一種進步。

本篇敘述我參與有線電視應否興辦的研議，以迄起草有線電視法的種種歷程，為我國有線電視的發軔，留下一些可供參考的歷史軌跡。

二、新聞局研議發展有線電視可行性

一九八二年十月，行政院新聞局組廣播電視未來發展研究委員會，邀請學者專家，以座談方式進行研討，由該局顧問張繼高主持。我應邀參加了第九次到第十二次的會議，其他應邀與會的，有新聞局的廣電處長戚醒波、副處長曠湘霞、交通部郵電司司長史習健、電信研究所所長呂學錦、技術處處長楊肇鳳、數據研究所副所長賈玉輝、政大教授徐佳士、李瞻、張照堂，與光啟社副社長鮑立德等。

我參加的這四次會議，是以有線電視為主題，研討國內有線電視有無開放的必要性？如要開放宜在何時？其經營方式、資格及內容應為何？

四次會議的結果，大致獲致下列的共識：

㈠原則上主張發展有線電視，但技術上要進一步研究。

㈡宜採民營方式，並鼓勵地方政府參與。管理監督之權仍歸中央政府。

㈢發展有線電視，宜與國家整體發展的計劃相配合，尤其是國家電信事業資訊科技的發展。

㈣有線電視台之設立，以直轄市及省轄市優先，每台傳播區域不加限制。

㈤申請人必須具有事業經驗，並建議由現有之電視台及廣播電台作若干比例之投資。

㈥得經營廣告，及收取服務費用。

上述的共識，坦白地說略嫌粗糙。一來時間有限，不及深入研討；二來與會者各具背景，但全無實務經驗，所陳者俱皆毛皮。就以我個人來說，以無線電視台主管的身分參加，如在會中主張開放有線電視，豈不是開門迎敵，要受同業責備？因此我的立場是不排除，但要審慎考量。

次年六月二十八日，大眾傳播教育協會就有線電視開專題座談會，邀我引言。我是以會員的身分參加，因此沒有顧忌，對是否開放有線電視的議題，提出三個討論的重點：第一是先要討論我國現階段要不要興辦有線電視的問題，結論是如果要辦，再進一步研究如何辦。第二、可行與不可行或辦與不辦，宜從有線電視硬體的優點和缺點，以及軟體的需要和來源等，站在當前的國情上去衡量。第三、現存的電視事業，是不是能在制度上、工程上、節目上、業務上，以及服務的項目與方式上加以改善或增進，就能達到或大致達到設立有線電視的目的，而不必投注大量的金錢去另起爐灶？

這次會議中，正反兩面的意見都有，可以說也沒什麼結論。倒是李瞻教授對我的引言全文頗感興趣，希望能刊載在他負責主編的政大「新聞學研究」季刊上。我原則上同意，但既為學術性文字，我就必須將我個人主觀的意見列入，而不能閃避。於是我在文後加了一節，列舉五點理由，主張開放有線電視。也列舉八項建議，提供執行的方法。這篇文字以「有線電視之發展及在我國採行途徑之商榷」為題，登載在民國七十二年十二月二十日出版的政大「新聞學研究」第三二期上。有趣的是，七年後新聞局採取具體行動，跟我提供的意見竟然不謀而合。

三、行政院設立「有線電視系統工作小組」

一九八三年六月，行政院院長孫運璿在院會中，指示由政務委員費驊，約集交通部部長連戰、經濟部部長趙耀東、新聞局局長宋楚瑜，參考有關有線電視資料，並徵詢國內外專家意見後提出建議報核。是年八月，核准成立包括交通部、經濟部、新聞局、工業技術研究院、資訊策進委員會、電信總局在內的「行政院建立有線電視系統工作小組」進行專案研究。小組召集人為費驊、執行祕書為交通部郵電司司長史習健、副執行祕書為交通部電信人員訓練所副所長曾繁籐博士。

這個工作小組實際上在曾博士的推動之下，從當年八月到次年五月，密鑼緊鼓的工作了十個月，也網羅了許多學者專家作專題的研究。就我個人所知，共有五個組分頭進行：第一組從事有線電視與社會教育的研究，由師大社教系主任李建興召集，該組成員有東吳大學社會研究所所長楊孝濚、中央警官學校犯罪系主任周震歐、師大社教系副教授馬驥伸、講師陳雪雲、黃明月。第二組從事有線電視與傳播文化的研究，由政大新聞系講師賴國洲召集，成員有政大新聞系主任賴光臨、政大副教授彭芸、輔大副教授孔維勤、聯合月刊編輯關紹箕。第三組從事有線電視與法規政策的研究，由東吳大學副教授林嘉誠召集，成員有台北市政府研考會執行祕書紀俊臣、中興大學公共行政系主任張世賢、立法院研究員張瓏、財政部稅研會研究員許志雄、新聞局專員陳百齡。第四組從事有線電視與經濟管理的研究，由淡江大學管理學院院長蔡信夫召集，成員有新聞局廣電處科長張平、交通大學王淑芬、華視洪平峰、台灣經濟研究所劉鶯釧、電信總局吳玲娥、密西根州立大學研究生王鏑。第五組從事有線電視與節目資源的研究，召集人為慶宇影視傳播公司總經理黃海星，成員有藝專主任蔣麗蓮、藝專教授顧乃春、光啟社副社長鮑立德、中國時報記者沈怡、雙郡電視傳播公司副總裁余美娟。

我原非前述第五組成員，後因黃海星的介紹，為第五組寫了一篇「有線電視節目取向及來源」的專題論文，由是也就參加了該組的研究活動。

曾繁籐先生與我是初識，但他辦事的慎密、搜集有線電視資料的豐富，令我印象深刻。一九八五年五月研究工作完成，所集的研究報告，彙編為八大冊，鉅細靡遺。

這項研究的結論，概括來說是建議政府積極建立有線電視系統，但初期宜先以示範區的方式實施。

研究報告與建議提出兩個月後，行政院批示由新聞局就建立有線電視系統的可行性再作評估。其實在前述工作小組中，新聞局業已參與，何須再由新聞局研議?也許其時行政院前任院長孫運璿因病離職，後任院長俞國華不欲遽作決定，也許是另有他故，能緩則緩。

一九八七年十二月，新聞局終於又將評估結果報院，建議四點：一、資訊導向的有線電視系統，和公建民營的模式，最適合我國需要。二、有線電視系統政策，宜採漸進方式，不可貿然引進。三、在建立全盤的政策前，宜建立為期二至三年的實驗社區。四、建議設立超部會的專案研究小組，統籌我國建立有線電視系統事宜。

新聞局費兩年多的時間作出這樣不痛不癢的建議，很明顯的是在以拖還拖，同時又把球作多角的傳遞，最好大家負責。在同時，地下的第四台則不斷的在繁衍，形成強烈的對比。

一九八八年元月，俞院長作了批示，由政務委員高玉樹，主持有線電視研究小組，再加研究。高委員的跨部會研究小組又費了一年多的時間，於一九八九年四月提出了五項研究結論：一、我國必須積極發展有線電視。二、我國有線電視系統網路，應結合電信網路。電信總局負責幹線，以出租方式給有線電視使用。三、每一地區有線電視系統，以允許一家公司為原則。其經營型態宜再作研究立法管理，但外國公司暫不得經營。四、有線電視節目之內容，應由新聞局輔導管理。有關技術及網路敷設等問題，應由交通部增設專責機構負責推動管理。五、本案如奉政策核定後，新聞局應即協調有關單位擬訂有線電視管理法，交通部應即研究推動技術有關問題。

這些建議，相當積極具體。字裡行間，已不容行政院再行猶疑。由是五月間俞院長批示：「原則交新聞局與電信局研擬具體方案呈核，初期先以公辦或公私合辦一、二家，俟成果良好，再行擴大辦理」。

四、新聞局協調下又設專案小組推動

行政院新聞局於接奉俞院長前述批示後，在六月間就邀請了行政院第二組、交通部、電信總局等單位，召開了「建立有線電視系統具體方案協調會」，會中達成三項結論：一、有線電視系統因與傳統媒介之特性不同；且事關未來資訊社會發展和人民權益、福祉，宜單獨立法。二、有線電視系統管理法規的草擬與網路的規劃、舖設宜同時進行並密切配合。三、有線電視系統的建立因涉及層面廣泛，為事權統一，宜成立包括政府有關單位的專業小組統籌辦理。

新聞局根據前述協調的決議，邀行政院第二組、交通部、交通部電信總局及電信研究所，及經濟部建設委員會，於一九八九年八月十七日聯合組成「有線電視系統專案小組」，推新聞局副局長廖正豪為召集人。小組之下分設「立法組」及「規劃組」，「立法組」負責協調有關單位及學者專家參與研擬有線電視法，由新聞局廣電處長遲琛任召集人，其下再設「起草小組」。「規劃組」負責研擬有線電視系統技術標準、示範區的選定設立，及網路規劃等事宜，由交通部技術顧問室主任周勝次任召集人，其下再設「技術小組」、「示範區小組」及「營運小組」。

專案小組除編制外，也就工作計劃、經費預算等作成具體方案。在工作原則方面，強調四點：一、有線電視系統網路，應結合電信系統網路。幹線由電信總局負責埋設，以出租方式給有線電視公司使用。分配線及其設備得由有線電視公司裝設。二、有線電視系統應視人口分布、行政區域劃分及地理狀況等，分期分區建立。每一地區並以核准一家公司經營為原則。三、有線電視台營運許可及設立標準，明定於有線電視法。四、外國人或外國公司不得在我國經營有線電視。

專案小組預定在一年之內，完成任務結束。

一九八九年十二月，專案小組以具體方案報院。一九九〇年二月行政院核示同意照辦。

就在這年的三月十九日，我接到新聞局廣電處施建志先生的電話，說是新聞局邀我參加有線電視法的起草工作，希望我能接受，並於二十二日上午參加在廣電處召開的起草委員會議。也許是由於使命感的驅使，我毫不猶豫的便答應了下來。

五、參與立法起草並爲召集人

三月二十二日上午十時，我到達設在台北市許昌街壽德大樓的新聞局廣電處，出席會議。這次會議是由廣電處處長遲琛，以專業小組立法組召集人的身分主持，出席的有應邀為起草小組委員的新聞局法規會顧問楊鳴鐸、廣電處編譯張平、政大教授彭芸、淡大教授熊杰、台大教授吳聰明、政大教授蔡明誠。另有政大教授汪琪因事請假未出席。會中推舉我為起草小組召集人，決定四月六日舉行起草委員第二次會議，自後每周三晚七時在公視籌備處定期舉行會議，預定於八月份內完成有線電視法起草工作。又決定在五月份內分兩批赴美、日、香港、加拿大、德、法、荷、比等國實地考察有線電視，以為立法參考。

四月六日的會議，即由我以召集人的身分主持。我說明小組的任務，即在為我國的有線電視事業決定政策，除行政院已原則核定的幾項政策以外，尚有甚多問題有待集思廣益，進行討論。盼望各委員先將有待討論的問題，一一列舉出來，送擔任小組祕書的施建志先生彙編，在今後的會議中逐一研討。另外，我也提議與規劃組開一次聯席會議，研究兩組今後在舉行會議時，是否可互派一人列席，俾增進彼此間的瞭解，及備供諮詢。我的建議，為會衆支持接納。

四月十一日的會議中，施祕書已將各委員所要提付討論的問題整理為九大部分，分別為立法草案規劃部分、總則部分、營運許可制度部分、節目管理部分、廣告管理部分、費率部分、利害關係權利保護部分、罰則部分及其他。每一部分又分為若干小項目，並分別編號識別。我們就根據這個問題提綱逐次在會議中進行討論並作成紀錄。由於施祕書既有廣電處公務要辦，又在政大上研究所，不堪忙碌，四月底我介紹文大新聞系講師許佳正為研究助理，分擔施祕書的會議紀錄及若干事務性的工作。

六、起草小組實地考察之旅

五月中旬，起草委員分兩批至國外實地考察有線電視的營運及管理情況。我參加這批的成員有行政院第二組參議李鐵民、楊鳴鐸、遲琛、張平、汪琪、吳聰明等位委員與施祕書，於五月十九日晚乘華航班機飛荷蘭阿姆斯特丹，於次日午前抵達。

荷蘭的廣電事業，其時全屬公營，能提供借鏡之處不多。由於華航的歐洲航線以阿姆斯特丹為終點，既來之也不妨順便做個訪問，於是在新聞局駐荷官員的安排下，我們拜訪了荷蘭有線電視暨共同天線聯盟VECAI，禮貌性的作了一番交談。在二十一日晚離荷飛往巴黎。

二十二日在巴黎，係以巴黎有線電視公司（Paris TV Cable）為訪問對象。上午拜訪該公司總經理漢諾（Hennau），談話三小時。下午訪問該公司工程部，參觀播出設備。該公司營運二十個頻道，其中六個為法國全國性頻道、九個外語節目頻道、四個衛星節目頻道、一個為節目預告頻道。所有節目除新聞外，均以VHS半吋錄影帶播出。

二十三日，我們至法國總理府新聞與傳播處訪問其法制組有線電視科負責人，談有關有線電視的法令規章。二十四日晚間離巴黎飛德國慕尼黑。

二十五日上午，新聞局駐慕尼黑工作人員邀請慕尼黑電視台總經理史諾德到我們下榻的旅館，談德國的有線電視，由我外交部駐慕尼黑代表辦事處的鄭祕書兆元任翻譯。其後又訪問一為有線電視所監控的基金會，進行交談和詢答。

二十六日下午我們離慕尼黑飛倫敦。二十七日為周日，二十八日為英國銀行節假日，至二十九日始能展開考察活動。當天上午我們訪問了主管英國有線電視的 Cable Authority，由該機構的主管戴維（Jon Davey）接待。下午又訪問了有線電視協會。

三十日上午我們參觀了西敏寺有線電視公司，下午即乘機離英飛加拿大多倫多。三十一日下午我們訪問了勞傑傳播公司（Rogers Communication Co.），對該有線電視公司設立的訂户電話應答中心頗為好奇，因為該中心如同電話公司的機房，有好幾十位公關女郎接答訂户或顧客的電話。

六月一日上午，我們訪問了一家華語頻道公司 Chinavision，由該公司的行政部經理林仲坤接待並答詢。中午該公司創辦人章建國先生宴請我等於一家華僑餐館。下午，我們又訪問了一家名為 Classicomm 的有線電視系統，藉以瞭解加拿大對有線電視管理的法令。

六月二日，我們離多倫多飛洛杉磯，再在洛杉磯轉機飛台北，結束為期十五天歷經五國的考察之旅。

七、草案完成而餘波蕩漾

自六月六日起，起草小組仍於每周三晚上集會討論各項問題，至六月二十日初步告一段落。六月二十七日就已獲決定的各項問題重複檢討，最後推定楊鳴鐸及蔡明誠兩位委員起草條文，草案竣稿後再密集以兩天時間就草案逐條逐字審議以至定稿。

七月十四日，起草小組成員集會於石門水庫的稻香村旅館，就楊、蔡兩委員所擬就的條文，逐條討論。為期周全，另邀規劃組成員交通部科技顧問室副主任陳文咸，及廣電處電視科科長郭耘列席參加。但不料陳文咸先生在會中力排衆議，對頻道經營者採用美制僅對系統經營者負責不以為然，認為應採加拿大制由政府核發執照，直接對政府負責，如是頻道經營者可在全國各系統中擁有一席之地，較多發展空間。不過他的意見，並不為大多數起草委員所採納。

第二天繼續對草案條文逐條討論，至下午三時結束，全體會衆返回台北。歸途中陳文咸先生駕車送我，在車中對起草小組未能採納他昨日所提的意見表示遺憾，不諱言要以規劃組的名義在專案小組會議中提出翻案。我姑妄聽之，祇以為他在說氣話。

不料在八月十六日，廖副局長正豪以專案小組召集人的身分召開會議時，始知規劃組果就立法組所擬訂的草案，提出七項修正意見，其中三、四兩項，即建議對頻道經營者採用加拿大給照制度，陳文咸先生並在會中再作口頭解說，企圖推翻立法組的決定。至此我要求發言，陳述此案在石門水庫討論時，已表決採用美制，其時陳文咸先生也在坐參加表決，應不再有異議。如今又以規劃組的決議翻案，個人認為在程序上並不妥當，蓋如參與立法者都各持己見，則任何法都無從訂立。

廖召集人至此陷入兩難，作模稜兩可的裁示，等於沒有結論。我因另有他事，未候至會散即先行離席。行前我向遲處長建議，以後專案小組開會，可不再通知起草委員出席，以免人多嘴雜，至少我個人認為沒有出席會議的必要，因為任務在交出草案後即告結束，如何修改，應與起草委員無關。

話雖如此說，專案小組在就草案舉行公聽會之前，又在八月二十一日開了一次會，就草案逐條檢討，仍通知我出席。第一次公聽會是定在八月三十日，我為起草小組召集人，也無法不出席公聽會。會前我翻閱有關文獻，發現對頻道經營者是否應由政府發給執照，五篇中有四篇認為無此必要，足見起草小組的認知，並無瑕疵。

八月三十日因颱風過境，北部縣市不上班上課，我以為公聽會業已改期，未在當天上午前往參加。中午電遲處長，方知公聽會已如時舉行，但到會者不多。會眾對頻道經營者是否應由政府發給執照一節發言甚少，因不明理論根據。但對媒體是否可跨越經營，正反兩面都有意見。新聞局決定此項公聽會，將每周進行一次。

九月十一日，新聞局又舉行第二次公聽會。我鑒於其時各方對草案多所評議，且立法組起草委員中亦對條文有不同的解釋，我決定在會中對質疑各點發言釋疑。重點有兩項：一為頻道經營者究竟應對政府負責或祇對系統經營者負責，已列為甲乙兩案。甲案是立法組的立場，認為祇須對系統經營者負責，由系統經營者對政府負責。乙案是規劃組的立場，認為頻道經營者祇對政府負責，既領執照，則系統經營者不能排拒。世界各國採甲案者居多，因便利管理且使系統經營者在選擇頻道時有較多的自主權。頻道經營者的生存權應取決於其頻道能否受訂户的肯定，而非取決於其是否領有政府執照。二是媒體不應作跨媒體的經營有線電視系統或頻道，是著眼於防止強勢媒體壟斷言論市場，較符合民主精神。

這次公聽會的結果，以贊成甲案的居多，也多支持媒體不跨越經營的主張。

會後，我撰「有線電視法草案的立法精神」一文，送大成報刊載。十月四日又在新聞局以起草小組召集人的身分，舉行了一次說明會，並答覆記者們的詢問。

十月十二日，專案小組開會，未通知我參加。次日閱報，知會中對頻道經營者的定位，通過採用甲案。又對有線電視的營運區域，通過以配合行政區域的劃分為原則。

十月十八日，新聞局又就草案舉行了第三次公聽會，來賓以民意代表為主，但發言者寥寥，對有線電視多缺少瞭解。

此後新聞局即就三次公聽會的紀錄、各方反應的意見自行對有線電視法草案條文及文字加以整理，而於一九九一年初報行政院核議。

八、宴會中怒斥文化官員

有線電視法草案報院後，數月未見動静。經打聽後耳聞受到安全局與文建會的杯葛。安全局所以杯葛，是認為對節目的管制過於寬鬆，有礙國家的安全。文建會的杯葛，是認為應在法中規定，每一有線電視系統，應免費提供三個文化頻道。

五月初，我接到廖副局長的一份請柬，訂五月七日晚間參加他設在新聞局的晚宴。我以電話詢遲處長，知道這次宴請的主客，是文建會的某位副主委，和安全局的某位副處長。陪客除我以外，還有起草小組的汪琪、熊杰兩位教授，及行政院第二組參議李鐵民、新聞局法規會顧問楊鳴鐸，與遲處長本人。我猜想是廖副局長欲藉此一宴會，讓主客二人能與起草小組部分成員溝通，解除草案在行政院審議過程中所遭遇的阻難。

七日這天晚上我如時與宴，在座祇與主客二人過去未曾謀面。大家坐定後就直接談到有線電視法草案，由安全局副處長首先發言。他老實不客氣地批評草案，是資訊導向或娛樂導向不明，該法的母法究竟是廣播電視法或是電信法區分不明，節目部分的管理法條也不嚴明，萬一播出國外新聞中或一般節目中有辱國家元首等情事如何處理？誰負責任？

文建會的那位副主委則接著表示該草案應明訂提升文化目標，並應規定業者義務提供政府以宣揚文化的特定頻道。

就這兩位主客的意見作答覆的，祇有主人和汪、熊兩位教授。李、楊、遲三位是公務員，雖也是起草小組成員，但不便發言。我則刻意保持緘默，先看交談的情況再說。

主人廖副局長保持風度，相當禮讓兩位主客。汪琪教授是女性，答覆溫婉。熊教授在座最年輕，但表現得意外含蓄，似乎並不足以發生主人對陪客的期待，於是我忍不住要發言。

首先，我聲明生平未為公務員，很難揣摸身為公務員的心理，但本位主義的色彩，似乎都相當強烈。對那位副處長的質疑，我答覆草案既是資訊導向，也是娛樂導向，因為有線電視是一個綜合性的媒體，不能偏向一個單一的導向。其次，有線電視法本身就是一個母法，既不以廣播電視法為母法，也不以電信法為母法，在名稱上就可看出它是一個獨立於廣播電視法或電信法以外的法律。至於廣播電視法要不要因有有線電視法而修改，是另一個待決的問題，且新聞局已有此準備。談到草案對節目寬鬆，係因有線電視頻道衆多，每一頻道又有不少節目，官方勢不可能播前一一審查。如顧及國家元首可能遭受莫須有的侮辱而對新聞或節目事前採取檢查措施，恐有背民主國家思潮。

此後我將話題轉向那位副主委主張有線電視應免費提供政府設置文化頻道的要求。我說我認為文化係蘊涵於人們日常生活之中，產生潛移默化之效，而不應也不能抽離構成所謂的特定文化頻道。如果文化頻道的理念果能成立，是不是別的頻道就不需要顧及文化？再說有線電視既屬民營，政府就不能立法要求免費提供頻道，何況三個？

至此我話未說完，那位副主委就回我一句：

「那就乾脆不要有有線電視法算了！」

顯然的，副主委動了火氣文化，我回敬他：

「有線電視法的立法，和採用民營的型態，都是行政院的決定，我們不過是應召辦事，有沒有法，該不該民營，於我個人何干？你是公務員，憑什麼可說這種話？」

接著他說：

「你不覺得你有愧為人師表嗎？」

他這一句話可真教我冒火了。我大聲斥他：

「我是不是有愧為人師表，祇有僱我的學校，和上我的課的學生可以批評我，你有什麼資格可以這樣批評？你是文建會的官員，各縣市建立的文化中心大都在做些什麼，你應該心裡有數，將來拿什麼去填塞每個有線電視系統每天的三個文化頻道？官僚！」

罵完「官僚！」我霍然而起，向主人致歉說不能終席。走向門口又回頭對那位副主委說：

「你是辦過教育的，你能認為你不愧為人師表嗎？」

憑良心說，在我的盛怒之下，副主委沒有再回嘴，別的人也沒有說什麼話。廖副局長是尷尬的，他可能氣我殺風景，也可能為我的騾子脾氣擊節。

當晚半夜，我曾以電話致遲處長，問我離席後的發展如何。他告訴我熊杰在我走後曾對那位副主委說，因為他出言太刻薄，才招致我斥為「官僚」。遲處長又告訴我有線電視法草案在行政院審議過程中，安全局一處長甚至對廖副局長作人身攻擊。從這天晚上所發生的種種看來，就可見一般官員的心態。我聽後既感到安慰，也為之嘆息。

此後草案如何在行政院通過院會，我不得而知。但院會通過的版本，確較原來的草案周全。不料後來在立法院經過立委們的一番角力，又被修得支離破碎。一九九三年八月十一日有線電視法頒布施行，是非得失，衹有歷史可以驗證。

進出民視篇

一、篇首

一九九三年九月，交通部宣布繼開放廣播頻道之後，將釋出兩個特高頻頻道，和四個超高頻頻道，供有意經營無線電視台的業者申請。在這個時期，民進黨結合中小企業斥資近十億元籌設「全民聯合無線電視台公司」，由民進黨立委蔡同榮署名向經濟部申請設立登記，而被認為不合規定予以駁回。民進黨轉而自救，於同年十一月十五日公開宣布「全民聯合無線電視台」於當日開播，挑戰國民黨壟斷三台及政府的公權力。

一九九四年元月二十八日，行政院新聞局正式宣布開放特高頻第五、六兩個頻道，亦即 VHF 電波七十六至八十八兆赫作為第四家無線電視台播放使用。有意申請者可在六月底以前，檢具營運計劃書等件，向該局提出籌設許可的申請，並以設台於高雄市者優先。

到六月底申請截止，角逐第四家無線電視台的，有高雄市陳田錨家族的「亞太」、民進黨人的「民間全民」，和香港 TVB 的「豐年」。新聞局並宣布將以「比較聽證」的方式，由政府官員及學者專家與社會公正人士合組審議委員會公開審議，三中擇一，以過半數票獲選。

審議委員會的委員名單，經過行政院與立法院的一番折衝，終於在十二月間確定為十一人，計有文大教授歐陽醇、台大教授劉福增、國語日報副社長樂茞軍、監委康寧祥、政論作家陳忠信、政大教授林菊枝、世新教授熊杰、中山大學教授馬黛、聯廣董事長賴東明、交通部郵電司長賈玉輝，及新聞局廣電處副處長洪瓊娟。

一九九五年三月底，新聞局函知「民間全民」、「亞太」及「豐年」三個籌備單位，依審議委員會的決議，審議將分簡報、公聽會、審議文件及面談、決審各個階段進行。其中簡報至面談各階段，三個籌設單位都要派發起人代表，預定總經理，及節目、新聞、工程、業務各部門主管共六人為對象應詢。

就在這年四月初，我應友人的推介，接受「民間全民」的邀請，以預定總經理的身分，參與「民間全民」的應審工作。

其時我充分瞭解「民間全民」是民進黨人士所倡辦，和我的國民黨黨員與外省籍背景不盡相容，但所以願意臂助者，是出於以下的動機：

第一、我同意「民間全民」的經營理念，包括資本全部來自民間並設上限，所有權與經營權分離，尊重專業、新聞自主、不受任何政黨干預等。

第二、我不滿國民黨操控三台，及以三台董事長、總經理職位作為政治酬庸，既有違民主政治精神，也不合企業倫理。

第三、我不認同民進黨的抗爭手段，但肯定民進黨對台灣的民主開放有一定程度的貢獻，而依法申請設台，具有正當性。

第四、我已年逾七旬，而「民間全民」的主事者不以我的年齡、黨籍、省籍作考量而誠意相邀，我又何能以量小見拒，況且設台是否許可，祇有三分之一的機會。

第五、新聞局以審議委員制首度公開審議設無線電視台的許可，符合我在為有線電視法起草時所力舉的方向。因此我願意躬逢其盛，做一個年邁的考生。能否通過，不是我一個人的因素可以決定，因此我不須計較這方面的得失。

這年六月十六日，審議結果揭曉，「民間全民」以六票過半數獲得設台許可，跌破了許多人的眼鏡，包括我自己的在內。隔天「民間全民」發起人代表立委蔡同榮給我電話，以能獲選，得力於我的參與。當然這是客氣話，不過我也確實貢獻了些許心力。

但是此後在設台過程中，卻遭受了種種的挫折。除了與主事者有在理念上的落差以外，還陷入了民進黨內派系之爭的漩渦。用人用錢，全皆是非。籌備進度不前，而主事者要求開播卻急如星火。好不容易挨到一九九六年三月二十七日民視電視公司成立，我以年高請辭預定總經理職，董事會順水推舟改以首席顧問聘用。到六月三日既無人問也無人顧，我按捺不住，不願坐領高薪而無事可為，掛冠而去。

我個人行事，向來低調處理，離開民視亦然，沒有引起半點漣漪，恍惚憑空消失。本篇即在將我進出民視一年多時間的經過，作歷史的補述。我要證明的是：天下政治家太少，而政客過多。他們確實沒有永遠的朋友，也沒有永遠的敵人；他們貌合而形離，所重者私利；他們說話不算數，口是而心非；他們不分黨派，都不是白色的烏鴉；另外一個共同點就是：民眾永遠是他們口中的神、手中的劍。

二、緊急應邀爲民間全民爭天下

一九九五年四月六日，我接到前台視綜藝節目製作人黃宗弘兄的一通電話，說有民間傳播公司申請在高雄設立第四家無線電視台，尚缺總經理合適人選，他因而介紹了我，問我意願。由於事出突然，我以再進一步聯繫作答。

隔了兩天，對方一位王小姐來話，盼我約一時間和地點，與她及黃宗弘晤談。我乃約十日下午二時，在台北市福華大飯店二樓咖啡室見面。

至時在福華見面的，除王、黃二人外，尚有原供職於台視業務部、後為永正國際公司總經理的鄭東興。鄭其時據說已預定為民間全民電視台的業務部經理。王小姐經介紹後，得知姓名為王明玉，係立委蔡同榮得力助理，為蔡領導的公投會執行長，也是民間傳播公司的副總經理。

王明玉告訴我，民間傳播公司和全民傳播公司已分別籌得共十多億元資金，向新聞局申請籌設第四家無線電視台許可，另外也有亞太和豐年兩家提出申請。新聞局已通知三家在四月十六日進行所謂簡報，由審議委員與三家發起人代表及總經理、節目、新聞、工程、業務等部經理預定人選進行初步的溝通。目前各部門經理人選已大致確定，但合於理想的總經理人選尚告闕如。目前距簡報之日僅餘六天，迫在眉睫，希望我能拔刀相助。

我回答她說，就我個人所知，民間全民台發起人多為民進黨人士，我則為國民黨黨員，能否見容於民進黨人士，必須先作考量。其次是即使我能相助，也未必就能獲得建台許可。她說民間全民發起人都重視專業，不問黨籍歸屬，祇要我答應就好。於是我要求一閱該台營運計劃中所列經營理念部分增進瞭解，並盼能與該台發起人代表一談。王明玉說可將營運計劃書派專人即行送來，又約晚上八時到青島東路七號民間傳播公司與其他人士見面。

當天下午，我接到該台營運計劃書，翻閱經營理念部分，頗為認同。晚上八時，我如約去民間傳播公司，見及立委張俊宏，他當即表示歡迎，並邀我參加他主持的會議，討論如何因應審議委員的簡報。參加會議的，有立委蔡同榮、為民間全民台草擬營運計劃書的山水管理顧問公司總經理黃建榮、山水公司開發部經理文馨瑩、台獨聯盟祕書長李應元、民衆日報台北支社社長翁嘉宏、民間傳播公司行政部經理林一雄、預定為民間全民台節目部經理吳之敬、工程部經理鄭昌福、業務部經理鄭東興。王明玉小姐也在座，後聞知她與李應元都預定為民間全民台的副總經理。其餘還有多人在座，祇是其時我還不認識。

張俊宏在會中介紹了我，我也作簡短的致詞，表示認同民間全民台的經營理念，願盡力襄助。其後張俊宏先離席，會由蔡同榮接手主持，討論簡報中應準備的資料，又決定十二日、十四日及十五日三次集會，繼續商討。

十一日晚間，鄭東興來話，說下午晤及黃宗弘，認為預定經理人選陣容較亞太及豐年為弱，宜予調整；又參與審議，也應給予合理報酬。我答以簡報在即，無時間調整人事，且等簡報後再議，至於報酬，以後再相機提出。事實上我根本没想到過要報酬的事，祇是在為未來的生涯作初步的規劃。這年元月我已屆齡第二度在文大退休，其時祇有一學期的一堂採訪寫作課在教，到暑假即告一結束，其時如没他事羈絆，我準備移居美國，與在美的兒女相聚，也免得早已取得在美永久居留權的內子經常往返美西與台北。如果萬一有機會經營民間全民台，則這項規劃就得延後實現。

十二日的會議，我得機會晤及聞名已久的預定新聞部經理李永得。會中有人倡議以抗爭手段取得設台許可，我數度發言勸阻。十四日的會議以經理部門各人在簡報中的報告內容為討論重點，但鄭東興未到會。十五日的會議係作簡報中報告預演，並逐段以幻燈片配合及控時。鄭東興是日仍未到會，王明玉告我係因鄭索酬頗高，無法遂其意，臨時決定以預定副總經理黃國師兼任業務經理應卯。

三、在簡報與公聽會中陳詞和答詢

四月十六日為亞太、民間全民及豐年三家，至新聞局對審議委員作簡報之日。民間全民排在亞太之後，簡報係自上午十時四十分開始，至十二時十分結束。我於上午九時到民間傳播公司與參加簡報的同仁集合，首次晤及民間傳播公司的董事長田再庭先生，和全民傳播公司的董事長余陳月瑛女士。他倆都是民間全民台籌備處的指導委員及決策委員。十時我們一行到達新聞局，與審議委員一一握手致意。

十時四十分，簡報準時開始，進行亦如預演。但同仁發言臨時加辭，以致控時不準，在李永得就新聞部門理念作報告時，就被擔任主席的樂茝軍委員以報告時間已滿中止，開始進行詢答部分。委員詢問的範圍相當廣泛，由我及有關同仁分別作答，至十二時十分結束。

次日閱報，得悉亞太出席簡報的為發起人代表陳建平、預定總經理為吳東權、節目部經理為鍾田明、新聞部經理為方蘭生、工程部經理為李炳章、業務部經理為鍾開榮。豐年方面為發起人代表平鑫濤、預定總經理為邱復生、節目部經理為葛福鴻、新聞部經理為李濤、工程部經理為楊家富、業務部經理為李光輝。

下一步要準備者，為四月二十七日起舉行的公聽會。公聽會中將邀社會團體派代表參與，新聞局亦邀學者專家提問，同時也允許三個申請單位自邀學者專家護航。民間全民曾就擬邀請的學者專家開列名單討論，最後決定放棄，由張俊宏及蔡同榮二人負責主答。蔡同榮並擬在公聽會中反對兩官方所派審議委員有投票權，我則不主張對官方委員採敵對態度，而予其他申請者以向官方委員示好機會，必要時也可經由專家學者提出，較為婉轉。我的建議，獲得會衆採納。關於我在公聽會中的發言部分，會衆也建議縮短經營理念的述説，多作個人感性的訴求。因為理念人人都會説應説的話，個人的感懷則因人而異，較易撼人心弦，由是我也相應修改了我的發言內容。

四月二十五日，豐年方面忽然得到消息，説是亞太已經由特殊管道，獲知公聽會規則及四場公聽會參考議題，顯見新聞局承辦不公，要求與民間全民聯合於二十六日舉行記者會提出抗議。我自王明玉處得知此項意外的發展，立即臨時召集會議商討。因張俊宏及蔡同榮兩位都聯絡不上，會議由我主持。由於豐年所獲情報，民間全民除發現新聞局所發有關公聽會規則公文應檢附附件而未檢附外，並無從證實其所知為正確，因此決定不採與豐年聯合抗議立場，而寧在一旁靜觀其變。

四月二十六日，豐年發表書面抗議如下：

「對於亞太電視籌備處日前經由特殊管道取得第四家無線電視台公聽會規則及四場公聽

會參考議題一事，豐年電視台籌備處認為此舉已造成不公平競爭。除鄭重聲明堅決反對政治力、商業力干涉電子媒體開放外，並要求新聞局承辦單位提出合理解釋，同時審議委員會應秉持公平、公正及公開初衷，正視此洩題事件所造成之影響。

此外，豐年電視台籌備處目前正延請律師，討論此一事件可能涉及之法律責任。

豐年電視台籌備處，中華民國八十四年四月二十六日。」

四月二十七日，新聞局的公聽會仍如期舉行。上午九時，審議委員賴東明擔任主席，宣布會議主題在討論審議標準及評估重點，分三個階段進行。第一階段由申請人報告各十五分鐘。休息五分鐘後，由學者專家及社團代表表示意見，用時一小時，是為第二階段。第三階段由學者專家及社團代表出問題，申請人答覆。

在第一階段中，張俊宏及邱復生都以新聞局使亞太首先取得審議分項標準及比例的底稿為不公平行為在口頭上提出抗議，經主席緩頰止息。第二階段平和進行，發言者各伸己見，見仁見智。第三階段中豐年及民間全民都提到審議委員應在最後票決時記名投票，註明理由；且交通部及新聞局兩官派委員都不應投票以示大公，但無結果。

下午二時舉行第二場公聽會，由審議委員陳忠信主持，討論主題為經營理念及人事、行政組織及人才培訓。民間全民由蔡同榮領軍，我在申述經營理念時作感性訴求，舉三台的負面為例，希望審議委員能在一念之間，予我以實現我的理念的機會。繼之黃國師補充說明民間全民台的使命和願景，都引起學者專家和社團代表的踴躍發言。晚間開會檢討日間所發言論，並準備次日發言因應策略。所邀顧問陳文茜、會計師賴崇慶及梁開明亦皆到會，分別就節目及財務提供意見。

四月二十八日上午舉行第三場公聽會，由審議委員劉福增主持，討論主題為新聞性節目與一般性節目企劃理念。民間全民由張俊宏領軍，李永得與吳之敬報告及主答。豐年以錄影帶一卷放映作為其報告的一部分，旨在展示其節目製作的能力，頗為突出。

下午舉行最後一場的公聽會。民間全民由蔡同榮領軍，一行於會前半小時到達新聞局，向兩日來採訪公聽會的記者群致意。二時開會，由審議委員熊杰主持，宣布討論主題為財務、業務及工程計劃。民間全民由賴崇慶、黃國師及鄭昌福分別報告及主答。五時，公聽會結束。

這天晚上，我們又集會檢討。大致認為兩天來在公聽會中表現不弱，但政治訴求宜沖淡。又為增進記者們對民間全民團隊的認識，我建議日內以餐會與記者聯誼，獲得大家贊同。

第二天翻閱各報，報導的焦點不在公聽會的本身，而在會中有學者提出三家是否可以合併經營上。於是公聽會之後，媒體一度熱烈炒作聯營的話題，後因三家反應都相當冷淡而冷卻。

四、民間全民喜獲籌設許可

公聽會結束後，大家又將注意力集中在五月十二日的面談上。面談如同考取博士學位的面試，通過了面談就靜候票選的結果。

依新聞局的通知，面談定於五月十二日，地點仍在新聞局的會議室。依抽籤的順序，第一場面談對象是民間全民、第二場是豐年、第三場是亞太，各場時間長九十分鐘。面談的對象，與簡報時相同。面談的內容，由審議委員依簡報及公聽會所獲得的資訊，及營運計劃書內容詢問申請者，申請者回答的內容，視同營運計劃的補充。面談的程序是由主持人以五分鐘說明面談進行方式，其餘八十五分鐘用於詢答，每題回答則以三分鐘為原則。又面談過程，新聞局將全程錄影錄音存證。

五月五日晚間蔡同榮召集民間全民團隊，就參加面談研討應對策略。我發言舉近日各報所刊猜測性文字，有偏重資金雄厚能永續經營者，有偏重具專業技能者。前者暗指亞太，後者暗指豐年，獨對民間全民不看好。我個人以為前一項觀點如能合理，則比申請者財力即可，何需冗長審議？而廣播電視法施行細則第五條規定電視台最低資本額為三億元又具有什麼意義？後一項的觀點如能合理，則祇要比節目生產上的技能即可，何需顧及專業經營理念與全面領導能力？因此為免非專業的審議委員遭受誤導，獨薄民間全民，我打算在面談時趁機駁斥。我的發言，當場獲得與會同仁認同，而為蔡同榮所接受。

五月十二日上午十時二十分，面談準時開始。民間全民被指定出席者由蔡同榮領軍到齊，審議委員則僅有樂茝軍一人未到。面談由馬黛主持，說明進行方式後隨即展開詢答。審議委員除主席馬黛外，均有問題提出，而歐陽醇所提的問題之一，則針對我個人。

他問：「你在公聽會中，說是任何路人擔任三台負責人均可以在業務上創造佳績，究何所指？」

我答覆說：「三台廣告營業額，約佔全國全年廣告費總額的三分之一，這三分之一祇有三台瓜分。是長期以來，電視媒體家數受到政府限制保障，得以獲致厚利所致。因此我說任何路人當三台的負責人都可以獲利，並不誇大，也沒有臧否任何人的意思。」

歐陽委員是資深新聞記者，也是我在文大新聞系任教的同事，他的提問並不是刻意要與我為難，而是方正的他，覺得我這樣說未免刻薄。我早就聽說他對我所作上述批評不滿，這次面談他總算吐了胸中塊壘，我也有了機會當面再作解說。他接不接受，就非我能計及。

面談過後，申請設台許可就算告一段落。剩下來的，祇有等待審議委員的票決。

就在面談結束後，王明玉代表民間全民電視台籌備處送我六萬元，作為兩個多月來為民間人民申請設台許可的酬答。

六月十六日，答案終於揭曉：審議委員票決的結果，一開票民間全民台就以過半數的六票，獲得籌設許可。豐年獲得四票，而最被看好的亞太，卻祇獲得一票，大大出人意外。

五、開始肩負設台任務

兩個多月來的日夜奔走，開過數不清的會，也因熬夜苦思而失了不知多少次的眠，甚至也得罪了不少人，以我七十歲以上的高齡，能經過重重的考驗，擊敗了資金多達五十億、擁有陣容浩大的諮詢團的亞太，也擊敗了足智多謀、長袖善舞的邱復生所領導的豐年，雖然獲勝的因素很多，我仍然不勝沾沾自喜之情。

我為民間全民跨刀，既不為名，也不為利，祇是希望幫在野黨有一個公平且合法享用電視媒體的機會，當然也期望在有生之年，能部分實現我對電視媒體經營的理念。

就在審議委員票決前一周的六月九日，我上完文大所授的最後一堂課，結束我前後長達三十四年的教書生涯，立刻又回到已久違了的電視生涯中。

就是在這種心情下，我在票選公布後接受了友人的祝賀和記者們的訪問。我自然而然的認為我在道義上應繼續承當民間全民台預定總經理的職務，挑起設台開播的責任。

我至今還想不透當時這種想當然的心態，是不是明智之舉？

我當時是不是曾經想過，民間全民台發起人中這些政治人物，是不是真與一些在朝的政治人物相比確屬清流，不會說一套而做的又是另一套的可以信賴？

他們是不是真的所有權不干預經營權？是不是真正的尊重專業，而不利用電視謀一黨或一人之私？或是他們也會如俗話所說的：「新人進了房，媒人丟過牆」，落選了當然什麼都談不上，中選了卻另有打算？

我也在想：如果當票決揭曉以後我堅決求去，是不是就可以免去後來近年的挫折，樂得逍遙自在，無求自安？

我也在想：如果他們不再找我就罷，要是付出誠意要我回歸總經理職，我是不是可以有較多的籌碼，可以使後來的籌建工作進行得較為順利一些？

我在思考時是相當的敏感，在行事上卻厭惡權謀，「寧願人負我，不願我負人」的處世哲學，使我真有「赴湯蹈火，雖死不辭」的慷慨，於是自然而然的不管那麼多，幹了再說。反正年事已高，等一兩年內民間全民台開播了再離開，也算是有始有終。

六月十七日，票選結果揭曉的第二天晚上，王明玉給我電話，說是原任公視新聞部經理、現任超視節目總監的楊憲宏要來我家見我，尋求與民間全民台合作、分享利潤的可能性，我覆話約當晚十時半見面。至時王明玉陪同楊憲宏夫婦到我家，同來的還有義美公司總廠長高志明。楊表示雙方如能合作，擬採兩公司合併方式處理。

其時我自己還是妾身未明，那裡談得上要為民間全民台作結構上的改變，要談也祇能先交換意見，等民間全民的公司成立以後才有具體實現的基礎。不過他是衝著我是民間全民台預定總經理的身分而來，我也是憑這個身分接見，因此我以希望他能將他的想法見之於書面，我可以據以研究和處理。

十八日下午王明玉又來話，告知超視負責主管將於次日晚宴請民間全民的負責人於國父紀念館光復南路出口處對面的翰軒餐館，盼我屆時參加。晚九時全民廣播電台有一叩應節目，要訪問我和李永得，談談民間全民台的願景及新聞政策，也盼望應邀。我當然都答應，希望她轉達。晚間，蔡同榮在票決後首次給我電話，謙稱民間全民台能得中選，是得力於我的參與。我自然也不敢掠美，認應歸功於他和張俊宏委員的領導，以及其他同仁的協力。

十九日晚上在翰軒的餐會，超視出席的有岑建勳、陳冠中、丁乃竺、楊憲宏，民間全民台出席的有蔡同榮、李應元、王明玉和我。楊憲宏在席中首先發言，重述前晚對我所說有關兩台合作的話。我因可能要先行離席去全民廣播電台參加節目，因此接著即表明我的想法，認為民間全民台甫獲籌設許可，八字還沒一撇，談合作恐怕為時尚早。我剛說完話，蔡同榮就說，民間全民台將分兩階段作業，我所說的是指第二階段的無線電視台作業，第一階段是我所不知的，即要配合當年十二月進行的立委選舉作業。此語一出，使我大為驚訝。第一、要配合年底立委選舉，姑不論是否利用電視為民進黨立委候選人造勢，應是早已有此想法，而不是票選後的兩天內的神來之筆。如果與民間全民台無關，應不是第一階段作業，我無權置喙。如果與民間全民台有關，並要為民進黨候選人造勢的話，就違反了不為任何政黨操控的理念，且向我隱瞞也違反了所有權干預經營權的原則。第二、就算民間全民台已有可使用的起碼設備，拿到籌設許可並不等於就可以播送節目，這中間還有很長的一段路要走。蔡委員不是對廣電法了無所知，就是習慣於民進黨的傳統抗爭方式——管你什麼法不法，我想怎樣幹就怎樣幹。平時這樣做這樣幹還不打緊，好不容易合法應考拿到的籌設許可如被取消，豈不是白忙一場，大擺烏龍？

這時時間已不容許我再說什麼話，懷著一顆忐忑的心，趁著王明玉和楊憲宏送我到大門口，我悄悄地告訴王明玉關於我的焦慮。

次日，我以電話詢王明玉我離席後餐會進行的情形，她告訴我並無結果。我說我對蔡委員的兩階段論感到不解，對民進黨的兩極反應也感到憂心。

事實證明，自後此類事例，層出不窮。

六、盤根錯節派系糾纏的組織結構

民間全民台在籌備階段，首要的工作就是要建立一個籌備處的組織體系以利運作。但民間全民台有它特殊的背景，要建立它的籌備組織體系並不單純，因為組織體系牽涉到人事，人事又牽涉到民進黨的派系。

首先，要從民間全民這個名稱的來源談起。所以名為民間全民，是民間傳播公司與全民傳播公司聯合申請籌設第四家無線電視公司而來。民間方面以蔡同榮、田再庭、張燦鍙等為首，屬公投會及台獨聯盟體系。全民方面以余陳月瑛、張俊宏為首，屬美麗島體系。兩公司募股的目標各為十五億元，資本總額預定為三十億元。截至取得設立許可之時為止，民間方面接近預定目標，較全民方面為多，居於強勢，但對全民方面仍予禮遇，維持對民間全民台掌控的平衡。

兩公司在聯合運作後，設立民間全民聯合無線電視台籌備處，推余陳月瑛、田再庭、李鎮源、高俊明、許信良、張俊宏、蔡同榮、張燦鍙、王隆基、黃昭淵、許勝宏等十一人為決策委員。其中余陳月瑛為召集人，田再庭為副召集人。在決策委員之下，設執行小組，組員有張貴木、黃建榮、李應元、王明玉、許榮淑、張福淙、賴崇慶，其中以張貴木為執行長兼發言人。

在我被邀為預定總經理之前，報紙曾刊載如民間全民獲得許可，張貴木、李應元、王明玉可能為副總經理人選。而在我之前被邀為預定部門主管者，有新聞部的李永得、節目部的吳之敬、工程部的鄭昌福、業務部的黃國師。其時預定總經理的位子獨獨虛懸，可能是等待合於需要的專業人士，也可能是決策委員間意見不一的結果。

在屬於經理部分的人員中，都各有其背景。王明玉我在前面已經略為介紹過，她畢業於台大心理系及心理研究所，曾任美國奧克拉荷馬州台灣同鄉會會長、北美洲台灣婦女會會長，其時為蔡同榮領導的公投會執行長，也是民間傳播公司的副總經理。張貴木曾任桃園縣議員、省議員、國大代表，其時為民間傳播公司總經理，為籌設無線電視台募股甚力，屬獨盟。李應元為哈佛醫務管理碩士、北卡大學醫療經濟學博士，時為獨盟祕書長、民間傳播公司副總經理。李永得政大政治系畢業，曾任自立晚報副社長兼總編輯，時為玉山出版公司發行人，因吳三連公子之介至民間全民為預定新聞部主管。吳之敬政工幹校畢業，曾任華視綜藝節目製作人、樸實總合公司行銷總監，時為台灣藝能公司總經理，因獨盟友人之介至民間全民為預定節目部主管。鄭昌福台北商專畢業，時任日本電器台灣總代理啟新公司副總經理，他預定為民間全民主管工程部祇是臨時性質。黃國師為台大農藝研究所碩士、美國約翰甘乃迪大學企管碩士，曾任台北市儀器公會理事長、台北市青商會會長、消基會董事，時為尚上儀器公司董事長，與全民傳播公司關係密切。

捨此之外，尚有在民間全民申設期間的襄助人士如山水顧問公司的總經理黃建榮、藝術家方慧光、年輕而有創見的青年楊孟勳、民間傳播公司行政部經理林一雄，都各有其在民進黨中的歸屬。

在前述的情況之下，可以概見我處境的艱困。換言之，我以國民黨黨員的政治背景，單槍匹馬的既要周旋於既合作又競爭的兩大集資公司及其領導人之間，又要合縱連橫於民進黨各派系或親民進黨各派系人士之中，不卑不亢、不偏不倚，何其為難？

當民間全民台取得籌設許可後，民間和全民兩傳播公司開始轉型為投資控股公司，其聯合無線電視台籌備處也要轉型為實際建台的籌備處，於是我考量實際需要，擬定一份籌備處的組織草案，將原來的決策委員會改為籌備委員會，原來的執行小組，改為籌備工作會。其下設公司籌設組，負責繼續募股。也設建台工作組，專責規劃建台。建台工作組之下，又設企劃小組與專業小組，前者為行政單位，轄財務、人事、公關、企劃。後者為專業單位，轄工程、節目、新聞、業務。

在人員配置上，籌備委員會中的委員為原來的決策委員，祇是成員其時有所異動，許信良和許勝宏二人退出，由柯建銘、張郁仁二人補入。正副召集人仍為余陳月瑛、田再庭。籌備工作會委員除原執行小組成員張貴木、黃建榮、李應元、王明玉外，許榮淑、張福淙、賴崇慶三人變更為我及黃國師、陳昇宏。召集人則仍由張俊宏及蔡同榮二人輪替。另外公司籌設組由張貴木負責，建台工作組則由我負責。

這份組織架構和人事配置藍圖，是經由多次會議討論和修正的結果，但在我於七月六日召集的建台工作組首次會議中，李永得對籌備組織架構和人事配置認為政治考量成分太濃，不適合他的個性，聲言退出，隨即起身離席而去。

我前此與李永得並不相識，祇因他在自立晚報改組時爭取編輯部獨立自主作業而聞名。他的求去，我不明白他真正反對的目標，但籌備處的架構和人事配置，原是舊瓶新酒，適應實際需要的臨時措施，犯不上掛冠離席。為珍惜有理想的人才，我接受同仁的建議，建台工作組內的人員，不分職別，通稱委員，集體領導，不談基層，也不談分工。我商諸蔡同榮，他表示組織架構不必修改，建台工作組以下的單位形同虛設即可。

經過這一番折騰，李永得允予重返民間人民台。他的求去，原意祇是表示他對民間全民台政治運作不滿的抗議，但徒予他人以排除某一特定人士在其間發揮影響力的機會，而這個人卻正是極力引薦我和他進入民間全民台效力的人，使我初嘗派系人事角力的苦果。

七、傳輸網路規劃與頻道變更困擾

無線電視台的訊號，要靠網路傳輸，網路是站台連結組成，連結主要靠微波。其時交通部已無多餘的微波波段可分配，祇有倚仗衛星的電波連結，再由地面站台以分配與該站台的特高波或超高波向各地區的電視接收機傳送。而交通部分配與民間全民台的電波為特高波的七十六至八十二兆赫，以及八十二至八十八兆赫，分稱為第五頻道及第六頻道。這兩個相鄰的頻道在接收區接壤的地區會互相干擾，同時也發生在屬性上，不能以原來接收三台訊號的天線來接收，於是民間全民台面臨了如何建立衛星連結網路以及頻道便於接收的問題。

衛星網路可以用傳統的地面站台方式連結，也可以用衆多的小型地面站台連結，如同行動電話所需的地區性小型轉接站。後者的連結方式，為曾繁籐博士所主張，但由於轉接站繁多，設備也較前者倍增，並不經濟，經過研討後，未為民間全民台的工程顧問們所採行，決定仍在三台所設各地的站台附近設置站台。至於頻道，則決定試洽新聞局及交通部予以更換。

工程顧問們對頻道變更的方向，以爭取另撥特高波中不相鄰的頻道為優先，具體的建議是要求將第五號頻道以第十三號頻道更換；其次是放棄特高波頻道，而使用已撥為電視用的四個超高波頻道。使用超高波也有另設接收天線的麻煩，但藉此也可以使第五家無線電視台因沒有頻道可用而辦不起來。

七月二十六日，余陳月瑛、蔡同榮和王明玉曾為更換頻道及延緩開放第五家無線電視台事至交通部拜會陳情。除開放第五家無線電視台仍言之過早，交通部樂得允予研究展緩外，對變更頻道的要求則未作具體的答覆。事實上，各地區因有有線電視系統的服務，民間全民台所使用的第五第六兩號頻道，並不構成觀衆在接收上的嚴重問題。相對嚴重的，卻是高雄及台北兩處接收與發射站台的台址問題。

民間全民台是以預定設立於高雄地區而申請的，理論上應設主要發射台於高雄。但節目製作重心在台北，亦應設發射台於台北，將訊號傳輸至高雄錄存或發射。是以高雄與台北兩處站台，對民間全民台的訊號傳輸系統，佔有重要的位置。

台視、中視、華視三台以及其時正在籌劃中的公視，高雄地區的發射台都集中在高雄縣旗山鎮轄區內的中寮山頭。北部地區三台發射台都集中在陽明山以北的竹子山，公視設發射台時因竹子山已劃在陽明山國家公園範圍內，不能再在竹子山設台，於是改設於汐止附近的五指山。民間全民台要在高雄地區設發射台，理想的地點自然仍在中寮山頭，而台北地區的發射台台址，幾乎是無處可覓。

八月二十八日，我首次與張貴木、吳之敬、黃建榮、林一雄及工程顧問至湖內及岡山等地勘台址，也至高雄市內看可租的辦公室。此行祇是資訊的收集，沒有任何具體的決定。第二次再到中寮勘址，已是十月二十日，其時我已邀得前台視工程部錄影組組長李炳章兄為民間全民台預定工程部經理，與我同行。此外前台視中寮轉播組組長吳顯堂，也因李炳章的力邀，參與勘察工作。

這次勘發射台台址，係以亞太預定地為勘察重點。亞太既未取得籌設許可，則此預定地祇有放棄。但李炳章根據目測，即認為該地太接近中視轉播站，可能干擾中視電波。比及與中視中寮轉播站人員面談，證實確實會發生干擾。剩下唯一較為理想的台址，祇有據說已經廢置的復興廣播電台中寮轉播站。

十月三十日，我與復興廣播電台羅總台長勝雄通上電話，得悉該台已將中寮舊台，撥交警察廣播電台使用。

十二月二十一日，田再庭、蔡同榮、張貴木、畢家湘、李炳章、吳顯堂等再至中寮踏勘，找得山頭一處堪可利用。該處為林地，屬台灣省林務局所有。因此決定由蔡同榮洽林務局交涉使用該一林地，也由張俊宏洽警廣，共構復興電台撥交警廣的舊台址。

林務局所有該林地，後經查得係由一蕭姓人士佔用。在與蕭姓人士洽商過程中，李炳章來告，蔡同榮曾以電話致蕭，逕詢有無民間全民台之人，向蕭索取回扣。為此負責向蕭洽商的吳顯堂，憤而向他請辭，堅決不再過問民間全民台的事。由是當我在一九九六年六月初離開民間全民台之時，中寮轉播站台址問題，猶未獲得解決。

至於台北方面發射台的台址，倒是絕處逢生，為台視所協助解決，同樣的民間全民台也為台視解決了台址的問題。

事緣台視在竹子山所建發射台用地，係台視向台北市政府所租用。在一九九五年七月三十一日租約期滿之前，台北市政府以台視月租費一萬七千多元過低，行文台視表示到期不再續租，要收回該地作為建設廣播電視公共鐵塔之用。同時又有所謂「黨政軍退出三台聯盟」，在是年六月間派出代表拜會台北市市長陳水扁，提出三項要求，作為台北市政府考慮續租的條件：一是台視應明示黨政軍釋股時間表，並承諾於六個月內將股票公開發行；二是台視必需與編採人員訂定編輯公約，落實內部的編採自主權；三是該地屬台北市民共有，台視每年應主動捐贈其稅前純益的百分之十，予台北市政府充當公益捐輸基金，以利市府作為廣電自由發展研究基金及其他社會公益支出之用。

陳水扁聽完聯盟代表的意見後，認為還要加上兩項：一是台視需移轉股權百分之十五給市府，也應讓出對應的董事及常務董事名額，讓市府遴選的傳播學者專家來擔任；二是協助設立媒體表現監督委員會，共同監督無線電視台的發展情形。

在這期間，台視一方面透過法律顧問與台北市政府談判，一方面看準民間全民台非要在竹子山建發射台不可，如果願讓出發射台土地的使用權與民間全民台共用，則既可解決後者迫切的需要，也可借力使力，由後者向市府方面遊說紓緩給予台視的壓力。於是六月十九日，我就接到台視前新聞部經理、時為台視總經理辦公室主任廖蒼松兄的電話。他一方面賀我擔任民間全民台的預定總經理，一方面徵詢我對與台視共構竹子山發射台的意願。如果原則同意，即可具函向台北市政府申請。自然，這對民間全民台而言，正是求之不得的事。

七月底，台北市政府與台視之間仍未獲致協議，但台北市政府已有軟化跡象，准將談判期限延長一星期。此後期限屆滿，雙方仍然持續談判，而民進黨人士為促成民間全民台與台視共構竹子山發射台，也促陳水扁市長對台視鬆綁。由是在台視新任董事長簡明景出面與陳水扁懇談之下，雙方終於在十月二日達成協議，由台視繼續租約一年，每月租金自一萬七千多元提高至五十萬元。台視允予民間全民台共構發射台，也答允台北市政府委請一名學者專家，擔任台視顧問。

十月中，我邀為民間全民台預定工程部經理李炳章到職。十月十八日他即與台視工程部經理施桓麟取得共識，由民間全民台在台視竹子山發射台內附建機房，天線亦附掛於台視鐵塔之上，台址租費分擔。十二月十八日，施桓麟與李炳章共勘台視竹子山發射台，確定共構可行。但此後李炳章與我先後辭職，在我於一九九六年六月初離開民間全民台之時為止，與台視共構竹子山發射台雖未實際動工，但已奠定共構基礎。而其時民間全民台擬租用公視在中部的鳳鳴轉播站，也已在勘察及初步洽談之中。

八、集資不足，籌備處因陋就簡

民間全民台在獲得籌設許可後，行政院新聞局曾函告民間全民台籌備處，應於一九九五年年底以前，檢具工程設備清單、建築物面積及平面圖等件，向該局申請核發電台架設許可證。是以申請架設許可證，成為我立即要完成的任務之一。

工程設備清單，可仰仗工程人員依據營運計劃和實際需要草擬完成，建築物則需要龐大資金投注於土地的購置和房屋的營建。民間全民台是以設於高雄為前提而申請的，照理應在高雄地區建台，而台北是節目製作重心所在，不能沒有設於台北的辦公處所，於是營建的問題變得更為複雜。前面提過，我們曾數度前往高雄縣市地區勘地，甚至退而求其次，洽租適用的現有建築。但因種種的顧忌和考慮，沒有一事做成，而最重要的原因，是其時集資不足，籌備委員沒人敢輕易作決定。別的不說，在台北租一處籌備處所用的辦公室，也費了五個多月的功夫才達成。

也許是獲得籌設許可出於意外，也許是我期望建台早日完成心切，在開始為民間全民台籌建之初，我即向蔡同榮要求另覓籌備處的辦公地點，以便展開工作。而蔡同榮的答覆，卻是就在原為民間傳播公司的辦公室內，添上幾張辦公桌算數。

座落於台北市青島東路七號三樓的民間傳播公司，祇有一間十餘坪大小的會議室，民間全民台申請籌設許可時所有的活動，都在這裡進行。在會議室旁有兩間房間，一間臨街靠窗的房間是董事長田再庭的辦公室，緊鄰而無窗的一間是總經理張貴木的辦公室，再過去是一間餐廳和過道，有幾張辦公桌在其中供各單位辦公。蔡同榮解決民間全民台籌備處辦公空間的方式，就是在田再庭的辦公室中為我加一張桌子，在張貴木的辦公室和其他可擠出來的空間再添幾張桌子，如此而已。

這樣的安排，我無從接受，也無從辦公。我不行，他人也不行，最後是幾張桌子空在那裡。九月間，人員要待進用，籌備工作要進一步展開，我實在按捺不住，再度向蔡同榮要求外租籌備處的辦公處所。他聞我言，頗為意外，反問現有的幾張桌子還空著没人來用，為何還要花大錢外租？這等於說擺地攤也可以賺錢，何必蓋大樓？單憑他這樣簡單的企業管理概念，就可以推知我在籌備民間全民台時所面臨的何種阻難。

總算他最後還是接受了我的要求，使民間全民台籌備處，能得在十一月二十三日遷入台北市復興南路一段二〇四號怡暉大樓的第十二樓辦公。這裡整層大樓為一百六十七坪，另頂樓尚有房屋約六十坪，年租約四百萬。遷進的當天上午，我還依照習俗祭祀神明，祈予民間全民台建台過程順利，並且用自己的V8攝錄影機，錄下喬遷鏡頭。

半年之後，我也就在這裡，結束了我的電視生涯。

九、甫獲籌設許可，即謀開播助選

在申請設台許可時，信誓旦旦尊重專業、不謀一黨一人之私的民間全民台，在取得籌設許可之後，卻千方百計、迫不及待的，要為一九九五年十二月的立委選舉，甚至要為一九九六年三月的總統大選助選，助選的對象，無疑為民進黨提名的候選人，包括蔡同榮本人競選連任立委在內。

前面提到過，蔡同榮在接受超視為求與民間全民台合作所設的宴會上，曾公開提出所謂兩階段論，第二階段是無線電視台播出的階段，第一階段卻是我所不知的衛星播出階段，實現於十二月立委選舉之前。當時距民間全民台取得籌設許可不過三天，他的坦言使我聽來如雷劈頂。

蔡同榮說這樣的話，如果不是誤認為民間全民台取得籌設許可就有播出電視節目的資格，就是以為立委有權立法也可以毀法。當晚我曾告王明玉，盼她轉告蔡同榮千萬不能自以為是，去冒籌設許可被新聞局收回的危險。很明顯的不是王明玉聽不進我的話，就是蔡同榮不將我的話當一回事。

七月十一日，也就是蔡同榮公開發表兩階段論的三周後，蔡又在他主持的籌備工作會中，重提提前開播以配合年底立委選舉之議。我當即發言，按照進度，要民間全民台在三、四個月內就開播，決無可能。但如果以他人名義，運用民間全民台的資金製作節目在有線電視頻道中播出，祇要投資人不反對，我無異議。總之，不能以民間全民台，作不合法的運用。這天這項提案，算是不了了之。

如是到八月二十九日，蔡又在籌備工作會中，以訓練民間全民台新聞工作人員為名，研究可否運用衛星頻道，採訪並播出有關立委及總統選舉的節目。我因前此已一再就這個問題表示看法，原欲多聽他人發言，卻不料又為蔡點名徵詢意見。於是我答以能做不能做，何妨問問新聞局，祇要不影響民間全民台執照的取得，我都可以照辦。蔡聽我說後，即表示作三種方向的考量：一是用民間全民台的名義及資金；二是不用名義祇用資金；三是名義和資金都不用，就此三者與律師研究得失取捨，有必要時再請示新聞局。

九月五日，蔡又在籌備工作會中，第三次提出此案。因事涉政治，且我已一再表示意見，乃刻意保持沈默。會中有人附和，但無人反對。由是蔡以洽高雄台糖土地為建台用地事為名，邀我陪同他往見新聞局副局長吳中立，我以身著便服婉拒。次日有人告我，吳中立果以不合法勸阻。

蔡同榮先生是不是就此罷休了？結果是不！九月十二日蔡又在籌備工作會中，第四次提出此議，並明白的宣示三大目標：一是為民間全民台造勢；二是為民進黨人助選；三是為大衆服務。他發言後又點名問我意見，我以不論做何事，要合法也要公平作答。民間全民台既尚無播出電視節目資格，以任何方式播出節目即是不合法；民進黨人士批評國民黨操縱三台不公平，現在要來操控民間全民台又何能謂公平？但蔡不接納我的意見，且以命令的口氣要我研究如何執行。

九月十三日，我就這件事，邀集李永得與吳之敬研商。李告我此議原係由李永萍提出，目的在訓練採訪人員及收集新聞資料，並無意要播送節目，也不在為民進黨人士助選。如今為蔡引伸運用，前後主旨不同，效果也有異。為今之計，祇有擬一龐大預算，使決策人士知難而退。我告李可相機行事，萬一節目非做不可，也要顧及合法與公平。

九月十四日，我主持會議，並將如何利用衛星製作節目以為民進黨立委候選人助選事列入議案。李永得首先就此案發言，表示做節目如在助選，他無意參與。且如為立委助選，在時間上也已嫌晚。如堅持要做，他也可以擬一計劃，但預算龐大，定不能為籌備委員所能接受。李永萍接著發言，認為節目沒做好，有損民間全民台形象；如果成功，受益者是經管頻道者而非民間全民台。楊孟勳則直言目前工作重點，是在如期建台，否則即是本末倒置。此案結果無結論。

九月二十六日上午，民間傳播公司開董事會，董事長田再庭在會中否決運用民間公司部分所募股金移作製作衛星節目之用。下午籌備委員會中，因李永得出國未列席，由李永萍代為作衛星節目計劃報告。李永萍說預計在次年三月總統大選之前，可每周播出節目五天，每天一小時，平均每小時製作費為五十萬元，以十周計共五十個小時，總製作費在二千五百萬左右，但無從保證效果，也無法預估廣告收入。

吳之敬接著補充，此項預算仍嫌低估，因有無攝製器材及攝影棚可持續租用，猶在未定之天。

此次籌備委員會議，召集人余陳月瑛未到，由副召集人田再庭主持，田要我就此案作總結。我說本案多次討論，我一直秉持兩個原則：一是不能予新聞局以違法作藉口，阻撓民間全民台取得執照；二是節目不能失去公正立場，有負不受任何政黨干預諾言及社會期盼。個人前此要求外租籌備處辦公室，據說籌備委員李鎮源即曾以房租無支付法源而否決，如今如要動用股金以製作衛星助選節目，法源又從何來？目前籌備工作最緊迫者，是必需在年底以前，依法向新聞局提送土地建物所有權或使用權文件、攝播設備清單及成立公司。前述工作，在在需要人力、財力、物力，在有限的時間內完成。相較於製播衛星助選節目，自然是應以建台工作優先，否則便是捨本逐末。

我又繼續說，今年的選立委和明年三月總統的大選，民間全民台在時間上趕不上參與其盛，雖屬遺憾，但以後還有的是機會。如果此次民間全民台以任何方式包裝參與而涉及違法，則以後任何機會全失，能不顧及？再就節目企劃案，我不管內容如何，預算多大，籌備委員堅持要做，我亦無權否定。但既要做，就祇能成功，不能失敗，否則所生損失或不具效果，由誰負責？其次，在心理上也要有準備，不能預期廣告費有多少回收，此項回收無人能以估計，最差可能是零。

我發言既畢，田再庭徵詢在座籌備委員意見。其時蔡同榮未出席，出席的籌委則都緘默無語。於是田再庭裁決，衛星助選節目計劃放棄。

這次的立委選舉，蔡同榮競選連任落敗。次年的總統大選，民進黨支持的彭明敏也告鎩羽。

十、籌備用人孔急，竟然凍結人事

蔡同榮在民間全民台取得籌設許可後，急切盼望能以任何方式提早開播，但既不同意外租籌備處辦公用地，也無意進用必需人手。在未在台北市復興南路租用怡暉大樓以前，除預定新聞部經理李永得、節目部經理吳之敬以外，任何一級主管，我都得仰仗原有人手分配。由是我請張貴木掌行政、王明玉掌人事、陳昇宏掌財務。由於設備清單必須在一九九五年年底以前向新聞局提出，費盡口舌始得李炳章兄拔刀相助允為預定工程部經理，並由他引進助理三人。

是年十一月下旬籌備處遷入怡暉大樓以後，由於已擁有相當辦公空間，乃由行政部門公開招考公關小姐和司機。此時黃建榮亦來向我自薦為我特別助理，我欣然接納。環顧左右，尚有參與申請籌設許可工作的方慧光和楊孟勳二人未作安排。我憶及在七月間一次會議中，李慶元曾囑我妥為借重此二人；也憶及十一月初與田再庭談用人時，田曾告我求「民間」與「全民」間的平衡，「民間」方面又求獨盟與公投會兩者之間的平衡的原則。方、楊二人屬獨盟，應可在被接納的範圍內，於是我邀方為特別助理，借重他曾在光啟社製作電視節目的經驗。後又約晤楊孟勳，擬借重他作研究發展工作。不料就在這時，張俊宏竟然大發雷霆，聲言民間全民台籌備處必須凍結人事，除必需的工程人員外，不得進用他人，包括楊孟勳在內，否則全民方面拒絕將資金投入。

張俊宏所以要凍結民間全民台籌備處的人事，據他自己說是有友人央他推薦入民間全民台工作為他所拒，而今別人可以進入，他有什麼理由可以回絕友人？這樣的說法，其實似是而非。三家無線電視台，用人都在七百人以上。民間全民台的營運計劃，就列有人員編制七百一十人。如果他的友人果是電視台所需的人才，他盡可以推介，以公開、公平、公正的方式甄試入用。如果不是，則當婉言謝絕。如今他要友人卻步，卻要民間全民台籌劃處凍結人事，寧非因噎廢食？

其次，股友透過全民投資於民間全民台，張俊宏又有什麼權力，可以因民間全民台籌備處的用人方式不合己意，而逕自決定違背股友的意願拒將資金投入？

再其次，我為預定總經理，寧無副總以下的用人權？何況引發凍結風波所被用的人，還是先我而參加籌設許可申請的民進黨人或親民進黨人，跟我個人毫無私人關係？

張俊宏殺鷄用牛刀，其實並非以我為唯一的對象，也含有借題發揮，給「民間」方面以顏色看的意味在。不過張這樣做，並不為難蔡同榮，我要因此而求去，在他正是求之不得。那時他要下的大注，是引用外資。如果成功，所有的人事就得大洗牌。

十一、明知故違，尋求外人投資

前面提過，民間和全民兩家傳播公司，原預定各集資十五億元籌辦民間全民台，但至一九九五年底，兩家合計仍衹籌得半數。其中民間部分大約接近預定目標，全民則距預定目標猶遠。是以張俊宏在十月間的一次籌備工作會中，曾對籌備處工作人員公開喊話，要工作人員認股，說是連工作人員都不認股，何能期待一般人投資？這種說法又是似是而非，因為投資與受僱，原是互不相干的兩碼子事。猶如公務員不一定要買愛國公債，才能顯示他對國家的忠誠。我原本想多少認一些股以表示對民間全民台鼓勵小股投資的肯定，但經他這一說反而有所顧忌，否則與「鬻官」何異？

最令我驚奇的，是蔡同榮先謀與超視及邱復生合作，在洽談未成之後，卻轉而謀引進外人投資。一九九五年十二月十九日他首先在一次會議中公開宣布這項消息，其後得知在接洽中的對象是美國化妝品公司雅詩蘭黛（Estee Lauder）。

一九九六年元月八日夜間，雅詩蘭黛公司俄裔美籍代表泰倫・克雷米金（Tiran Kiremi-djian），由蔡同榮陪同來籌備處參觀，並與同仁見面會商。泰倫首先說明其公司之下，設有兩家投資子公司，一名中歐媒體企業集團（Central European Media Enterprises Group，簡稱 CME），專門投資中歐國家廣電事業；另一子公司名電視發展夥友（Television Development Partners，簡稱 TDP），專門投資亞洲國家電視事業，他本身即是 TDP 部分的執行長。他表示如果民間全民台需要資金，TDP 可投資總資本額百分之五十五，取得經營權，由其派遣各類專家協同經營。待雙方獲得互信之後，可逐步放鬆監督及控制。蔡同榮則希望對方祇投資百分之四十五，並書面承諾不得在取得股份以後，將股份轉讓與國民黨。又盼望對方能邀請民間全民台人員考察 CME 投資於德國紐倫堡及捷克與斯洛伐克等地的電視台，俾民間全民台得以確定向對方取得何種協助。

次日上午，黃建榮來告訴我，下午他將陪同蔡同榮等與泰倫續洽投資事，問我有何意見。我告根據廣播電視法施行細則第十二條之規定，非中華民國國民，不得持有廣電事業股份，相對的即限制國外人士投資我國廣電事業，可轉告蔡委員參考。當天晚上，蔡又邀泰倫在籌備處研商，如何投資能不觸法，又不損及雙方權益。我因已將個人意見對黃建榮間接向蔡表達，故未另行發言。是晚蔡決定於當月下旬赴歐考察雅詩蘭黛在歐投資的電視台。

元月十日上午，籌備委員余陳月瑛、田再庭、張俊宏、蔡同榮、張燦鍙、高俊明等舉行會議，通過蔡的提議，接受外商投資百分之四十五。會後田再庭邀蔡同榮、張貴木、王明玉、黃建榮、陳昇宏及我在隔壁空軍官兵活動中心午餐，席間決定由余陳月瑛、田再庭、蔡同榮、王明玉、黃建榮、李炳章及我七人赴歐考察。

是日下午四時，TDP 總裁馬克・巴默（Mark Palmer）由泰倫陪同來籌備處，又與籌委余陳月瑛、田再庭、李鎮源、蔡同榮、柯建銘、張俊宏等會商。晚間籌委宴請馬克・巴默及泰倫於福華飯店的江南春，王明玉與我被邀作陪。

此後蔡與泰倫多次會商，同時赴歐考察者也積極辦理出國手續。我在基本上就不贊成外人投資國內傳播媒體，即使是國內跨媒體經營也不為我贊同，何況 TDP 要投資民間全民台的股份高達百分之五十五。就算 TDP 接受蔡同榮所提的百分之四十五，我也不敢苟同。但集資是資方的事，我無權置喙，唯一能做的，是保持緘默，置身事外。

對於赴歐考察 TDP 在歐投資的電視台一事，我也不以為然。因為雙方尚未就投資一事達成具體的協議，何能勞師動衆，去接受對方任何程度的示好?俗話說：「拿人的手短，吃人的嘴軟。」就算一切費用自行負擔，總不免欠人人情，而在談判上作某種程度的讓步。因此就在元月二十一日，即預定在二十四日赴歐的前三天，我決定不同行，因我個人認為無此必要，李炳章也附和我的決定。因之我與李炳章二人，並不在赴歐考察之列。

民間全民台與 TDP 談判合作的事，這時已見諸報端，蔡同榮等人於元月底自歐考察歸來，報紙上各方對此事的批判猶源源不斷，大多持反對的態度，包括知名的民進黨人士在內。但反對的聲浪，似乎並未撼動蔡同榮等人尋求外資奧援的決心。

元月間，由於方慧光的建議，我等已與光啟社初步談妥租用光啟社的場地和設備，以進行提前開播的計劃。二月八日，我曾陪同蔡同榮和泰倫至光啟社拜會鮑立德副社長，由鮑引導蔡等參觀其內部設施。在走出光啟社的大門以後，我問泰倫的意下如何，他祇用一個英文字答覆我：「Un-presentable」，直譯是：「不夠看！」

幸虧我在一再請求之下，租用了台北市復興南路怡暉大廈，裝潢了一所頗為像樣的民間全民台籌備處的辦公室，否則他看了青島東路原來的所謂籌備處，那才真正的是「Unpresentable」！

不問可知，蔡同榮否決了租用光啟社場地和設備的計劃，即使他比誰都急於要使民間全民台早日開播。

蔡的一意孤行，在二月底引起全民方面的反感，經理部門也有集體請辭的意向。獨盟方面的張燦鍙和李應元，則在三月二日發表聯合聲明，反對民間全民台有外資介入，反對政治人物操控民間全民董事會，因此二人決定雙雙退出民間全民台的籌備職務。

三月四日下午，蔡同榮示我以新聞局公文，查問報載民間全民台圖引進外資，是否屬實之事。他有意全盤否認，否則等於自承違法。我則告以完全否認，恐有不妥，不如覆告曾有所聯繫，但因不具合法性，故迄無具體進展或承諾。其時我已書面請辭預定總經理職，蔡同榮總算給了我這已自願下台的總經理的面子，同意依我的意見作覆。

此後 TDP 與民間全民台的關係，依然藕斷絲連，一方面尋求如何變相投資的途徑，一方面從事市場調查。五月二十五日，馬克・巴默與泰倫還曾來籌備處洽公，並到我辦公室寒暄數語，問我是否見過他們做的台灣電視市場評估報告。他們其時對台灣的電視市場似乎還意猶未盡，但我則早已意興闌珊了。

十二、所謂「集體請辭」的始末

就在民間全民台為求引進外資而鬧得滿城風雨的時候，經理部門的主管在短時間內紛紛請辭，傳播媒體形容當時的情況為「集體請辭」，而請辭的人也包括我在內。

為何一個無線電視台如民間全民台在籌備的階段就會有職員集體請辭的事件發生？這就必須瞭解這件事所以會發生的始末。

概括來說，這件事之發生，是勞資雙方缺乏誠信。所以缺乏誠信，是領導階層派系鬥爭，以及政治人物口是心非所造成。

就以我個人來說，當初不顧黨籍省籍拔刀相助，完全是相信他們在營運計劃書中所許下的一些諾言，也頗為不滿執政黨長期掌控電視媒體。但在投入以後，才知道政治人物說話因時因勢而異，民進黨的菁英，在這方面也不例外。

如果說我對民間全民台籌委諸公無誠無信，我會否認，因為我不求名，不求利，沒有不誠不信的動機和理由。但籌委諸公對我是如何呢？表面上可能是尊敬我，私底下我祇是一件被他們運用的工具，我存在的價值，要看對他們的得失是高是低作衡量。

前面我已經舉出一些實例，來說明我在民間全民台籌備處的處境。在這裡我再補充一些事例，來證明籌委諸公對工作人員的誠信是如何的缺乏。

首先，我要談談籌委李鎮源。在我沒參加民間全民台工作以前，衹知道他是一位對蛇毒血清有特別研究的學者，入選為中央研究院的院士，同時他又熱心政治，成為民進黨人士眼中的清流。但在認識他以後，我才瞭解為什麼作家李敖，會常在電視節目中，以負面的形容詞批評他。

一九九五年十月三日，我在民間全民台籌備委員會議中，以籌備工作委員之一兼為預定總經理的身分列席報告時，列舉五點理由，說明推動籌備工作的窒礙。不料這位院士委員，不以我的報告內容為論點，卻發言批評我是在「complain」（訴苦），用書面提出即可，不用冗長陳訴。作為籌備委員，不就事論事，解決問題，卻反而批評我不應列席發言，那裡談得上是符合會議程序，更談不上是尊重專業。

隔一天，十月五日下午，王明玉要陪李鎮源去看邱復生，商討與邱合作的事，邀我同行，我予以婉拒。原來這位院士籌委心中已有邱復生，無怪乎他會對我不假辭色。據同行的一位朋友告我，邱復生當天曾告李鎮源，什麼人當民間全民台的董事長不重要，能每天工作十二至十五小時的總經理才重要。想是邱復生先生未為「豐年」取得籌設許可，私底下還是有些心結。

十月十九日，我再列席籌備委員會。在報告網路規劃時，曾說交通部已無微波波段，可分配與民間全民台使用。李鎮源此時似乎又發現了什麼可以反擊我的機會，大聲質問我政府不是已經分配了電波波段給民間全民台播出使用了嗎，為什麼我還說沒有電波可供分配？在我還來不及答覆他以前，有列席同仁搶著代我作了答覆。我祇是不明白，他到底是想證明什麼？

再過一個星期，又逢籌委開會。李鎮源竟在會中問我，究竟那天可以開播？這時民間全民台籌備處連個辦公室都因為他說交房租沒有「法源」而遲不外租，遑論其他。我直截了當的答覆他三個字：「不知道！」他如獲至寶，在會上連說了「總經理也不知道那天可以開播」三遍。

如是到了十二月十四日，李鎮源在籌委會中又對我開砲。首先他問我，我口頭報告現有工作人員為二十六人，而人事報表上列二十九人，為什麼有三個人的差異？我答覆他現在在職工作並支薪者確為二十六人，人事報表上所以多出三人，是原供職於民間投資公司的三人，已經核准列入民間全民台的編制內，因此人事室在報表上將此三人列入，但未到職也未支薪。我雖如此解釋，而他仍喋喋不休，恍惚發現重大弊端。

繼之果然又給他抓到把柄，說是遠程作多目標的營運計劃，經理部門應有能力可以自行解決，何需仰賴顧問公司，浪費公帑？

這裡所提遠程計劃，是張俊宏一次在籌備工作委員會中所提示，說民間全民台需分三個階段規劃：一是近程計劃，即先行借重衛星開播，以安撫投資人及國人對民間全民台的期盼；二是中程計劃，即無線電視台的正常作業；三是遠程計劃，即以無線電視台為中心，在周邊經營電影院、遊樂場、觀光景點等，彼此相輔相成，開發成一商業區，並且可委託顧問公司，從事此項多目標的經營規劃。

當天的籌備委員會，張俊宏本人也在座。照理說當李鎮源就此提出詢問時，他有義務提出答覆。但出於我的意外的，他竟然裝聾作啞，默不出聲。我為免說出事實原委，令他尷尬，祇得說遠程計劃逸出電視台範圍，故必須另找顧問公司諮商。但即使要付諸行動，也得先報奉核准。

不過事情並未就此了結。有人在會中提起投資人不滿籌備處進度緩慢，已陸續有多起要求退股之事。於是主席余陳月瑛裁決，要我擬定一進度表，以塞悠悠之口。

由於李鎮源在會中咄咄逼人，張俊宏又故意在會中裝聾作啞，我原已極盡忍耐之能事，現在似乎又將籌備緩慢的原因歸咎於我，不由得使我血脈僨張。我聲言今日會中，我感覺如同置身議會，雖有被質詢的義務，但質詢問題的提出也得合理。籌備進度緩慢縱是事實，也要檢討所以緩慢的原因。集資不足和有錢不敢動用才是緩慢的主因，但都不是經理部門能以為力者。又籌備進度，原已載列營運計劃書。此一計劃書即民間全民台向新聞局所作承諾，並非徒具條件形式而已。主席要我另訂進度表，我要隨便畫一張並不困難，但如不符實際，等於是一張空頭支票，又有何意義？

接著，我又說，觀諸今天的質詢，不僅是對個人的不信任，甚且懷疑個人的能力。我年逾七十，受此種對待，自覺受辱。須知我既未受一紙聘書，也無合約約束，我隨時都可以一走了之，你們莫可對我如何！

此後張俊宏將話題岔開，我靜坐至散會，但辭意已萌。

以上祇是一個例子，說明民間全民台的領導階層，對工作人員是如何的缺乏誠信。

繼此之後，相繼發生引進外資、派系人事傾軋、人事凍結等事，已見前述。

就在蔡同榮等於一九九六年元月二十四日赴歐考察 TDP 投資歐洲電視台前夕，由於有人傳言籌備處工作人員將重新洗牌，人心浮動，我乃與李炳章、李永得、吳之敬聯袂求見蔡同榮，希望他解釋人事凍結、工作人員僅用至當年三月底、引進外資，及凡事反多向邱復生請益的動機與目的究竟何在。

他的答覆很妙，大意是凡事不能講邏輯或有理無理，最適當的對策是含糊應付現實。他並以英語強調含糊策略為 Ambiguity Policy。目前距公司成立祇不過四十多天，希望大家能耐心等待。此後衆人雖都有意見提出，他一概含糊以對。最後大家祇有等待他赴歐歸來後，把話說清楚，講明白。

元月三十一日蔡同榮自歐洲歸來，至二月十四日始在他辦公室召我單獨談話。事緣當天的自立早報，曾刊有署名陳永和的讀者投書，指責民間全民台吸引外資，將主導權拱手讓給外國人。他懷疑是籌備處內有職員出此，要我以書面警告同仁，不能再採此種攻擊方式，否則他也會予以反擊。其次是凍結人事，不是他的本意，但他能予認同，因為可予未來的董事長，以較大的用人空間。由於將來面對的競爭激烈，各部門的人手一定要是「一軍」，如不幸用到二軍三軍，則將來無前途可言。至於對我個人，他說籌委的共識是：不論誰任董事長，至少是不會將我摒棄。

我答覆他說，陳永和是誰，我無所知，如果有同仁冒名為之，我也不能苟同。要我以書面公告同仁警惕，我願遵辦。人事凍結，確實影響士氣，也延緩籌備進度。用人唯才，無可否定，問題在誰是一軍，恐在未用之前，無從判斷。目前各部門主管，均非個人舊識，也不能認定誰不是一軍。兩全之計，是不妨採短期聘用制度，予彼此均有進退空間。至於我個人，為便利未來董事長提名，會在公司成立前辭職。即使被提名為總經理，由於年事已長，恐也無力肩負重擔。不過我既在民間全民台任職一天，即不會吃裡扒外，損害團體形象。

事後我才知道，在前一天中，李永得、方慧光、吳之敬與李永萍四人，曾赴台中拜訪籌委兼民間投資公司董事長田再庭，申述民間全民台的人事傾軋危機，及某些政治人物的助理，在其間興風作浪，希望田能以其清範匡正，但並沒有得到什麼具體的答覆。

就李炳章來說，先是蔡同榮電中寮轉播站預定地地主詢有無民間全民台人員索回扣事氣走了吳顯堂，使他覺得蔡對人不夠誠信。繼而又發現蔡竟逕與其業鐵工的友人私自簽下承建與台視共構竹子山轉播站鐵塔合約，認為此種作風，豈能共事，於蔡自歐歸來後向我口頭請辭。我轉報蔡，蔡對李炳章予以安撫，但炳章堅持，於二月二十六日以書面向我請辭。

在二月二十六日同一天，我自己也決定提出辭呈。方慧光與吳之敬聞知李炳章與我均要辭職，表示了集體請辭，我告以不可以。在程序上，他們要辭，可以個別向我提出。我要辭，我個人可以向蔡提出。集體請辭，有威脅之嫌，也不合個人要辭職的本意。

二月二十七日下午，民間傳播公司開最後一次董事會，會中推定蔡同榮、田再庭、王明玉、張俊雄、陳繼盛等為民間投資公司董事人選，另提李鎮源、高俊明二人為不計投資額多寡之董事，但高俊明未接受。張燦鍙、張貴木被推為監事人選，但張燦鍙未表示接受。三月二日，張燦鍙認為受到公投會的排擠，與李應元聯合聲明退出民間全民台的一切籌備工作。三月三日民間投資公司舉行的發起人大會中，即有人抗議該公司對董監事的選舉不民主。

最具爆炸性的一天，是在二月二十九日。那天上午，我就聞知全民方面張俊宏、黃國師、黃建榮等，曾在二十八日研商如何因應民間方面對民間全民台的控制企圖，如蔡同榮要與 TDP 簽訂合約書，張俊宏可能予以杯葛。這是民間與全民兩大集團間的矛盾對立，將蓄勢待發。

這天下午，民間全民台舉行籌備委員會議。會原定在下午三時召開，習慣上籌委往往是姍姍來遲，不延後半小時或一小時湊不到半數。但這天不到下午三時，籌備處卻湧進了大批記者。由於有公關接待，我又習慣於準時到會静坐等候，未予過問。四時開會，蔡同榮首先就提出有關引進外資的報告。就在這時，王明玉手持兩紙文件進入會議室，報告有兩紙攻擊民間全民台的新聞稿，係由前來採訪的記者所展示。其中一紙是以「民間全民電視台投資人權益自救會」的名義發出，標題是「民間全民電視台是台灣人電視台，不是民進黨失意政客的政治行情復建籌碼」。內容在攻擊蔡同榮企圖內定其本人為民間全民台的董事長，並企圖以電視台的職務，交換民進黨派系的支持，以利其競選下一屆民進黨主席。另一紙則為署名為「民間全民聯合無線電視台籌備處」所發的新聞稿，自承內部有嚴重的政治派系鬥爭，及政治干預媒體專業，使得籌備工作室礙難行。又與美商合作案即將在二月二十九日所舉行的民間全民台籌委會中通過後進行簽約，將使得辛苦以「媒體改造運動」為號召而得來的籌設許可，成為泡影云云。

這兩紙文件係自傳真機發出，紙上印有發送時間。我對王明玉表示我並不知情，她卻語氣強硬的回我以不能説不知情就算了，應該加以追究。於是在籌委同意之下，王明玉自傳真機中印出該項文件的發送時間、次數及發送對象。發送時間和地點既已明確，其次就是是誰發送。王明玉繼之又自民間傳播公司兩女性辦事員處得知：在先一天下午六時半至七時的發送時間內，民間全民台籌備處猶有方慧光、吳之敬、李永萍、劉俊宏（新聞部任職）逗留未走，涉有重嫌。

至此籌委即推召集人余陳月瑛和副召集人田再庭二人，分別和前述四人談話，我則静坐會議室中等待。移時王明玉進入，悄悄在我耳邊告我有人將責任推到我身上，我祇微笑不語。時間到六時，田再庭進入會議室，説余陳因有事已先行離去，並盼經理部同仁迴避。我在起身離去前發言，表示個人對此事既不知情，也不認同，但身為經理部門主管，應對屬下行為負行政責任，願接受籌委會所給予的任何處分。當我言畢轉身要離去時，王明玉又用手將我擋住，向籌委建議由我負責繼續調查具報，籌委同意照辦。

這天晚上，民間全民台同仁在籌備處斜對面的金福樓，舉行春節酒會。我特別注意到方慧光、吳之敬、李永萍和劉俊宏都未前來參加。席間田再庭附耳告我，調查結果，沒有人承認為當事人，但其時辦公室中，民間全民台除他們四人在別無他人，顯難脫嫌。他要我繼續調查，如找出當事人，即請其自行辭職。

次日，三月一日，我在上午邀吳之敬談昨日事，他答稱對傳真的事不知情。至工程部，發現李炳章未上班。我以電話相詢，他直告以堅決辭職，請我諒解。我不得已抽出炳章辭呈，簽註慰留不果，擬請准辭，交王明玉轉請蔡同榮核定。我又面告王明玉，昨日她向籌委建議要我為傳真事繼續調查，但我也是涉嫌的當事人，調查結果不見得能取信於人；她負責人事，我轉而授權與她，要她進行調查，調查的對象也包括我在內。

下午三時，吳之敬在籌備處附近一餐廳來話，說方慧光盼我至該處一晤談話。我如約前往，劈頭就問他對傳真的事知不知情。他不作正面答覆，但建議集體請辭。我告訴他傳真的當事人我已瞭解於心，儘管我同情傳真者的訴求，但這種不正大光明的方式不可採，也不高明。辭職的事，各有自由，我早已表示態度，今日就將遞辭呈，同仁是否要辭，各自聽便，不必同時，也不宜聯名。此外，我告已授權王明玉進行調查，對象也包括我在內，以求公允。

就在這時，劉俊宏來，我對他已不用再問。吳之敬開始當我的面寫辭呈，我則起身告辭說要去寫我自己的辭呈。事實上我在上午已在辦公室將辭呈擬妥，以年事已高力不從心為辭。

五時，田再庭來看我。我告已與方、吳二人問話，他倆都不承認傳真的事，但都表示請辭之意。五時半，籌委召開臨時會，我問田是否要列席，他告可暫緩，於是我候於辦公室內。直至六時一刻，我因要前往環亞飯店參加文化大學校慶餐會，未再繼續等下去。

在文化大學校慶餐會中，我晤及歐陽醇兄。他問及民間全民台的風風雨雨，我乃將已請辭的事告知。他說他早已料到會有這一天，因此才會在審議委員會上，問到如果民間全民台一旦拿到籌設許可，會不會變更參與審議的預定主管，而張俊宏以不辭職即不會更動作答，顯見不具誠信。他言之有理，今後新聞局如再有類似的審議過程，似可以考慮到在這方面設限，否則要申請人的預定主管出席備詢，就完全失去設計架構上的意義。

三月二日，吳之敬、李永得、李永萍、劉俊宏先後遞上辭呈，我未簽字，逕交王明玉處理。方慧光沒有請辭，也沒有再到籌備處工作。

十三、揮別民視，結束電視生涯

自我於三月一日遞上辭呈後，田再庭與王明玉曾一再來勸我打消辭意，好意我祇有心領。

王明玉是引進我入民間全民台的人，她一直關心我照顧我，坦白說我也相當的回報她，籌備處內有些同仁對她並不友善，我不明白何以會如此，也許是由於她是蔡同榮的得力助手的緣故。因她的介紹，我認識了她的母親和她的先生，一個慈祥，一個友愛。也許是這個緣故，使她能遠離僑居地的美國阿克拉荷馬州的小岩城，歸國活躍於國內的政治圈，擔任民進黨的不分區國大代表，及公投會的執行長。而傳真風波一役，我也領略了她在必要時所展現的強悍的一面。

田再庭是王明玉介紹我認識的。在他身上，我嗅不出太多的政客氣息，相反的倒有些像謙謙君子。他在台中縣執律師業，在政治上跟蔡同榮走得很近，曾為公投會的財務長、公投會台中縣分會會長。但他為人正直，處處謙讓，從政在我看並不適合。

也許就是由於他的正直和謙沖，無形中使我覺得信賴。我在民間全民台籌備處遇到公務上的困擾，找他排解的次數遠比找蔡同榮的時候多。他不一定能幫我解決問題，但跟他談談話心中也會覺得舒坦許多。

他的夫人是典型的賢妻模式，話不多而彬彬有禮。田先生北上南下，往往是田太太跟班兼司機。兩老的恩愛，真使人有親近如沐春風之感。

三月十一日，田再庭要北上主持民間投資公司第二次董事會，我請王明玉代為安排我與田作私人晤談，以回報他一再要我打消辭意的答覆。

這天晚上，我在名人巷一家餐廳請他便餐。他告訴我這天下午民間投資公司董事會中，已推舉蔡同榮、楊文全和他三人擔任民間全民台的常務董事。全民投資公司也將推三人為常務董事，但由於民間方面投入的資金較多，因此全民方面要禮讓董事長由民間方面的常務董事出任。民間方面現已決定由他任預定的董事長，而由蔡同榮去與全民方面的余陳月瑛及張俊宏説明。據田本人推測，余陳也有意爭取民間全民台的董事長，萬一協調不成，最後可能是抽籤決定。

他繼續説，如他被舉為董事長，則總經理非我莫屬。副總經理人選不論為誰，一定得經我同意。

我想如果由蔡同榮去協調，其事難偕。因為蔡的含糊哲學，不講邏輯，也不分有理無理，更難言道義，他說的是一套，做的又會是另一套。我不便說穿，祇有安慰他。於是我說，如果他當上董事長，我願意賣老命襄助，如果不是，我一定求去。但無論誰任董事長，一定得在作風上改弦更張，不能重蹈覆轍，以致衆叛親離。改弦更張之道，即在捨所當捨、給所當給。我告訴他皆捨者有二，皆給者有三，能捨能給，即有所得。

他聽後表示同意我所言，但前提是要他能當上董事長。而要他自己去與余陳月瑛和張俊宏為此情商協調，他舉韓愈送李愿歸盤谷序中「足將進而趦趄，口將言而囁嚅」的兩句話以自況。這就說明了他的書生本色，不是擅權術、搞政治的人。

事實證實，蔡同榮後來自己坐上了民間全民電視公司董事長的位子，余陳和田被抬上表面上看來是民間全民兩集團最高的總裁和副總裁職位，腳底下是什麼也沒踏著。

辭職熱潮過後，蔡同榮仍欲拉回李永得與李炳章。李永得很堅持，一去不返。李炳章礙於情面，願與我共進退。我則在辭呈沒批下以前，做一天和尚撞一天鐘。回歸的祇有劉俊宏一人，他原是無辜被捲入。三月間籌備處買來電子攝影機和剪輯設備一套，以備攝存新聞資料之用，劉俊宏懂得使用此項設備。點收之日，李永得與李炳章都很夠意思應邀回到籌備處協助驗收。

三月二十七日，民間全民電視公司開發起人會，選出董監事及董事長。由於余陳月瑛的支持，蔡同榮膺選為首任董事長，張俊宏副之。余陳被舉為集團總裁，田再庭副之。這天下午，田蔡二人來告我。田謂有若干董事在董事會中發言，認為我年事已高，恐不勝繁劇，決定另請一較為年輕而富衝勁者任總經理，但仍要借重我的助力，因此改聘我為首席顧問，照樣上班及支原薪。在總經理未到任以前，仍由我暫理總經理職務。

田再庭話說至此，蔡同榮忽然起身急步外出，稍後進入告我，剛才去查會議紀錄，對田所說略有更正，即總經理沒到任以前，總經理係由董事長暫兼。

等他說完，我先向他倆恭賀榮膺新職。繼說總經理，確實需要較為年輕之人。我能卸下重擔，欣然接受，絕無不滿情緒。不過總經理未定，我貿然接受首席顧問之職，恐亦有不妥。因此擬暫不考慮職銜及待遇問題，願以個人身分，提供建言或助力。他倆異口同聲，要我勿再謙辭，由是談話告一結束。

所謂首席顧問也者，祇不過是一種禮遇，認真計較，反倒是多此一舉。因此自是日起，我在籌備處換了身分。

四月三日，報端刊出我職務異動消息，同時登載蔡同榮公開求才，其理想的總經理年齡最好在四、五十歲左右，不分黨派，凡具有現代科技觀念，多元化社會價值觀，以台灣為本位的亞太、世界觀點都可應徵。

五月初，我唯一介紹的台視同事也是政大新聞研究所結業的學生，在民間全民台籌備處辦理中英文文書等工作的徐剛夫，未因有任何過失而遭到排擠。我不僅為之不平，也看同是對我的示警。繼之，我的月酬十五萬，蔡同榮認為其中有三萬元是職務加給應予扣除。說是我職務雖改而薪給不變的話言猶在耳，不到一個月就要減薪五分之一，是何居心？而且我的月薪並非自定，是否其中包含有職務加給也可以向他的親信、負責人事的王明玉先行查明。就我所知，根本無任何人領有職務加給，三萬元的數字從何而來？且在未遷入怡暉大樓，同仁未曾全日上班之前，我規定同仁祇以預訂酬勞支半薪，何以不見他領情？

排擠徐剛夫也好，要借題目減薪也好，我解讀蔡同榮的用意是在搞小動作要我知難而退。今天已登上民視董事長寶座的蔡同榮，對我這個已失去利用價值的老朽，坐領月薪十五萬元，想必是使他寢饋難安。

他的不講是非，是他的為人哲學，我卻要將是非弄個明白。我的哲學是：士可殺，不可辱！

五月八日，蔡同榮主動來找我談話，先為解僱徐剛夫向我致歉，說是目的在節省用人費用。並舉他自己和為他主編國會雙周刊的陳正修為例，都沒在民間全民台籌備處支領過報酬。我當即告訴他無事可為而坐領高薪在我還是生平第一次，而且並不好受，請他即將我的薪給止付，我願義務效勞。他「含糊」其辭以退。

五月二十二日，我主動請來王明玉，告訴她我現在處境，幾乎完全被孤立。自己既無事可做，也不知道別人在做什麼。終日在辦公室看報看書而受薪，於心有愧，因此請她轉達蔡同榮，我下月起不上班也不支薪，免得浪費公司人事費用，我也可免除心中壓力。

其次，我要澄清一件事，即是我的薪酬中，並不包括職務加給。據聞蔡同榮認為我既已非總經理，則三萬元的職務加給就應予扣除，請問她如何解釋？

王明玉說她回美國小岩城省親期中，蔡同榮曾在台北打長途電話給她，問到職務加給的事。事緣蔡曾向人事室索同仁薪給資料，她的助手卻將計劃中的薪給標準提出，其中包括各級主管的職務加給標準。蔡不僅認為職務加給已經在實行中，且所有人員薪給中都有職務加給。王曾在電話中予以否認，甚至與蔡發生爭辯，想蔡現在已對此有所瞭解。

聽王明玉這樣解釋，我真不知這位立委，如何在國會議事？

接著王明玉又說，現在各部門主管虛懸，是在等候李光輝接任總經理，再由李光輝任命。目前祇有工程部主任林哲男被確定，可望在下月到職。繼之她勸我再忍耐一時，俟下月民進黨主席選定後再說。如蔡當選黨主席，即可能辭民視董事長職，另由他人接任。

在這裡我打斷她的話，我表示我並非求去，而是請事暫時停職，有需要時再效力，與誰為董事長無關。總之，盼她將我的意願轉告蔡同榮。

如是到了五月二十八日，王明玉又來告，徐剛夫工作照舊，但李鎮源與高俊明等仍認為工作人員待遇較高，要普遍減薪。我語王明玉，比較三台，目前公司人員待遇並不高，如要再減，既找不來蔡同榮所要的一軍，甚至也留不住二軍三軍，需要三思。言及此，我出日前報導三台主播人員被挖前後待遇差異比較表剪報示王明玉以為佐證，王取去加以影印運用。

在這樣的氣氛下，我越來越感到寂寞和窒息。

五月三十日上午九時，我到台北市金華街政大企管中心，出席了第三屆廣電學術與實務研討會，以主題演講人的身分，發表了一篇以「廣電媒體百家爭鳴後的省思」為題的演說。這是我最後一次參加有關廣電事業的學術活動，時在我離開民視的前夕。

六月三日，星期一，上午九時，我帶手推行李箱一只，至怡暉大廈辦公室，收拾屬於我個人的雜物。其時蔡同榮和王明玉都不在，不便不告而別。直等到十一時，王明玉來上班，我向這位引我進民間全民台籌備處的介紹人告別。我對她說自本月份起，我不再支薪，以為公司省錢。自然今後我也不再上班，以後有需要且有我為力之處再來效勞。王明玉殷切留我，並向我深深一鞠躬，但我去意已堅，祇有請她諒解。也請她轉達蔡董事長，我曾久候告辭未遇，禮數已盡。個人來日無多，且容我自行支配。隨後我對在場的黃國師、張貴木、陳昇宏、林一雄、陳正修等同仁一一握別。黃國師、王明玉、張貴木、陳正修和徐剛夫等送我下樓。黃國師並為我招來計程車一輛，我在衆人揮手之下離去，由此也結束了我個人的半生電視生涯。

自先一年四月十日至民間傳播公司參與民間全民台申請籌設許可工作之日算起，我進出民視共歷時一年又五十三天。在這四百多天的日子中，我嘗遍酸甜苦辣的滋味，但也豐富了我的人生歷程。對在這段時間中所認識和共事過的朋友，無論近我遠我，我都心存感激。

蔡董事長公開招聘民視總經理的過程如何，我不得而知，但我相信報名的應該不多，而具備那麼多的「觀」的更屬有限。最後在他所擅長的「黏功」之下，終於在五個多月後拉來在年代任業務副總李光輝繼任民視總經理，稍後又拉來在華視任節目部經理和主任祕書的陳剛信任民視的執行常董。一九九七年五月五日先以新聞頻道上了衛星，前一天在凱悅飯店舉行的酒會我有幸被邀觀禮。同年六月十日無線電視台開播，竟然吝於賜我一紙請柬，想是怕我破費再買一對花籃。八月二十二日為拉李四端任民視新聞部經理設宴於世貿大樓，我又有幸成了陪客，不料李四端並不領情，後來反去了華視，害我白吃一頓。

李光輝出身文大法律系，是我在台視時的同事。他待我十分客氣，逢年過節都不忘舊情，有所饋贈。但他擔任總經理不及兩年，不明何以調職？陳剛信出身文大新聞系，精明能幹。他入校之前，畢業之後我都教過文大新聞系，可惜在宴李四端的席上才能認識他，不免恨晚。

楊憲宏與胡元輝二位先後都掌過民視新聞部，表現也相當出色，我不明白民視領導階層有眼光挑選一軍，為什麼都留不住人？

最後我不能不記入，從我走出民視以後，直到一九九八年年底為止，民視每月都送我五萬元作為酬謝，真是卻之不恭，受之有愧。無論是那位的賞賜，我都將這份人情，記在民視的名下。

祝福民視茁壯成長，成為超然於政黨之外，真真為全民服務的民間電視台！

人名索引

二畫

三畫

四畫

七　畫

八畫

九畫

十畫

十一畫

十二畫

十三畫

十四畫

十五畫

十六　畫

十七　畫

十八畫

十九畫

二十畫

二十一畫

二十三畫

臺灣電視風雲錄 ／ 何貽謀著. -- 初版. -- 臺北
市：臺灣商務, 2002[民 91]
面： 公分
含索引
ISBN 957-05-1735-2（平裝）

1. 電視－臺灣－歷史

557.778 90019283

台灣電視風雲錄

定價新臺幣 300 元

著作者 何貽謀
責任編輯 江怡瑩
美術設計 吳郁婷
校對者 辛明芳 江勝月

出版者
印刷所 臺灣商務印書館股份有限公司
臺北市 10036 重慶南路 1 段 37 號
電話：(02)23116118 · 23115538
傳眞：(02)23710274 · 23701091
讀者服務專線：0800-056196
E-mail：cptw@ms12.hinet.net
郵政劃撥：0000165 － 1 號
出版事業登記證：局版北市業字第 993 號

· 2002 年 1 月初版第一次印刷

ISBN 957-05-1735-2（平裝） 43137000

100臺北市重慶南路一段37號

臺灣商務印書館 收

對摺寄回，謝謝！

讀者回函卡

感謝您對本館的支持，為加強對您的服務，請填妥此卡，免付郵資寄回，可隨時收到本館最新出版訊息，及享受各種優惠。

姓名：______________________ 性別：□男 □女

出生日期：____年____月____日

職業：□學生 □公務（含軍警） □家管 □服務 □金融 □製造
□資訊 □大眾傳播 □自由業 □農漁牧 □退休 □其他

學歷：□高中以下（含高中） □大專 □研究所（含以上）

地址：______________________

____

電話：（H）____________（O）____________

購買書名：______________________

您從何處得知本書？

□書店 □報紙廣告 □報紙專欄 □雜誌廣告 □DM廣告
□傳單 □親友介紹 □電視廣播 □其他

您對本書的意見？（A/滿意 B/尚可 C/需改進）

內容______ 編輯______ 校對______ 翻譯______
封面設計______ 價格______ 其他______________

您的建議：______________________

____

____

臺灣商務印書館

台北市重慶南路一段三十七號　電話：（02）23116118・23115538

讀者服務專線：080056196　傳真：（02）23710274

郵撥：0000165-1號　E-mail：cptw@ms12.hinet.net